'फ़िराक़' गोरखपुरी

'फ़िराक़' गोरखपुरी का जन्म 28 अगस्त, 1896 को गोरखपुर, उत्तर प्रदेश में हुआ। उन्होंने गोरखपुर और इलाहाबाद में शिक्षा प्राप्त की। अंग्रेज़ी साहित्य से एम.ए. किया। इंडियन सिविल सर्विस तथा प्रोविंसियल सिविल सर्विस हेतु सरकार द्वारा चुने गए। कुछ समय पश्चात इस्तीफ़ा दे दिया और महात्मा गांधी द्वारा ब्रिटिश गवर्नमेंट के ख़िलाफ़ भारत की आज़ादी के लिए शुरू किए गए असहयोग आन्दोलन में सम्मिलित हुए। 1930 से 1958 तक इलाहाबाद विश्वविद्यालय के अंग्रेज़ी विभाग में प्राध्यापक रहे। सन् 1959 से 1962 तक विश्वविद्यालय अनुदान आयोग के रिसर्च प्रोफ़ेसर के रूप में कार्यरत रहे। सन् 1970 में साहित्य अकादेमी के सम्मानित सदस्य (फ़ेलो) मनोनीत किए गए।

उन्हें कॉलेज में शिक्षा प्राप्ति के दौरान 'गोखले पदक', 'रानडे पदक', 'सशादरी पदक', 1961 में 'साहित्य अकादेमी पुरस्कार', 1968 में 'सोवियत लैंड पुरस्कार', 1968 में ही राष्ट्रपति द्वारा 'पद्मभूषण' उपाधि तथा 1970 में 'ज्ञानपीठ पुरस्कार' से सम्मानित किया गया।

3 मार्च, 1982 को नई दिल्ली में उनका निधन हुआ।

गुले-नग़मा

भारतीय ज्ञानपीठ पुरस्कार द्वारा सम्मानित कृति

'फ़िराक़' गोरखपुरी

'फ़िराक' द्वारा मूल पाण्डुलिपि में संशोधन पर
आधारित नवीन संस्करण

सम्पादन एवं लिप्यन्तरण
डॉ. जाफ़र रज़ा

लोकभारती पेपरबैक्स

पहला पेपरबैक संस्करण : 2015
तीसरा पेपरबैक संस्करण : 2024

लोकभारती पेपरबैक्स : उत्कृष्ट साहित्य के लोकप्रिय संस्करण

लोकभारती प्रकाशन
पहली मंजिल, दरबारी बिल्डिंग, महात्मा गांधी मार्ग,
प्रयागराज-211 001
द्वारा प्रकाशित
वेबसाइट : www.lokbhartiprakashan.com
ईमेल : info@lokbhartiprakashan.com

शाखाएँ : 1-बी, नेताजी सुभाष मार्ग, दरियागंज, नई दिल्ली-110 002
अशोक राजपथ, साइंस कॉलेज के सामने, पटना-800 006
1, अनमोल सोराबजी संतुक लेन, धोबी तलाव, मरीन लाइंस, मुम्बई-400 002

बी.के. ऑफसेट
नवीन शाहदरा, दिल्ली-110 032
द्वारा मुद्रित

मूल्य : ₹ 399

GUL-E-NAGMA
by Firaq Gorakhpuri
Edited & Transliterated by Dr. Jafar Reza

ISBN : 978-81-8031-993-8

शाएरे-आज़म 'फ़िराक़'

'गुले-नग़मा' 'फ़िराक़' का सर्वाधिक लोकप्रिय काव्य-संकलन है। वर्तमान संस्करण विशेष है। इसके उर्दू संस्करण (1959 ई.) में 'फ़िराक़' ने कुछेक ग़ज़लों में संशोधन-परिवर्द्धन किये थे, जिनको मैंने 'गुले-नग़मा' के उर्दू-संस्करण (1977 ई.) में शामिल किये थे, वरन् हिन्दी संस्करण (1970 ई.) यथावत् छपता रहा। उर्दू संस्करण (1977 ई.) में भी 'फ़िराक़' ने कुछेक स्थानों पर संशोधन-परिवर्द्धन कर उसकी प्रति मुझे प्रदान की थी, कि अगले संस्करण में इसे शामिल कर लेना। दुर्भाग्यवश, बाद में मुझे इसका अवसर नहीं मिल सका। 'गुले-नग़मा' के प्रस्तुत संस्करण में 'फ़िराक़' द्वारा किये गये दोनों संशोधन-परिवर्द्धन, उर्दू-संस्करण 1977 ई. में सम्मिलित तथा उसके बाद के जो कहीं प्रकाशित नहीं हुए थे, मात्र मेरे पास थे, पहली बार सम्मिलित किये जा रहे, जो 'फ़िराक़' के सभी प्रेमियों के लिए उपहारस्वरूप हैं।

प्रोफ़ेसर रघुपति सहाय 'फ़िराक़' (1896-1982 ई.) ने अपने साहित्यिक यात्रा के बीच जीवन के प्रतिमानों में परिवर्तन की अनुभूति करके काव्य के स्वभाव को बदलने पर बल दिया था :

फ़िराक़े-हमनवा-ए-मीरो-ग़ालिब अब नये नग़मे
वो बज़्मे-ज़िन्दगी बदली, वो रंगे-शायरी बदला।

'फ़िराक़' उर्दू काव्य-क्षितिज पर आधी सदी तक छाये रहे, शारीरिक रूप में संसार से विदा होने के बाद भी उनकी साहित्यिक एवं काव्यात्मक उपलब्धियाँ उर्दू के महान् साहित्यिक विरासत का ऐसा अनमोल हिस्सा है जिन पर समय की धूल नहीं पड़ेगी, बल्कि समय बीतन के साथ उनका निखार बढ़ता ही जायेगा। जीवन के आदर्शों के बदलाव का एहसास उनकी शायरी की पहचान बन चुकी है।

प्रोफ़ेसर 'फ़िराक़' का जन्म 28 अगस्त, 1896 ई. को गोरखपुर नगर में हुआ था। उनके पिता मुन्शी गोरखप्रसाद अपने समय के गोरखपुर में विख्यात वकील थे। अरबी

तथा फ़ारसी में निपुण थे, उर्दू के अच्छे शायर थे और उनका काव्यनाम 'इबरत' था। घर में सुख-शान्ति थी। भाई-बहनों के साथ 'फ़िराक़' ने बचपन के दिन हँसी-ख़ुशी में बिताये। सम्भ्रान्त कायस्थ परिवारों में उर्दू और फ़ारसी के माध्यम से शिक्षा दी जाती थी। 'फ़िराक़' की प्रारम्भिक शिक्षा पारिवारिक परम्परा के अनुसार उर्दू और फ़ारसी के माध्यम से हुई। उन्हें प्रारम्भ से ही उर्दू में दिलचस्पी हो गयी। इस भाषा की सूक्ष्मता, चाशनी और संवेदनाएँ अचेतन में उनके व्यक्तित्व का अंग बन गयीं। उनके मुहल्ले में एक पण्डित जी देर रात तक रामचरितमानस का पाठ करते थे। हालाँकि अभी 'फ़िराक़' का बचपना था, लेकिन उनका विवेक एवं संवेदना साधारण बच्चों से भिन्न थी। वह अपनी आयु के भाई-बहनों में अलग दीखते थे। उन्हें पण्डित जी के पाठ से आन्तरिक शान्ति मिलती थी। उन पर तल्लीनता एवं आत्मविस्मय की स्थिति उत्पन्न होने लगती और दूर से देखनेवाले इस बच्चे की आँखों में जिज्ञासा देखकर स्तब्ध रह जाते थे। 'फ़िराक़' बयान करते थे कि वह अपने बिस्तर पर पैरों को समेटे अँधेरे में नज़र जमाकर सोचा करते थे। उन्हें रात के अँधेरे में चिन्तन का प्रकाश प्राप्त होता था। पचास वर्षों के बाद बचपन की यादें उनकी कविताओं में ढलकर आ गयीं। 'आधी रात', 'परछाइयाँ', 'जूगनूँ' और 'हिण्डोला' में 'फ़िराक़' का बचपन तलाश किया जा सकता है।

'फ़िराक़' के स्कूली जीवन का प्रारम्भ मॉडर्न स्कूल से हुआ, जो उनके घर से थोड़ी दूर पर था। वहीं अपने भाई-बहनों के साथ भेजे गये। 1913 ई. में जुबिली हाईस्कूल गोरखपुर से स्कूल लीविंग सर्टीफ़िकेट का इम्तेहान पास किया। म्योर सेण्ट्रल कॉलेज, इलाहाबाद में एफ़. ए. के लिए प्रवेश प्राप्त किया। अंग्रेज़ी भाषा एवं साहित्य, दर्शनशास्त्र, अर्थशास्त्र विषय हुए, जो बाद में उनके ज्ञान विस्तार का माध्यम बने और उनकी उर्दू रचनाओं की व्यापकता का कारण भी बने। 'फ़िराक़' ने 1915 ई. में एफ़. ए. (12वीं) की परीक्षा उत्तीर्ण की और सातवाँ स्थान प्राप्त हुआ। 'फ़िराक़' का विवाह 29 जून, 1917 ई. को कायस्थ परिवार की किशोरी देवी से हुआ। उनके और उनकी पत्नी के बीच भावनात्मक एकरूपता न थी, फिर भी वे 1958 ई. तक उनके साथ रहीं। उनसे 'फ़िराक़' की दो बेटियाँ और एक बेटा हुआ। 'फ़िराक़' ने अपने वैवाहिक जीवन की चर्चा अपनी कविता 'हिंडोला' में प्रस्तुत किया है।

'फ़िराक़' ने कठिन परिस्थितियों से जूझते हुए म्योर सेण्ट्रल कॉलेज, इलाहाबाद में बी. ए. में प्रवेश प्राप्त किया और भयावह बीमारियों, कठिनाइयों और पारिवारिक संकट के बावजूद 1917 ई. में बी. ए. परीक्षा में सम्मिलित हुए। इस बार उन्हें विश्वविद्यालय में चौथा स्थान प्राप्त हुआ, परन्तु परीक्षाफल घोषित होने के पूर्व ही 18 जून, 1918 ई. को उनके पिताश्री मुन्शी गोरखप्रसाद 'इबरत' का स्वर्गवास हो गया। परिणामस्वरूप, परिवार के पालन-पोषण का सारा बोझ 'फ़िराक़' के सिर पर आ पड़ा, इसी बीच में

उनकी भेंट प्रेमचन्द से हुई, जो गोरखपुर में 'फ़िराक़' के मकान के क़रीब में रहते थे। यह भेंट बाद में अभिन्न मैत्री में बदल गयी।

'फ़िराक़' बी. ए. करने के बाद जुलाई, 1918 ई. में डिप्टी कलेक्टरी के लिए मनोनीत किये गये । वे कहते थे कि उन्हें 1919 ई. में आई. सी. एस. के लिए भी चयनित किया गया था और 1920 ई. में लन्दन भेजा जाना था। इसकी सूचना उन्हें इलाहाबाद विश्वविद्यालय में इतिहास के अंग्रेज़ प्रोफ़ेसर सर रस ब्रूक विलियम्स ने अपने एक पत्र के माध्यम से दी थी। लेकिन औपचारिक रूप में सरकारी पत्र उन्हें नहीं मिला था। सम्भव है कि प्रारम्भिक सूची में उनका नाम रहा हो, जो बाद में उनकी राजनीतिक गतिविधियों के कारण सम्पन्न न हो सकीं। 'फ़िराक़' के आई. सी. एस. होने में सन्देह किया जा सकता है, परन्तु उनके डिप्टी कलेक्टर चयनित होने में किसी प्रकार का भ्रम नहीं है। प्रेमचन्द एक पत्र दिनांक 30 दिसम्बर 1918 ई. मुंशी दयानारायण निगम को ख़ुशखबरी देते हैं : "**मेरे क़ाबिल दोस्त बाबू रघुपति सहाय...इस साल डिप्टी कलेक्टरी में नामज़द हो गये हैं।**"[1] एक वर्ष के बाद उन्हीं को पेमचन्द ने पुनः "**बाबू रघुपति सहाय आजकल सिविल सर्विस की फ़िक्र में परेशान हैं। उनका नम्बर इन्तेख़ाब में 8वाँ आया है। कभी इलाहाबाद, कभी लखनऊ का चक्कर लगा रहे हैं।**"[2] लेकिन 'फ़िराक़' 8वाँ नम्बर मानने को तैयार न थे। उन्होंने मुझे बताया था कि उनका प्रथम स्थान था और प्रेमचन्द को भ्रम हुआ था। कुछ भी हो, लेकिन 'फ़िराक' 1920 ई. में ही डिप्टी कलेक्टर हो सके। भारत सरकार के सूचना विभाग की हिन्दी पुस्तक 'स्वतन्त्रता संग्राम' के पाठ में लिखा है कि 'फ़िराक़' ने 28 नवम्बर, 1920 ई. को डिप्टी कलेक्टरी के पद से असहयोग आन्दोलन के समर्थन में त्यागपत्र दे दिया। गुरुवर प्रोफ़ेसर सैय्यद एजाज़ हुसैन के शब्दों में : "**आप कांग्रेस में शरीक हुए और बजाय दूसरों के जेलखाना भेजने के जंगे-आज़ादी के सिलसिले में ख़ुद जेल गये।**"[3] 'फ़िराक़' 6 नवम्बर, 1920 ई. को 'प्रिन्स आफ़ वेल्स' के भारत के आगमन के विरोध में महात्मा गाँधी के नेतृत्व में विरोध प्रदर्शन करते हुए गिरफ़्तार किये गये। 12 दिसम्बर, 1920 ई. को नैनी जेल में एक छद्म कार्यवाही के बाद 'फ़िराक़' को डेढ़ साल का कारावास और पाँच रुपया दण्ड दिया गया।

'फ़िराक़' का सरकारी पद त्यागना तथा कारावास के जीवन का चुनाव करना सामयिक प्रभाव, संयोग या स्वभाव की अस्थिरता नहीं कही जा सकती, बल्कि इसमें उनके बौद्धिक यात्रा की पीठिका तलाश की जा सकती है, जिनसे उनकी रचनाओं के विवेचन में सहायता मिल सकती है। उस समय के राजनीतिक क्षितिज पर निगाह करें

---

1. प्रेमचन्द : चिट्ठी-पत्री, भाग-1, पृ. 77-78
2. वही, पृ. 9
3. सैय्यद एजाज़ हुसैन : मुख़तसर तारीख़े-अदबे-उर्दू, पृ. 204

तो स्पष्ट दीखता है कि भारतीय राजनीतिक जीवन की कशमकश में युवा वर्ग महत्त्वपूर्ण भूमिका प्रस्तुत करने के लिए आतुर था। 'फ़िराक़' ने मूक दर्शक बनना पसन्द न किया, वरन् अति उत्साह के साथ कांग्रेस में शामिल हो गये। कांग्रेस में सम्मिलित होकर 'फ़िराक़' को व्यावहारिक रूप में स्वतन्त्रता-आन्दोलन के लिए संघर्ष करने का अवसर मिला और जब उन्हें डेढ़ वर्ष तक कारावास में रहने का संयोग प्राप्त हुआ, तो अनेक राजनीतिक व्यक्तियों के निकट आने का अवसर भी मिल गया। कारावास से छूटने के बाद पं. जवाहरलाल नेहरू ने उन्हें गोरखपुर से इलाहाबाद बुला लिया और ऑल इण्डिया कांग्रेस कमेटी का अण्डर सेक्रेटरी नियुक्त कर दिया। लेकिन 1928 ई. में श्री नेहरू दो-ढाई वर्ष के लिए यूरोप तथा अन्य देशों के लिए दौरे पर गये, तो 'फ़िराक़' ने कांग्रेस का दफ़्तरी पद त्यागकर क्रिश्चियन कॉलेज, लखनऊ में अध्यापन प्रारम्भ कर दिया। 1930 ई. में उन्होंने अंग्रेज़ी साहित्य में आगरा विश्वविद्यालय से एम. ए. की परीक्षा उत्तीर्ण की और प्रथम स्थान प्राप्त किया। इसके बाद उनकी नियुक्ति इलाहाबाद विश्वविद्यालय के अंग्रेज़ी विभाग में प्राध्यापक के पद पर हो गयी।

इलाहाबाद विश्वविद्यालय में पठन-पाठन के बीच 'फ़िराक़' के जीवन का अधिकांश समय बीता। यद्यपि औपचारिक रूप में जिसे पदोन्नति कहते हैं, वह तो 'फ़िराक़' को प्राप्त नहीं हुई और अन्त में कुछ समय के लिए प्राध्यापक से उपाचार्य बनाये जा सके। परन्तु उनकी विद्वत्ता एवं साहित्यिक ख्याति अपने चरमोत्कर्ष पर रही और उनकी गणना इलाहाबाद विश्वविद्यालय के उच्चतम आचार्यों में होती रही। उनकी बौद्धिकता सर्वविदित रही। बुद्धिजीवियों में उन्हें उच्च स्थान प्राप्त रहा। 3 दिसम्बर, 1958 ई. को 'फ़िराक़' इलाहाबाद विश्वविद्यालय की सेवा से निवृत्त हुए इसके बाद विश्वविद्यालय अनुदान आयोग से उन्हें नेशनल रिसर्च प्रोफ़ेसर का पद प्राप्त हो गया, जिससे 1966 ई. में सेवानिवृत्त हुए। उसके उपरान्त अधिकतर समय स्वतन्त्र रूप में साहित्यिक सेवा में बिताया।

'फ़िराक़' का हर मुलाक़ाती उनकी असाधारण बुद्धिमत्ता, विचारोत्तेजक चर्चाओं और वाक्य-कौशल से प्रभावित हुए बिना नहीं रह सकता। उनके विषय में सही-ग़लत सैकड़ों बातें प्रचलित हैं। यहाँ उसके विश्लेषण का अवसर नहीं है, परन्तु इतना कह देना उचित ही होगा कि 'फ़िराक़' अपने जीवन में ही एक लीजेण्ड बन गये थे। उन्हें भारत और पाकिस्तान में ही नहीं, अन्तरराष्ट्रीय स्तर पर असाधारण ख्याति प्राप्त हो चुकी थी। उनके विषय में विश्व की लगभग सभी महत्त्वपूर्ण भाषाओं में बराबर लिखा जाता रहा है। उनके काव्य का माधुर्य सभी को आत्मसात् करता है।

भारत सरकार ने उन्हें पद्मभूषण की उपाधि प्रदान की। 1961 ई. में 'ग़ुले-नग़मा' पर साहित्य एकेडेमी पुरस्कार तथा उत्तर प्रदेश सरकार सर्वोच्च पुरस्कार प्रदान किया। 1962 ई. में सोवियत रूस ने उन्हें नेहरू पुरस्कार प्रदान किया, 1980 ई. में साहित्य एकेडेमी के 5वें फ़ेलो बनाये गये। उसी वर्ष भारतीय ज्ञानपीठ ने उन्हें 1950-

1962 ई. के बीच के समस्त कवियों एवं साहित्यकारों में श्रेष्ठ होने पर 1969 ई. के पुरस्कार से अलंकृत किया।

'फ़िराक़' अपनी अन्तिम साँस तक प्रज्वलित रहे। आँखों में चमक, लहजे में ठहराव, बातचीत में छलकती बौद्धिकता, चिन्तन-मनन की मिठास, दिव्यदृष्टिता, वे समस्त विशेषताएँ 'फ़िराक़' के व्यक्तित्व का अंग यथावत रहीं। यद्यपि अन्तिम वर्षों में 'फ़िराक़' शारीरिक रूप में निर्बल हो गये थे, पाँव लड़खड़ाते थे, जो ढलती आयु की विशेषताएँ हैं। कुछ असन्तुलित जीवन व्यतीत करने से भी हुआ। परन्तु, प्रत्येक अवसर पर अपने विरोधी की कलाई मरोड़ते रहे। इसके अनगिनत उदाहरण उनके जीवनकाल में देखे जा सकते हैं परन्तु अन्त में उन्हें मृत्यु से पराजित होना ही पड़ा। दिल्ली में उन्होंने अपने जीवन लीला के अन्तिम पृष्ठ पर 3 मार्च, 1982 ई. अंकित कर दिया। उनका पार्थिव शरीर इलाहाबाद में निवास 8/4 बैंक रोड लाया गया, दूसरे दिन गंगा-यमुना-सरस्वती के त्रिवेणी संगम पर हज़ारों आँसुओं में डूबी हुई आँखों ने उन्हें विदा किया। साथ ही यह एहसास भी था :

आने वाली नस्लें तुम पर रश्क करेगी हमअस्रो
जब ये ध्यान आयेगा उनको, तुमने 'फ़िराक़' को देखा था।

'फ़िराक़' की प्रथम रचना के विषय में कहना कठिन है। इन पंक्तियों के लेखक ने जब 'फ़िराक़' से इसके बारे में जानना चाहा, तो उन्होंने असमर्थता प्रकट की कि उन्हें याद नहीं। बाह्य साक्ष्यों में पहला कथन ख़्वाजा अब्दुल रउफ़ 'इशरत' लखनवी का है, जिन्होंने अपनी पुस्तक 'हिन्दू-शुअरा' (प्रकाशन 1931 ई.) में 'मिस्टर रघुपति सहाय 'फ़िराक़' की आयु 25 वर्ष लिखी है तथा उनकी काव्य रचना का प्रारम्भ 1921 ई. के पूर्व बताया। श्यामसुन्दर लाल 'बर्क़' सीतापुरी की पुस्तक 'बहारे-सुख़न' (प्रकाशन 1922 ई.) में 'फ़िराक़' को 'वसीम' ख़ैराबादी का शिष्य लिखा मिलता है। इससे स्पष्ट होता है कि 1922 ई. तक 'फ़िराक़' कवि रूप में जाने जाते थे। 'फ़िराक़' तख़ल्लुस धारण करने के विषय में स्वयं उनका बयान है : **''जब गोरखपुर में प्रेमचन्द और मेरा साथ दिन-रात रहता था उस समय प्रेमचन्द के पास आये हुए लाहौर की उर्दू पत्रिका में ख़्वाजा मीर 'दर्द' के काव्य पर कुछ लेख प्रकाशित हुए। उस समय मेरी कुल जमा-पूँजी पाँच ग़ज़लें और कुछ कविताएँ थीं। 'दर्द' के काव्य पर लेख पढ़ने के बाद उस पत्रिका में उर्दू के मशहूर दास्तानगो नासिर अली 'फ़िराक़' का नाम प्रकाशित था। इस तख़ल्लुस में कुछ ऐसा जादू था कि मैंने इसे अपने तख़ल्लुस के रूप में चुना।''**[1] प्रेमचन्द गोरखपुर में अगस्त 1916 ई. से फ़रवरी 1921 ई. तक रहे। 'फ़िराक़' स्वयं कहते हैं कि 1914 ई. में जब

----

1. फ़िराक़ : मेरी ज़िन्दगी की धूप-छाँव, गुलबाग़, पृ. 26

वे इलाहाबाद के म्योर कॉलेज में छात्र थे तो प्रो.फ़ेसर मेहदी हसन 'नासिरी' की सुसंगत ने मेरी काव्य-प्रतिभा को उभार दिया और धीरे-धीरे शेर कहने की ओर रुचि हो गयी; तब से कई वर्ष डरते-डरते बड़ी कठिनाइयों से तीन-चार ग़ज़लें कह लेता था और एक-एक ग़ज़ल कई दिन तक अथक परिश्रम में उलझाये रहती थी। इस प्रकार हमारे विचार में 'फ़िराक़' की काव्य-रचना का प्रारम्भ 1913-1914 ई. से हुआ। विख्यात उर्दू मासिक 'जमाना' के सम्पादक मुन्शी दयानारायन निगम के नाम अपने एक पत्र दिनांक 30 दिसम्बर, 1918 ई. में प्रेमचन्द लिखते हैं : "आज की डाक से एक मज़मून भेजता हूँ, एक नज़्म भी है जो मेरे क़ाबिल दोस्त बाबू रघुपति सहाय ने भगवद्‌गीता की दसवीं मंज़िल से तर्जुमा की है।...इल्म-दोस्त आदमी है। शेरो-सुख़न का चर्चा पसन्द है। उनका एक मज़मून 'ग़ालिब' पर ईस्ट-वेस्टमें छपा था और बहुत क़ाबिलियत से लिखा गया था।"[1]

'फ़िराक़' अपने काव्य-गुरु के रूप में इलाहाबाद विश्वविद्यालय के उर्दू-फ़ारसी के प्रो.फ़ेसर मेहदी हसन 'नासिरी' की चर्चा अत्यन्त श्रद्धापूर्वक करते थे, जो महाकवि 'अनीस' के नाती प्यारे साहब 'रशीद' के शिष्य थे। बाद में उन्होंने अपनी कुछ रचनाएँ 'वसीम' ख़ैराबादी को भी दिखायीं; परन्तु स्वयं को 'नासिरी' का शिष्य कहते थे। 'फ़िराक़' के प्रारम्भिक रचनाकाल की कृतियाँ अप्राप्य हैं। मेरे शोध के आधार पर अब तक सबसे पुरानी ग़ज़ल 1918 ई. की प्रकाशित है। जिसका पहला शेर है :

न क्यो रश्क आये मुझको ऐ जुनूँ मेहरे-दरख़शाँ पर
वो आलम हाय रंगारंग हर तारे-गरीबाँ पर।

'फ़िराक़' की रचनाओं की तलाश चल रही है, हो सकता है आगे कुछ और सूचना उपलब्ध हो सके।

'फ़िराक़' की शायरी इस धरती की सोंधी-सुगन्ध, नदियों की मदमाती चाल, हवाओं की नशे में डूबी मस्ती में ढूँढ़ी जा सकती है। 'फ़िराक़' प्रायः कहा करते थे कि कलाकार का मात्र भारतवासी होना पर्याप्त नहीं है,' वरन् उसके भीतर भारत को निवास करना चाहिए! किसी स्थान पर रहना उसकी विवशता भी हो सकती है। भारत में रहना पर्याप्त नहीं है, वरन् भारत को उसमें रहना चाहिए। भारत की शायरी की पहचान भारतीयता से होना चाहिए! भारतीयता का विशेष विशिष्ट काव्य प्रतिमान है। प्राचीन में भारतीय काव्यशास्त्र में रस, शब्दार्थ, सौन्दर्य, रीति तथा ध्वनि के तत्त्वों को मूल महत्त्व प्रदान किया गया है। 'फ़िराक़' की शायरी ने जीवन पर अमृत वर्षा कर दी और उसे ऐसी मधुर संगीत प्रदान की, जिससे देवताओं के पवित्र नेत्र भीग जायें। 'फ़िराक़' की शायरी जीवन के लिए पाकीज़ा दुआ बन गयी।

-----

1. प्रेमचन्द : चिट्ठी-पत्री, भाग-1, पृ. 77-78

'फ़िराक़' की शायरी को चरमोत्कर्ष प्रगतिशील लेखक आन्दोलन के उत्कर्ष काल में प्राप्त हुआ। वे इस आन्दोलन के प्रवर्तकों में थे, लेकिन रचनात्मक स्तर पर 'फ़िराक़' अन्य प्रगतिशील कवियों से नितान्त भिन्न ही नहीं, वरन् अनेकानेक सरोकारों में उनके विपरीत थे। उन्होंने संगठनात्मक गतिविधियों में सक्रिय होने के बजाय साहित्य एवं कविता में सांस्कृतिक एवं शाश्वत मूल्यों के विकास पर बल दिया। इस काल में अधिकतर प्रगतिशीलों ने ग़ज़ल को त्याग ही नहीं दिया था, वरन् उसका वध करने का फ़तवा देते थे। ग़ज़ल बुर्ज़ुआ समाज के विघटन का प्रतीक समझी जाती थी। 'फ़िराक़' ने प्रगतिशील आन्दोलन का रचनात्मक स्तर पर नेतृत्व करके ग़ज़ल को अपने चिन्तन का आधार बनाया, जिसमें उनकी प्रतीकात्मक शैली, संकेतात्मक स्वभाव, समसामयिक राजनीति, सांस्कृतिक एवं ऐतिहासिक समस्याओं का विश्लेषण करता हुआ दीखता है। 'फ़िराक़' की शायरी का आहंग, आवाज़ और लहजा अलग तरह के रस से ओतप्रोत है। 'फ़िराक़' की उस समय की शायरी में इश्क़, मुहब्बत, प्रकृति अपने विशिष्ट रूप में जीवन की समस्याओं से तादात्म्य प्राप्त करते हैं। 'फ़िराक़' की शायरी में जीवन को उभरती सच्चाई का रूप प्राप्त है। अतः उनकी शायरी में ज़िन्दगी के सम्बन्ध में उनका रवैया सकारात्मक, विकासशील तथा रचनात्मक तथ्यों से ओतप्रोत है। कुछ शेर देखिये–

देख रफ़्तारे-इंक़लाब 'फ़िराक़'
कितनी आहिस्ता और कितनी तेज़
इक्का-दुक्का सदा-ए-ज़ंजीर
ज़िन्दाँ में रात हो गयी है।
इस दौर में ज़िन्दगी बशर की
बीमार की रात हो गयी है।

कुछ क़फ़स की तीलियों से छन रहा है नूर-सा।
कुछ फ़ज़ा कुछ हसरते-परवाज़ की बातें करो।
क़फ़स से छुट के वतन का सुराग़ भी न मिला।
वो रंगे-लाला-ओ-गुल था कि बाग़ भी न मिला
बहुत पहले से उन क़दमों की आहट जान लेते हैं।
तुझे ऐ ज़िन्दगी, हम दूर से पहचान लेते हैं।
नयी मंज़िल के मीरे-कारवाँ भी और होते हैं।
पुराने ख़िज़्रे रह-बदले, वो तर्ज़े-रहबरी बदला।
सरज़मीने-हिन्द पर अक़वामे-आलम के 'फ़िराक़'
क़ाफ़िले बसते गये हिन्दोस्ताँ बनता गया।

'फ़िराक़' की शायरी में ज़िन्दगी और दुनिया के साथ मुहब्बत एक विशेष प्रकार की आध्यात्मिक रहस्यवाद की ओर संकेत करती है, जिसका प्रभाव उन्होंने प्राचीन भारतीय काव्य से ग्रहण किया। ज्ञान एवं विस्मय का असाधारण सम्मिश्रण उनसे पूर्व उर्दू शायरी में भिन्न परिप्रेक्ष्य में 'मीर' और 'ग़ालिब' की शायरी में भी दीख पड़ता है, जिन्होंने रहस्यवाद को सूफ़ीवाद के एक वृत्ति के रूप पर बरता है। ज्ञातव्य रहे कि भारतीय सूफ़ीवाद पर वेदान्त और बुद्ध शिक्षा के अतिरिक्त ईरानी ज़रथुस्त्र तथा मानी के प्रभाव अपरिहार्य थे। ऋग्वेद तथा अवेस्ता की कथाओं में एकरूपता भी उनके चिन्तन की समानता की द्योतक है। फ़ारसी में एक घास का नाम 'हनुमा' है, जो ज़रथुस्त्रियों की पूजा में प्रयोग होती है। संस्कृत में भाषिक परिवर्तन के आधार पर 'ह', 'स' हो गया, जिसका भारतीय नाम 'सोम' है, जो हिन्दुओं में पवित्र है। बल्ख़ बुद्धमत का केन्द्र रहा, जिसके दर्शन हेतु यात्री बाहर से आते थे। 'बरमकी' संस्कृत शब्द 'प्रमुख' से उद्धृत है। बल्ख़ के बौद्ध मन्दिर 'नवविहार' से सम्बद्ध थे, जो बाद में परिवर्तित होकर 'नवबहार' हो गया। 'फ़िराक़' ने अपने काव्य में सूफ़ीवाद के रहस्यात्मक प्रवृत्ति को रचनात्मक मूल्य के रूप में प्रयोग किया। उन्होंने न केवल यह कि ऐसे विचार एवं चिन्तन प्रस्तुत किये, जो अत्यन्त उपयोगी एवं महत्त्वपूर्ण हैं, बल्कि उन्हें इस प्रकार पाठक के व्यक्तित्व का अंग बना दिया कि उनके विचार तथ्यात्मक होने की विशेषताओं के साथ विस्मय उत्पन्न करते हैं। जीवन की घटनाओं, स्थितियों और संवेदनाओं से रचनात्मक प्रक्रिया के माध्यम से आध्यात्मिक जीवन के रहस्य उद्घाटित हो जाते हैं। रहस्यमयता 'फ़िराक़' की शायरी में चमत्कार बन जाती है।

राज़ के सेग़े में रक्खा था मशीयत ने जिन्हें
वो हक़ायक़ हो गये मेरी ग़ज़ल में बेनक़ाब
हर नज़र जलवा है, हर जलवा नज़र, हैरान हूँ
आज किसी बैत-उल-हरम में हो गया हूँ बारियात
हाँ तुझको देख रहा हूँ क्या जलवा है क्या परदा है
दिल दे नज़्ज़ारे की गवाही और ये आँखें क़स्में रवायें
कुछ भी नेहाँ न था कोई ज़माँ, मकाँ न था
देर थी इक निगाह की फिर ये जहाँ, जहाँ न था।

प्राचीन भारतीय संस्कृति में प्रकृति को धार्मिक मूल्य माना गया है। प्रकृतिवाद जीवन का प्रमुख अंग रहा है। अरबी और फ़ारसी शायरी में कुछेक भौगोलिक, सांस्कृतिक एवं सामाजिक कारणों से प्रकृतिवाद का विकास न हो सका। उर्दू शायरी में भी प्राकृतिक दृश्यों का अत्यन्त सुन्दर चित्रण होने के बावजूद प्रकृति के प्रति वैसा प्रेम जैसा कि संस्कृत साहित्य के कालिदास और अंग्रेज़ी के वड्र्सवर्थ परम्परा में है, सम्भव

न हो सका। यह विशेष उपलब्धि 'फ़िराक़' की है। उन्होंने उर्दू शायरी को कालिदास की तरह प्रकृति की ओर आकृष्ट कर दिया। उन्होंने अपने लेखों में बलपूर्वक लिखा तथा अपने काव्य में रचनात्मक स्तर पर उसे स्थापित किया कि धरती की शायरी ही सबसे बड़ी शायरी हो सकती है। 'फ़िराक़' जब धरती की परिकल्पना करते हैं। तो समस्त ब्रह्माण्ड उसके अनगिनत दृश्य, उसके विभिन्न ऋतु सब-के-सब आँखों के सामने आ जाते हैं। 'फ़िराक़' ने प्राकृतिक चित्रण पर आधारित शायरी इस तरह की है कि उनके चित्रों में एक तरह की लोच, गूँज और घन-गरज पैदा हो गयी है। हम प्रकृति के इन दृश्यों को देखते ही नहीं बल्कि 'फ़िराक़' के इन शेरो और नज़्मों में डूब-डूब जाते हैं। नज़्मों के विस्तृत उद्धरण को दृष्टिगत करते हुए ग़ज़ल के शेर देखिये-

उफ़ुक़ से ताउफ़ुक़ ये कायनात महवे-ख़्वाब थी
न पूछ दे गये हैं क्या मुझे वो लम्हे रात के।
कई लाख फूलों ने पैरहन सरे-बाग़ हँसकर उड़ा दिये
ज़हे-फ़स्ले-गुल, वो-हवा चली कि चमन की लय ले उड़ी आबरू।
हुई वारदाते-शहर यहाँ तो ग़ुलों का सीना धड़क गया
ये चली कि तेग़े-नसीम ने कई हाथ उछाल दिया लहू।

'फ़िराक़' के काव्य में नये, सच्चे, गहरे, सूक्ष्म तथा अस्थायित्व भाव से ओतप्रोत शेर की बहुतायत है। समय-समय तथा स्थान के परिवर्तन का एहसास संवेदनाओं के नये परिप्रेक्ष्य प्रस्तुत करता है-

हमारी ज़िन्दगी-ए-इश्क़ का वो पहला ख़्वाब
हमें भी भूल चुका है तुम्हें भी याद नहीं।
फिर भी सुकूने-इश्क़ पर आँख भर आयी बारहा
गो ग़मे-इश्क़ है 'फ़िराक़' कुछ ग़मे-जावेदाँ नहीं
बस इतने पर हमें सब लोग दीवाना समझते हैं
कि इस दुनिया को हम इक दूसरी दुनिया समझते हैं
देख आये आज यादों का नगर
हर तरफ़ परछाइयाँ-परछाइयाँ

गत पाँच दशक में उर्दू शायरी विशेषकर उर्दू ग़ज़ल, जितनी 'फ़िराक़' से प्रभावित हुई है, किसी दूसरे कवि से नहीं। ऐसे लोगों की संख्या भारत, पाकिस्तान, बाँगलादेश, लन्दन, अमेरिका, कनाडा, मध्य एशिया, ईरान, अरब आदि में लाखों तक पहुँचती है, जिन्होंने 'फ़िराक़' की शायरी को अपने सीने से लगा रखा है। उर्दूभाषी 'फ़िराक़' से प्रभावित ही नहीं उनकी शायरी के प्रति असाधारण श्रद्धा रखते हैं। आज का इन्सान महसूस करता है कि 'फ़िराक़' की आवाज़ के पर्दे में उसकी संवेदनाओं का उतार-

चढ़ाव है। वह अपने आध्यात्मिक अनुभूति के तारों को छू रहा है। 'फ़िराक़' का काव्य शाश्वत शान्ति से ओतप्रोत है। एक ज़िन्दगी के हज़ारों आइने हो सकते हैं और इन हज़ारों आइनों को एक साथ रखकर जीवन के विभिन्न रूपों को देखा जा सकता है। 'फ़िराक़' ने जीवन की एकता का एहसास उत्पन्न किया है, जिसमें सारी दुनियाओं के फैलाव सिमटकर आ गये हैं। 'फ़िराक़' की शायरी एक ज़िन्दा ज़बान की शायरी है। उन्होंने ऐसे शब्द-विन्यास एवं रचना-प्रक्रिया तलाश की है, जो बुद्धिजीवियों की भाषा होने के बावजूद उर्दू के अनगिनत प्रेमियों में प्रचलित है। 'फ़िराक़' ने भारतीय समाज की भाषा से अपनी भाषा बनायी है। उन्होंने भाषा की सूक्ष्मता, मधुरता एवं भव्यता के सभी पहलुओं पर निग़ाह रखी है।

आगे शायद ये पड़ता है अदम्य, कुछ ठीक हमें मालूम नहीं
ये दर्द की हद है 'फ़िराक़', यहीं से दिल की बस्ती छूट गयी।

'शबिस्तान'
786, शाहगंज, इलाहाबाद
16 जुलाई, 2014 ई.

—जाफ़र रज़ा

अनुक्रम

ग़ज़लें

नज़्में

गुले-नग़मा

1

आँखों में जो बात हो गयी है
एक शरहे-हयात[1] हो गयी है।
जब दिल की वफ़ात हो गयी है
हर चीज़ की रात हो गयी है।
ग़म से छुटकर ये ग़म है मुझको
क्यों ग़म से नजात हो गयी है।
मुद्दत से ख़बर मिली न दिल की
शायद कोई बात हो गयी है।
जिस शै[2] प नज़र पड़ी है तेरी
तस्वीरे – हयात[3] हो गयी है।
अब हो मुझे देखिये कहाँ सुब्ह
उन ज़ुल्फ़ों में रात हो गयी है।
दिल में तुझ से थी जो शिकायत
अब ग़म के निकात[4] हो गयी है।
इक़रारे – गुनाहे – इश्क़[5] सुन लो
मुझसे इक बात हो गयी है।
जो चीज़ भी मुझको हाथ आयी
तेरी सौग़ात हो गयी है।

---

1. जीवन की व्याख्या, 2. चीज़, वस्तु, 3. जीवन का चित्र, 4. मर्म, 5. प्रेम करने के गुनाह का इक़रार।

क्या जानिये मौत पहले क्या थी
अब मेरी हयात हो गयी है।
घटते - घटते तेरी इनायत
मेरी औक़ात हो गयी है।
उस चश्मे - सियह की याद अक्सर
शामे - ज़ुल्मात हो गयी है।
इस दौर में ज़िन्दगी बशर[1] की
बीमार की रात हो गयी है।
जीती हुई बाज़ी - ए - मुहब्बत
खेला हूँ तो मात हो गयी है।
मिटने लगीं ज़िन्दगी की क़द्रें[2]
जब ग़म से नजात[3] हो गयी है।
वो चाहें तो वक़्त भी बदल जाय
जब आये हैं, रात हो गयी है।
दुनिया है कितनी बे - ठिकाना
आशिक़ की बरात हो गयी है।
पहले वो निगाह इक किरन थी
अब बर्क़ - सिफ़ात[4] हो गयी है।
जिस चीज़ को छू दिया है तूने
एक बर्गे-नबात[5] हो गयी है।
इक्का - दुक्का सदा - ए - ज़ंजीर
ज़िन्दाँ[6] में रात हो गयी है।
एक - एक सिफ़त 'फ़िराक़' उसकी
देखा है, तो ज़ात हो गयी है।

---

1. मानव, 2. मूल्यों, 3. मुक्ति, 4. बिजली की विशेषता रखनेवाली, 5. हरी डाली, 6. कारागार।

2

ये सुर्मई फ़ज़ाओं[1] की कुछ कुनमुनाहटें
मिलती हैं मुझको पिछले पहर तेरी आहटें।[2]
इस कायनाते-ग़म की फ़सुर्दा[3] फ़ज़ाओं में
बिखरा गये हैं आ के वो कुछ मुस्कुराहटें।
ऐ जिस्मे - नाज़नीने -निगारे - नज़रनवाज़[4]
सुब्हो - शबे - विसाल तेरी मलगजाहटें।
पड़ती है आसमाने - मुहब्बत प छूट - सी
बल बे जबीने - नाज़ तेरी जगमगाहटें।
चलती है जब नसीमे-ख़याले-ख़रामे-नाज़[5]
सुनता हूँ दामनों की तेरे सरसराहटें।
चश्मे-सियह तबस्सुमे-पिनहाँ लिये हुए
पौ फूटने से क़ब्ल उफ़ुक़ की उदाहटें।
जुम्बिश में जैसे शाख़ हो गुलहा ए-नग़मा की
इक पैकरे-जमील की ये लहलहटें।
झोकों की नज़्र है, चमने-इन्तिज़ारे-दोस्त
बादे-उम्मीदो-बीम की ये सनसनाहटें।
हो सामना अगर तो ख़िजिल हो निगाहे-बर्क़
देखी हैं अज़्व-अज़्व में वो अचपलाहटें।
किस देस को सिंधार गयीं, ऐ जमाले-यार
रंगीं लबों प खेल के कुछ मुस्कुराहटें।

---

* गोर्की की सुप्रसिद्ध कहानी 'छब्बीस आदमी और एक लड़की' पढ़कर —'फ़िराक़'।

1. वायुमण्डल, 2. उदास, 3. नजर को भला लगनेवाले प्रिय का कोमल शरीर, 4. प्रेमिका के चलने की वायु की कल्पना

रुख़सारे-तर से ताज़ा हो बाग़े-अदन की याद
और उसकी पहली सुब्ह की वो रसमसाहटें।
साज़े-जमाल के ये नवाहा-ए-सर्मदी[1]
जोबन तो वो फ़रिश्ते सुनें गुनगुनाहटें।
आज़ुर्दगी-ए-हुस्न[2] भी किस दर्जा शोख़ है
अश्कों में तैरती हुई कुछ मुस्कुराहटें।
होने लगा हूँ ख़ुद से क़रीं[3], ऐ शबे-अलम[4]
मैं पा रहा हूँ हिज्र में कुछ अपनी आहटें।
मेरी ग़ज़ल की जान समझना उन्हें 'फ़िराक़'
शम्ए - ख़याले - यार की ये थरथराहटें।

3
...

है अभी महताब बाक़ी और बाक़ी है शराब
और बाक़ी मेरे तेरे दरम्याँ सदहा[5] हिसाब।
दीद अन्दर दीद, हैरानम हेजाब अन्दर हेजाब
वाय बावस्फ़े ईं क़दर-राज़ो-नयाज़ ई इजतेनाब।
दिल में यूँ बेदार[6] होते हैं ख़यालाते-ग़ज़ल
आँख मलते जिस तरह उट्ठे कोई मस्ते-शबाब।
गेसू - ए - ख़मदार में अशआरे - तर को ठंढकें
आतशे - रुख़सार में क़ल्बे - तपाँ का इल्तहाब।
चूड़ियाँ बजती हैं दिल में, मरहबा[7], बज़्में - ख़याल
खिलते जाते हैं निगाहों में जबीनो[8] के गुलाब।
काश पढ़ सकता किसी सूरत से तू आयाते-इश्क़
अहले-दिल भी तो हैं ऐ शैख़े-ज़माँ, अहले-किताब।

---

1. दैवी आवाज़ें, 2. सौन्दर्य का दुःख (प्रेमिका की उदासी), 3. निकट, 4. दुःख की रात, 5. सैकड़ों, 6. जाग्रत, 7. धन्य हो, 8. माथा।

एक आलम पर नहीं रहती हैं कैफ़ीयाते-इश्क़
गाह रेगिस्ताँ भी दरिया, गाह दरिया भी सुराब।[1]
कौन रख सकता है इसको साकिनो-जामिद कि ज़ीस्त
इनक़लाबो - इनक़लाबो - इनक़लाबो - इनक़लाब।
ढूँढ़िये क्यों इस्तेआरे[2] और तशबीहो[3] - मिसाल
हुस्न तो वो है बताये जिसको हुस्ने - लाजवाब।
हश्त जन्नत की बहारें, चन्द पंखड़ियों में बन्द
गुँचा खिलता है तो फ़िरदौसों[4] के खुल जाते हैं बाब[5]।
आ रहा है नाज़ से सम्ते-चमन को ख़ुशख़िराम[6]
दोश[7] पर वो गेसू - ए - शबगूँ[8] के मँडलाते सहाब[9]।
हुस्न ख़ुद अपना नक़ीब, आँखों को देता है पयाम
आमद - आमद आफ़ताब, आमद दलीले - आफ़ताब।
अज़मते - तक़दीरे - आदम अहले-मज़हब से न पूछ
जो मशीअत ने न देखे, दिल ने वो देखे हैं ख़्वाब।
हुस्न वो जो एक कर दे मानी-ए-फ़त्हो-शिकस्त
रह गयी सौ बार झुक - झुक कर निगाहे - कामयाब।
ग़ैब[10] की नज़रें बचा के कुछ चुरा ले वक़्त से
फिर न हाथ आयगा कुछ हर लम्हा है पा-दर-रिकाब[11]
हर नज़र जलवा है हर जलवा नज़र, हैरान हूँ
आज किस बैतुलहरम[12] में हो गया हूँ बारयाब[13]।
बारहा, हाँ बारहा मैंने दमे - फ़िक्रे - सुखन[14]
छू लिया है उस सूकूँ को जो है जाने - इज़्तेराब[15]

---

1. मृगतृष्णा, 2. रूपक, 3. उपमा, 4. स्वर्ग, 5. द्वार, पट, 6. अच्छी चालवाला, 7. कन्धा, 8. रात की तरह केशवाला, 9. बादल, 10. परोक्ष 11. रिकाव में पैर जा रहा, 12. अल्लाह का घर मस्जिद, 13. प्रवेश प्राप्त, 14. काव्य चिन्तन के समय, 15. व्याकुलता की आत्मा।

सर से पा तक हुस्न है साज़े-नुमू[1] राज़े-नुमू[2]
आ रहा है एक कमसिन पर दबे पाँवों शबाब।
बज़्मे-फ़ितरत सर-बसर होती है इक बज़्मे-समाअ
वो सुकूते - नीमशब का नग़मा - ए - चंगो - रबाब।
ऐ 'फ़िराक़' उठती हैं हैरत की निगाहें बा अदब
अपने दिल की ख़िलवतों में हो रहा हूँ बारयाब।

4

दीदनी[3] है नरगिसे - ख़ामोश का तर्ज़े - ख़िताब
गह सवाल अन्दर सवालो - गह जवाब अन्दर जवाब।
जौहरे - शमशीर क़ातिल हैं कि हैं रगहा - ए - नाब
साक़िया तलवार खिंचती है कि खिंचती है शराब।
इश्क़ के आग़ोश में बस इक दिले - ख़ानाख़राब
हुस्न के पहलू में सदहा आफ़्ताबो - माहताब।
सरवरे - कुफ़्फ़ार है इश्क़ और अमीर - उल - मोमनीं
काबा - ओ - बुतख़ाना औक़ाफ़े - दिले - आलीजनाब।
राज़ के सेग़े में रक्खा था मशीअत[4] ने जिन्हें
वो हक़ायक़[5] हो गये मेरी ग़ज़ल के बेनक़ाब।
एक गंजे - बेबहा है, अह्ले - दिल को उनकी याद
तेरे जौरे - बेनिहायत, तेरे जौरे - बेहिसाब।
आदमियों से भरी है, ये भरी दुनिया मगर
आदमी को आदमी होता नहीं है दस्तियाब।

---

1. उभरने, उत्पत्ति लेनेवाला गीत, 2. उत्पत्ति का मर्म, 3. देखने योग्य, 4. ईश्वरेच्छा, 5. तथ्य।

साथ ग़ुस्से में न छोड़ा शोख़ियों ने हुस्न का
बरहमी की हर अदा में मुस्कुराता है इताब[1]।
इश्क़ की सरमस्तियों[2] का क्या हो अन्दाज़ा कि इश्क़
सद शराब, अन्दर शराब, अन्दर शराब, अन्दर शराब।
इश्क़ पर ऐ दिल कोई क्योंकर लगा सकता है हुक्म
हमसवाब अन्दर सबाबो-हमअज़ाब अन्दर अज़ाब।
नाम रह जाता है वरना दह्‌र[3] में किसको सबात[4]
आज दुनिया में कहाँ हैं रुस्तमो - अफ़रासियाब।
रास आया दह्र को ख़ूने - जिगर से सींचना
चेहरा-ए-आफ़ाक़[5] पर कुछ आ चली है आबो - ताब।
इस क़दर रश्क़, ऐ तलबगाराने - सामाने - निशात[6]
इश्क़ के पास इक दिले - पुरसोज़, इक चश्मे - पुरआब[7]।
अब इसे कुछ और कहते हैं कि हुस्ने-इत्तेफ़ाक़
इक नज़र उड़ती हुई - सी कर गयी मुझको ख़राब।
एक सन्नाटा अटूट, अक्सर और अक्सर ऐ नदीम!
दिल की हर धड़कन में सद ज़ीरो-बमे-चंगो-रबाब।
आ रहे हैं गुलसताँ में ख़ैरो-बरकत के पयाम
है सदा बादे - सबा की, या दुआ - ए - मुस्तजाब।
मुर्ग़ हूँ उस दश्त का कोई न मारे पर जहाँ
एक ही पंजे के हैं, ऐ चर्ख़ शाहीनो - उक़ाब।
हम समन्दर मथ के लाये गौहरे - राज़े - दवाम[8]
दास्तानें मिल्लतों[9] की हैं जहाँ नक़्शे - बरआब।
गिर गयीं मेरी नज़र से आज अपनी सब दुआएँ
वाँ गया भी मैं तो उनकी गालियों का क्या जवाब।

---

1. रोष, 2. दुनिया, 3. स्थिरता, 4. संसार के मुख पर 5. विलास सामग्री के इच्छुक, 6. आँसुओं भरी आँख, 7. अमरत्व के मर्म का मोती 8. राष्ट्रों 9. पानी पर अंकित रेखाएँ, जिनकी कोई हैसियत न हो।

पूछता है मुझसे तू ऐ शख़्स क्या हूँ, कौन हूँ
मैं वही रुसवाए - आलम, शायरों में इन्तेख़ाब।
ऐ 'फ़िराक़' आफ़ाक़ है कोई तिलिस्म अन्दर-तिलिस्म
है हर, इक ख़्वाब हक़ीक़त हर हक़ीक़त एक ख़्वाब।

5...

रात भीं, नींद भी, कहानी भी
हाय, क्या चीज़ है जवानी भी।
एक पैग़ामे - ज़िन्दगानी भी
आशिक़ी मर्गे - नागहानी भी।
इस अदा का तेरी जवाब नहीं
मेह्रबानी भी, सरगरानी[1] भी।
दिल को अपने भी ग़म थे दुनिया में
कुछ बलायें थीं आसमानी भी।
मनसबे - दिल[2] ख़ुशी लुटाना है
ग़मे - पिनहाँ[3] की पासबानी भी
दिल को शोलों से करती है सेराब
ज़िन्दगी आग भी है पानी भी।
शादकामों को ये नहीं तौफ़ीक़
दिले - ग़मगीं की शादमानी भी।
लाख हुस्ने - यक़ीं से बढ़कर है
उन निगाहों की बदगुमानी भी।
तंगना ए - दिले - मलूम[4] में है
बह्र हस्ती की बेकरानी भी।
इश्क़े - नाकाम की है परछाईं
शादमानी भी, कामरानी भी।

---

1. नाराज़गी, 2. दिल का काम, 3. आन्तरिक सुख, 4. दुःखी हृदय की सीमा।

देख दिल के निगारख़ाने में
ज़ख़्मे-पिनहाँ[1] की है निशानी भी।
ख़ल्क़[2] क्या-क्या मुझे नहीं कहती
कुछ सुनूँ मैं तेरी ज़बानी भी।
आये तारीख़े-इश्क़ में सौ बार
मौत के दौरे - दरम्यानी भी।
अपनी मासूमियों के पर्दे में
हो गयी वो नज़र सियानी भी।
दिन को सूरजमुखी है वो नौ - गुल
रात को है वो रात - रानी भी।
दिले बदनाम तेरे बारे में
लोग कहते हैं इक कहानी भी।
वज़्अ[3] करते कोई नयी दुनिया
कि ये दुनिया हुई पुरानी भी।
दिल को आदाबे-बंदगी[4] भी न आये
कर गये लोग हुक्मरानी भी।
जौरे-कमकम का शुक्रिया बस है
आपकी इतनी मेहरबानी भी।
दिल में इक हूक भी उठी ऐ दोस्त
याद आयी तेरी जवानी भी।
सर से पा तक सिपुर्दगी [5]की अदा
एक अंदाज़े - तुर्कमानी भी।
पास रहना किसी का रात की रात
मेहमानी भी, मेज़बानी भी।
हो न अक्से-जबीने-नाज़ कि है
दिल में इक नूरे - कहकशानी भी।

---

1. आन्तरिक आहत, 2. दुनिया, 3. बनाते, 4. सेवाभाव, 5. तुर्कों की अदा।

ज़िन्दगी ऐन दीदे - यार 'फ़िराक़'
ज़िन्दगी हिज्र की कहानी भी।

6

एक शबे-ग़म वो भी थी जिसमें भी भर आये तो अश्क बहायें
एक शबे-ग़म ये भी है जिसमें ऐ दिल रो-रो के सो जायें।
जाने वाला घर जायेगा काश, ये पहले सोचा होता
हम तो मुन्तज़िर इसके थे, बस कब मिलने की घड़ियाँ आयें।
अलग-अलग बहती रहती है, हर इन्साँ की जीवनधारा
देख मिलें कब आज के बिछड़े, ले लूँ बढ़के तेरी बलायें।
सुनते हैं कुछ रो लेने से, जी हल्का हो जाता है
शायद थोड़ी देर बरस कर छट जायँ कुछ ग़म की घटाएँ।
अपने दिल से ग़ाफ़िल रहना अहले-इश्क़ का काम नहीं
हुस्न भी है जिसकी परछाईं, आज वो मन की जोत जगायें।
सबको अपने-अपने दुख हैं, सबको अपनी-अपनी पड़ी है
ऐ दिले-ग़मग़ीं तेरी कहानी कौन सुनेगा किसको सुनायें।
जिस्में - नाज़ानीं में सर - ता-पा नर्म लवें लहरायी हुई-सी
तेरे आते ही बज़्मे-नाज़ में जैसे कई शम्अएँ जल जायें।
हाँ-हाँ तुझको देख रहा हूँ, क्या जल्वा है, क्या परदा है
दिल दे नज़्ज़ारे की गवाही और ये आँखें क़स्में खायें।
लफ़्ज़ों में चेहरे नज़र आयेंगे चश्मे - बीना की है शर्त
कई ज़ावियों से ख़िलक़त[1] को शेर मेरे आईना दिखायें।
मुझको गुनाहो-सवाब से मतलब? लेकिन इश्क़ में अक्सर आये
वो लम्हे ख़ुद मेरी हस्ती, जैसे मुझे देती हो दुआएँ।

---

1. सृष्टि

छोड़ वफ़ा-आ-जफ़ा की बहसें, अपने को पहचान ऐ इश्क़!
ग़ौर से देख तो सब धोखा है, कैसी वफ़ाएँ कैसो जफ़ाएँ।
हुस्न इक बे-बेंधा हुआ मोती या इक बे-सूँघा हुआ फूल
होश फ़रिश्तों के भी उड़ा दें तेरी ये दोशीज़ा[1] अदाएँ।
बातें उसकी याद आती हैं लेकिन हम पर ये नहीं खुलता
किन बातों पर अश्क बहायें, किन बातों से जी बहलायें।
साक़ी अपना ग़मख़ाना भी, मयख़ाना बन जाता है
मस्ते-मए-ग़म होकर जब हम, आँखों के साग़र छलकायें।
अहले-मसाफ़त[2] एक रात का ये भी साथ ग़नीमत है
कूच करो तो सदा दे देना, हम न कहीं सोते रह जायें।
होश में कैसे रह सकता हूँ आख़िर शायरे-फ़ितरत[3] हूँ।
सुब्ह के सतरंगे झुर्मुट से जब वो उँगलियाँ मुझे बुलायें।
एक ग़ज़ाले-रमख़ुर्दा का मुँह फेरे ऐसे में गुज़रना
जब महकही हुई ठंडी हवाएँ दिन डूबे आँख झपकायें।
देंगे सुबुते - आलोज़र्फ़ी हम मयकश सरे - मयख़ाना
साक़ी!-ए-चश्मे-सियह का बातें, ज़हर भी हों तो हम पी जायें।
मौज़ूँ करके सस्ते जज़्बे, मण्डी - मण्डी बेच रहे हैं
हम भी ख़रीदें जो ये सुख़नवर इक दिन ऐसी ग़ज़ल कहलायें।
राह चली है जोगन होकर, बाल सँवारे, लट छिटकाये
छिपे 'फ़िराक़' गगन पर तारे, दीप बुझे, हम भी सो जायें।

7

बन्दगी से कभी नहीं मिलती
इस तरह ज़िंदगी नहीं मिलती।

---

1. कुँवारी, 2. यात्रा-साथी, 3. प्रकृति-कवि।

लेने से ताजो-तख़्त मिलता है
मॉंगे से भीख भी नहीं मिलती।
ग़ैबदॉं है मगर ख़ुदा को भी
नीयते - आदमी नहीं मिलती।
वो जो इक चीज़ दारे-फ़ानी[1] में
वो तो जन्नत में भी नहीं मिलती।
एक दुनिया है मेरी नज़रों में
पर वो दुनिया अभी नहीं मिलती।
रात मिलती है तेरी ज़ुल्फ़ों से
पर वो आरास्तगी नहीं मिलती।
यूँ तो हर - इक का हुस्न काफ़िर है
पर तेरी काफ़िरी नहीं मिलती।
बासफा[2] दोस्ती को क्या रोयें
बासफ़ा दुश्मनी नहीं मिलती।
आँख ही आँख हूँ मगर मुझसे
नरगिसे-सामरी नहीं मिलती।
जब तक ऊँची न हो ज़मीर की लौ
आँख को रौशनी नहीं मिलती।
सोज़े-ग़म से न हो जो मालामाल
दिल को सच्ची ख़ुशी नहीं मिलती।
रोने-धोने से हाले - आशिक़ को
ज़ुल्फ़ की अबतरी नहीं मिलती।
रू-ए-जानाँ कुजा[3], कुजा गुले-ख़ुल्द
वो तरो-ताज़गी नहीं मिलती।
तुझमें कोई कमी नहीं पाते
तुझमें कोई कमी नहीं मिलती।

---

1. सच्ची, अन्तरात्मा, 2. नाश होनेवाली जगह, संसार, 3. कहाँ।

हैं सिवा मेरे और नर्म-नवा
पर वो आहिस्तगी नहीं मिलती।
यूँ तो पड़ती है एक आलम पर
निगहे - सरसरी नहीं मिलती।
सह्ने - आलम की सरज़मीनों में
दिल की उफ़तादगी[1] नहीं मिलती।
आह वो मुश्कबेज़[2] ज़ुल्फ़े-सियाह
जिसकी हमसायगी नहीं मिलती।
इश्के - आज़ुर्दा[3] बादशाहों को
तेरी आज़ुर्दगी नहीं मिलती।
ज़ुहदो - सौमो - सलातो - तक़वा[4] से
इश्क़ की सादगी नहीं मिलती।
हुस्न जिसका[5] भी है निराला है
पर तेरी तुर्फ़गी नहीं मिलती।
रंगे - दीवानगी - ए - आलम से
मेरी दीवानगी नहीं मिलती।
इल्म है दस्तियाब[6] बाइफ़रात
इश्क़ की आगही नहीं मिलती।
दिल को बेइन्तेहा - ए - आगाही[7]
इश्क़ की बेख़ुदी नहीं मिलती।
आज रुतबुल्लेसाँ हैं हज़रते - दिल
आप की बात ही नहीं मिलती।
दोस्तो, महज़ तब्आ - ए - मौज़ूँ से
दौलते - शाएरी नहीं मिलती।

---

1. कमज़ोरी, 2. ख़ुशबूदार, 3. दुःखी प्रेम, 4. परहेज़गारी, रोज़ा व नमाज़ व बुरी बातों से बचना, 5. अनोखापन 6. प्राप्त 7. अपार ज्ञान।

है जो उन रसमसाते होंटों में
आँख को वो नमी नहीं मिलती।
निगहे-लुत्फ़ से जो मिलती है
हाय वो ज़िन्दगी नहीं मिलती।
यँ तो मिलने को मिल गया है ख़ुदा
पर तेरी दोस्ती नहीं मिलती।
मेरी आवाज़ में जो मुज़मर[1]
ऐसी शादी-ग़मी नहीं मिलती।
वो तो कोई ख़ुशी नहीं जिसमें
दर्द की चाशनी नहीं मिलती।
मेरे अशआर में सिरे से, नदीम!
रजअते - क़हक़री नहीं मिलती।
बस वो भरपूर ज़िन्दगी है 'फ़िराक़'
जिसमें आसूदगी नहीं मिलती।

8...

बे-ठिकाने है दिले-ग़मगीं, ठिकाने की कहो
शामे-हिज्राँ, दोस्तो, कुछ उसके आने की कहो।
हाँ न पूछो इक गिरफ़्तारे-क़फ़स की ज़िन्दगी
हमसफ़ीराने-चमन[2], कुछ आशियाने की कहो।
उड़ गया है मंज़िले-दुशवार में ग़म का समन्द[3]
गेसू-ए-पुरपेचो - ख़म के ताज़याने[4] की कहो।
बात बनती और बातों से नज़र आती नहीं
उस निगाहे-नाज़ के बातें बनाने की कहो।

---

1. निहित 2. चमन के साथी 3. घोड़ा, 4. कोड़ा।

दास्ताँ वो थी जिसे दिल बुझते-बुझते कह गया
शम्ए-बज़्मे - ज़िन्दगी के झिलमिलाने की कहो।
कुछ दिले-मरहूम[1] की बातें करो, ऐ अह्ले-ग़म!
जिससे वीराने थे आबाद, उस दिवाने की कहो।
दास्ताने-ज़िन्दगी भी किस क़दर दिलचस्प है
जो अज़ल[2] से छिड़ गया है, उस फ़साने की कहो।
ये फ़ुसूने-नीमशब, ये ख़्वाब-सामाँ ख़ामुशी
सामरी फ़न आँख के जादू जगाने की कहो।
कोई क्या खायेगा यूँ सच्ची क़सम, झूठी क़सम
उस निगाहे-नाज़ के सौगन्द खाने की कहो।
शाम ही से गोश-बरआवाज़[3] है बज़्मे-सुखन
कुछ 'फ़िराक़' अपनी सुनाओ, कुछ ज़माने की कहो।

9

...

उजाड़ बन में कुछ आसार से चमन के मिले
दिले-ख़राब से वो अपनी याद बन के मिले।
हर-इक मशाम[4] में आलम है यूसुफ़िस्ताँ का
परखने वाले तो कुछ बू-ए-पैरहन के मिले।
थी एक बू-ए-परेशाँ भी दिल के सहरा में
निशाने - पा भी किसी आहू-च-ख़ुतन[5] के मिले।
अजीब राज़ है तनहाई-ए-दिले शाएर
कि ख़िलवतों[6] में भी आसार अन्जुमन के मिले।

---

1. मरा हुआ दिल, 2. सृष्टि, 3. आवाज़ पर कान लगाये, 4. श्रवण शक्ति, 5. खुतन की हिरन, 6. एकान्त।

वो हुस्नो-इश्क़ जो सुब्हे-अज़ल के बिछड़े थे
मिले हैं वादी-ए-ग़ुर्बत में फिर वतन के मिले।
फ़क़ीरे-इश्क़ को क्या जामाज़ेबियों से ग़रज़
यही बहुत है अगर चार गज़ चार गज़ कफ़न के मिले।
कुछ अह्ले-बज़्मे-सुख़न समझे, कुछ नहीं समझे
बशक्लेशोहरते-मुबहम, सिले सुख़न के मिले।
था जुर्आ -जुर्आ[1] नयी ज़िन्दगी का इक पैग़ाम
जो चन्द जाम किसी बादा-ए-कुहन के मिले।
बज़ोरे - तब्आ हर-इक तीर को कमान किया
हुए हैं झुक के वो रुख़्सत, जो मुझसे तन के मिले।
कमन्दे - फ़िक्रे - रसा में हरीफ़ मान गये
वो पेचो - ताब तेरी ज़ुल्फ़े - पुरशिकन के मिले।
नज़र से मतला - ए - अनवार हो गयी हस्ती
कि आफ़ताब मिला मुझको, इस किरन के मिले।
हर-एक नक़्शे-निगाराँ, हर - एक निक्हतो-रंग
लक़ा - ए -नाज़[2] में जल्वे चमन-चमन के मिले।
मिज़ाजे-हुस्न चलो ऐतदाल[3] पर आया
जो रोज़ रूठ के मिलते थे, आज मन के मिले।
अरे इसी से तो जलते हैं शादकामे-हयात[4]
कि अह्ले-दिल को ख़ज़ाने-ग़मो-मेहन[5] के मिले।
इसी से इश्क़ की नीयत भी हो गयी मशकूक
गँवा दिये कई मौक़े, जो हुस्नेज़न के मिले।
अदा में खिंचती थी तस्वीर कृश्नो-राधा की
निगाह में कई अफ़साने नल-दमन के मिले।

---

1. घूँट-घूँट, 2. देखने लायक़, महबूब, 3. संतुलन, 4. सुखी जीवनवाले, 5. दुःख-दर्द।
हवासे-ख़मसा पुकार उट्ठे, यकज़बाँ होकर

हवासे-ख़मसा पुकार उट्ठे यक-ज़बाँ होकर
कई सुबूत तेरी ख़ूबी - ए - बदन के मिले।
निसारे-कजकुलही, शोख़ी-ए-बहारे-चमन
गुर इस अदा से शगूफ़ों को बाँकपन के मिले।
हयात वो निगहे - शर्मगीं जिसे बाँटे
वही शराब जो तेरी मिज़ह से छन के मिले।
ख़ुदा गवाह कि हर - दौरे - ज़िन्दगी में 'फ़िराक़'
नये पयामे-गुनह मुझको अह्रमन के मिले।

10

वो आँख ज़बान हो गयी है
हर बज़्म की जान हो गयी है।
आखें पड़ती हैं मयकदों की
वो आँख जवान हो गयी है।
आईना दिखा दिया ये किसने
दुनिया हैरान हो गयी है।
उस नरगिसे-नाज़ में थी जो बात
शाएर की ज़बान हो गयी है।
अब तो तेरी हर निगाहे-काफ़िर
ईमान की जान हो गयी है।
तरग़ीबे-गुनाह[1] लहज़ह-जहज़ह[2]
अब रात जवान हो गयी है।
तौफ़ीक़े-नज़र से मुश्किले-ज़ीस्त
कितनी आसान हो गयी है।

---

1. पाप की ओर उकसाना, 2. क्षण-प्रतिक्षण।

तस्वीरे-बशर है नक़्शे-आफ़ाक़[1]
फ़ितरत[2] इन्सान हो गयी है।
पहले वो निगाह इक किरन थी
अब इक जहान हो गयी है।
सुनते हैं कि अब नवा-ए-शाएर[3]
सहरा की अज़ान हो गयी है।
ऐ मौत बशर की ज़िन्दगी आज
तेरा एहसान हो गयी है।
कुछ अब तो अमान हो कि दुनिया
कितनी हलकान हो गयी है।
ये किसकी पड़ीं ग़लत निगाहें
हस्ती बुहतान हो गयी है।
इन्सान को ख़रीदता है इन्सान
दुनिया भी दुकान हो गयी है।
अक्सर शबे-हिज्र दोस्त की याद
तनहाई की जान हो गयी है।
शिर्कत तेरी बज़्मे-क़िस्सागो[4] में
अफ़साने की जान हो गयी है।
जो आज मेरी ज़बान थी, कल
दुनिया की ज़बान हो गयी है।
इक सानिहा-ए-जहाँ है वो आँख
जिस दिन से जवान हो गयी ळै।
रानाइ - ए - क़ामते - दिलआरा
मेरा अरमान हो गयी है।
दिल में इक वार्दाते - पिनहाँ[5]
बेसान - गुमान हो गयी है।

---

1. विश्व का प्रतीक, 2. प्रकृति, 3. कवि की वाणी, 4. कहानी सुनानेवाले की सभा, 5. आन्तरिक घटना।

सुनता हूँ क़ज़ा-ए-क़हरमाँ भी
अब तो रहमान हो गयी है।
वाएज़ मुझे क्या ख़ुदा से
मेरा ईमान हो गयी है।
मेरी तो ये कायनाते-ग़म भी
जानो - ईमान हो गयी है।
मेरी हर बात, आदमी की
अज़मत[1] का निशान हो गयी है।
यादे - अय्यामे - आशिक़ी जब
अबदीयत इक आन हो गयी है।
जो शोख़ नज़र थी दुश्मने-जाँ
वो जान की जान हो गयी है।
हर बैत[2] 'फ़िराक़' इक ग़ज़ल की
अबरू की कमान हो गयी है।

11

हाल सुना फ़सानागो, लब की फ़ुसूँगरी[3] के भी
क़िस्से सुना उस आँख के जादू-ए-सामिरी के भी।
काबा-ए-दिल में हैं निशाँ[4], कुछ फ़न्ने-आज़री के भी
बारगहे - इलाह[5] में, जल्वे हैं काफ़िरी के भी।
तुर्फ़ा तिलिस्मे - रंगो - बू, चेहरे की ताज़गी भी है
कितने अजीब राज़ हैं, ज़ुल्फ़ों की अबतरी के भी।

---

1. महत्ता, 2. पंक्ति, 3. जादूगरी, 4. मूर्तिकला, आज़र प्रसिद्ध पैग़म्बर हज़रत इब्राहीम के चाचा थे, जो मूर्ति-कला में निपुण थे, 5. ईश्वरीय सभा।

अहले-नज़र है बेपनाह, शाने-जमाले-आदमी
गुम हों हवास हूर के, होश उड़ें परी के भी।
धोके न बन्दगी के खा, जिसदा-ए इश्क़ पर न जा
नासिया - ए - नयाज़[1] में, जलवे हैं दावरी के भी।
हुस्ने - रुखे - नज़ारासोज़, देख सका न तू जिसे
ढूँढ उसी में रगो - नूर, आईना-परवरी के भी।
तू कि है मुनकिरे - अवाम[2], हैं जो अभी तेरे ग़ुलाम
तेवर उन्हीं में देख आज रोबे-सिकन्दरी के भी।
बह्‌रे - हयात से न डर, उससे न ढूँढ तू मफ़र
तुझको यही सिखायेगा, राज़ शनावरी के भी।
पूछ न मुझसे हमनशीं, तुर्फ़गी - ए - दिले - ग़मीं
साज़े - सिकन्दरी के भी, सोज़े - क़लन्दरी के भी।
मिस्ले-फ़क़ीरे-बेनवा, फिरते हैं जिनको हम लिये
हाँ, उन्हीं झोलियों में हैं राज़ तवनगरी के भी।
सर भी झुका चुका है इश्क़, हुस्न के पाये नाज़ पर
नाज़ उठा चुका है हुस्न, इश्क़ की ख़ुदसरी के भी।
रात तेरी निगाहे - नाज़ कितने फ़साने कह गयी
ग़मज़ा-ए-काफ़िरी के भी, उशवा-ए-दिलबरी के भी।
शोले उठे ज़मीन के देख, करिश्मे ऐ निगाह!
उसके ख़रामे-नाज़ के, फ़ितना-ए-सरसरी के भी।
पढ़ कभी आयते-शफ़क़, क़ल्बो-नज़र का वास्ता
जल्वा - ए - रंगरंग में, रंग पयम्बरी के भी।
छेड़ दिया ग़ज़ल में आज मैंने वो नग़मा - ए - ज़मीं
उठ गये घूँघट ऐ 'फ़िराक़' ज़ुहरा-ओ-मुशतरी[3] के भी।

---

1. भक्ति का माथा, 2. जनता को न माननेवाला, 3. शुक्र व बृहस्पति।

12

ज़मीं बदली, फ़लक बदला, मज़ाक़े-ज़िन्दगी[1] बदला
तमद्दुन[2] के क़दीम[3] अक़दार[4] बदले, आदमी बदला।
ख़ुदा - ओ - अह्रमन बदले, वो ईमाने-दुई[5] बदला
हुदूदे - खैरो - शर[6] बदले, मज़ाक़े-काफ़िरी बदला।
नये इन्सान का जब दौरे - ख़ुदनाआगही बदला
रमूज़े - बेख़ुदी बदले, तक़ाज़ा - ए - ख़ुदी बदला।
बदलते जा रहे हैं हम भी दुनिया को बदलने में
नहीं बदली अभी दुनिया? तो दुनिया को अभी बदला।
नयी मंज़िल के मीरे - कारवाँ[7] भी और होते हैं
पुराने ख़िज्रे-रह बदले, वो तर्ज़े-रहबरी बदला।
कभी सोचा भी है, ऐ नज़्मे-कोहना[8] के ख़ुदावन्दो[9]!
तुम्हारा हश्र क्या होगा, जो ये आलम कभी बदला।
इधर पिछले से अहले-मालो-ज़र पर रात भारी है
उधर बेदारी-ए-जमहूर[10] का अन्दाज़ भी बदला।
ज़हे-सोज़े-ग़मे-आदम, ख़ुशी साज़े-दिले-आदम
इसी इक शम्अ की लौ ने जहाने-तीरगी बदला।
नये मनसूर हैं, सदियों पुराने शैख़ो - क़ाज़ी हैं
न फ़तवे कुफ्र के बदले, न उज्रे-दार ही बदला।
बताये तो बताये उसको तेरी शोख़ी - ए - पिनहाँ[11]
तेरी चश्मे-तवज्जुह है कि तर्ज़े - बेरुख़ी बदला।
बफ़ैज़े - आदमे - ख़ाकी, ज़मीं सोना उगलती है
इसी ज़र्रे ने दौरे - मह्रो - माहो - मुशतरी बदला।

---

1. जीवन रुचि, 2. संस्कृति, 3. पुरातन, 4. मूल्य, 5. द्वैतभाव, 6. शुभ-अशुभ, 7. नेता, 8. पुरातन व्यवस्था, 9. स्वामियों, 10. जन-जागरण, 11. छिपी हुई शोख़ी (चंचलता)।

सितारे जागते हैं, रात लट छटकाये सोती है
दबे पाँव किसी ने आके खाबे-ज़िन्दगी बदला।
'फ़िराक़'-हमनवा-ए-मीर-वो-'ग़ालिब'[1] अब नये नग़मे
वो बज़्मे-ज़िन्दगी बदली वो रंगे-शाएरी बदला।

13

निगाहें में वो हल कई मसायले - हयात[2] के
वो गेसुओं में पेचो - ख़म कई मआमिलात के।
हमारी उँगलियों में धड़कनें हैं साज़े - दह्र की
हम अह्ले - राज़ पारखी हैं, नब्ज़े - कायनात के।
है आबो-गिल में शोलाज़न बस एक साज़े-सरमदी
हिजाबे - दह्र परदे हैं, तरन्नुमे - हयात के।
ये क़शक़ा - ए - सुर्ख - सुर्ख़, रूकशे - चिराग़े - तूर है
जबीने - कुफ़्र से अयाँ रमूज़ इलाहियात के।
असातज़ा के बस जो थे सब मुझे सिखा दिये
सुकूते - सरमदी ने वो निकात शेरयात के।
नज़र जो साफ़ आ रहे हैं ख़ानाहा - ए - बेख़तर
वही बिसाते - गंजफ़ा में हैं मुक़ाम मात के।
हज़ारहा इशारे पायेंगे, तलाश शर्त है
क़दीम फ़िक्रयात में, जदीद फ़िक्रयात के।

---

1. 'मीर' व 'ग़ालिब' की आवाज़ से आवाज़ मिलानेवाला, 2. जीवन की समस्याओं।

निजात के लिए न इन्तेज़ारे - मर्गो - हश्र कर
कि क़ैदो - बन्दे ज़िन्दगी में राज़ हैं निजात के।
ये सफ़ - बसफ़ मनाज़िरे - ज़माना देख ग़ौर से
हैं आईना - दर - आईना सबक़ तहय्युरात के।
जमाहियाँ - सी ले रहे हैं आसमान पर नुजूम[1]
सुना रही है ज़िन्दगी, फ़साने कटती रात के।
कहाँ से हाथ लाइये, इन्हें उठाने के लिए
हिजाब - दर - हिजाब जल्वे, हैं तअय्युनात के।
किताब में ये दर्सयात ढूँढना फ़ुजूल है
उन अँखड़ियों से सीख कुछ रमूज़ कुफ़्रयात के।
इन्हीं में अपने ख़तो - ख़ाल[2] देखती है ज़िन्दगी
ये आबो - ताबे - शेर हैं कि आइने हयात के।
तमाम उम्र इश्क़ का जवाज़ ढूँढते रहे
ये अह्ले - रस्म हो रहे इन्हीं तकल्लुफ़ात के।
क़लम की चन्द जुंबिशों से और मैंने क्या किया
यही कि खुल गये हैं कुछ रुमूज़ - से हयात के।
उफ़ुक़ से ता उफ़ुक़ ये कायनात महवे - ख़्वाब थी
न पूछ दे गये हैं क्या मुझे वो लम्हे रात के।
नमाज़ शाएरी है और इमामे - फ़न 'फ़िराक़' है
मकूअ[3] और सुजूद[4] ज़ीरो-बम हैं सौतियात[5] के।

1. सितारे, 2. चेहरा मोहरा, 3. झुकना, 4. सिजदा, 5. ध्वनिशास्त्र।

14

ये सबाहत[1] की ज़ौ[2] महचकाँ[3]-महचकाँ
ये पसीने की रौ कहकशाँ[4]-कहकशाँ।
इश्क़ था एक दिन दास्ताँ - दास्ताँ
आज क्यों है, वही बेज़बाँ - बेज़बाँ।
दिल को पाया नहीं मंज़िलों - मज़िलों
हम पुकारे आये हैं, कारवाँ - कारवाँ।
इश्क़ भी शादमाँ - शादमाँ इन दिनों
हुस्न भी इन दिनों मेह्रबाँ - मेह्रबाँ।
है तेरा हुस्ने - दिलकश, सरापा सवाल
है तेरी हर अदा, चीस्ताँ - चीस्ताँ।
दम - बदम शबनमो - शोला की ये लवे
सर से पा तक बदन, गुलसिताँ - गुलसिताँ।
बैठना नाज़ से, अंजुमन - अंजुमन
देखना नाज़ से, दास्ताँ - दास्ताँ।
महकी-महकी फ़ज़ा, ख़ुशबू-ए-जुल्फ़ से
पँखड़ी होंट की, गुलफ़शाँ - गुलफ़शाँ।
जिसके साये में इक ज़िन्दगी कट गयी
उम्रे - जुल्फ़े - रसा जावेदाँ - जावेदाँ।
ले उड़ी है मुझे बू - ए-ज़ुल्फ़े-सियह
ये खिली चाँदनी बोसताँ - बोसताँ।
आज संगम सरासर जु - ए - इश्क़ है
एक दरिया - ए - ग़म बेकराँ - बेकराँ।

---

1. गोरी रंगत, 2. चमक, 3. चन्द्रमा का प्रकाश बिखेरनेवाला, 4. आकाशगंगा।

जिस तरफ़ जाइये मतला-ए-नूर-नूर
जिस तरफ़ जाइये महवशाँ-महवशाँ।
बू ज़मीं से मुझे आ रही है तेरी
तुझको क्यों ढूँढिये आसमाँ-आसमाँ।
सच बता मुझको, क्या यूँ ही कट जायेगी
ज़िन्दगी इश्क़ की रायगाँ - रायगाँ।
रूप की चाँदनी, सोज़े-दिल[1] सोज़े-दिल
मौजे-गंगो-जमन साज़े-जाँ[2] साज़े-जाँ।
अहदो-पैमाँ कोई हुस्न भी क्या करे
इश्क़ भी है तो कुछ बदगुमाँ-बदगुमाँ।
जैसे कौनैन[3] के दिल प हो बोझ-सा
इश्क़ से हुस्न है सरगराँ - सरगराँ।
क्यों फ़ज़ाओं की आँखों में थे अश्क-से
वो सिधारे हैं जब शादमाँ - शादमाँ।
लब प आयी न वो बात ही हमनशीं[4]
आये क्या-क्या सुख़न दरम्याँ-दरम्याँ।
ढूँढते - ढूँढते, ढूँढ लेंगे तुझे
गो निशाँ है, तेरा बेनिशाँ - बेनिशाँ।
मेरे दारुल - अमाँ[5], ऐ हरीमे - निगार[6]
हम फिरें क्या युँही बेअमाँ - बेअमाँ।
यूँ घुलेगा - घुलेगा, तेरे इश्क़ में
रह गया इश्क़, अब उस्तुख़ाँ[7] - उस्तुख़ाँ।
हमको सुनना बहरहाल तेरी ख़बर
माजरा - माजरा, दास्ताँ - दास्ताँ।

---

1. दिल का दुःख, 2. जीवन-राग, 3. विश्व, 4. साथी, 5. शान्ति की जगह, 6. महबूब के घर की चहारदीवारी, 7.हड्डी।

उसके तेवर पर क़ुर्बान लुत्फ़ो - करम

मेहरबाँ - मेहरबाँ क़हमाँ - क़हमाँ[1]।

जी में आता है तुझको पुकारा करूँ

रहगुज़र - रहगुज़र आस्ताँ - आस्ताँ।

याद आने लगीं फिर अदाएँ तेरी

दिलनशीं - दिलनशीं जांसिताँ - जांसिताँ।

क्यों तेरे ग़म की चिंगारियाँ हो गयीं

सोज़े- दिल, सोज़े-दिल, सोज़े-जाँ,सोज़े-जाँ।

साथ है रात की रात वो रश्के-मह

मेज़बाँ - मेज़बाँ, मेहमाँ - मेहमाँ।

इश्क़ की ज़िन्दगी भी ग़रज़ कट गयी

ग़मज़दा - ग़मज़दा, शादमाँ - शादमाँ।

अब पड़े, अब पड़े, उसके माथे प बल

अलहज़र-अलहज़र, अलअमाँ-अलअमाँ।

कैंफ़ो-मस्ती है इमकाँ-दर-इमकाँ, 'फ़िराक़'

चाँदनी है अभी नौजवाँ - नौजवाँ।

15

ज़हे-आबो-गिल[2] की ये कीमिया[3], है चमन की मोजिज़ा-ए-नुमू[4]

न ख़िज़ाँ है कुछ, न बहार कुछ, वही ख़ारो-ख़स वही रंगो-बू।

---

1. कोपमान, 2. जल-धरती को धन्य, 3. रसायन, 4. उत्थान का चमत्कार।

मेरी शाएरी का ये आईना, करे ऐसे को तेरे रू-ब-रू
जो तेरी ही तरह हो सर-बसर, जो तुझी से मिलता हो मू-ब-मू[1]।
इसी सोज़ो-साज़ की मुन्तज़िर थी बहारे-गुलशने-आबरू
तेरे रंग - रंग निशात से, मेरे ग़म की आने लगी है बू।
वो चमन-परस्त भी हैं जिन्हें, ये ख़बर हुई ही न आज तक
कि गुलों की जिससे है परवरिश, रगे - ख़ार में है वही लहू।
हुई ख़त्म सुहबते-मयकशी, यही दाग़ सीनों में ले चले
कि तुलअ होने से रह गये, कई आफ़ताबे - खुमो - सूबू[2]।
कई लाख फूलों ने पैरहन सरे-बाग़ हँस के उड़ा दिये
ज़हे-फ़स्ले-गुल वो हवा चली, कि चमन की ले उड़ी आबरू।
जिसे अपने-आप से कहते भी, मुझे आज लाख हिजाब है
वो ज़माना इश्क़ को याद है, मेरा अर्ज़े-ग़म तेरे रू-ब-रू।
तुझे पाके ख़ुद को मैं पाऊँगा, कि तुझी में खोया हुआ हूँ मै
ये तेरी तलाश है इसलिए कि मुझे है अपनी ही जुस्तुजू।
हुई वारदाते-सहर यहाँ, तो गुलों का सीना धड़क गया
ये चली कि तेग़े-नसीम[3] ने कई हाथ उछाल दिया लहू।
मेरे दिल में था कोई जलवागर, वो हो तो कि और कोई मगर
यही ख़ालो-ख़त थे ब-जिन्सही[4], यही रूप-रंग भी हू-ब-हू।
इधर एक चुप तो हज़ार चुप, उधर एक कह ते हज़ार सुन
वो नयाज़े-इश्क़ की बेबसी, वो निगाहे-नाज़ के दू-ब-दू[5]।
वही आँख जामे-मये-हया, वही आँख जामे-जहाँनुमा[6]
जो निगाह उठती नहीं कभी, वो निगाह आती है चार सू।
कभी पाये-पाये हुए तुझे, कभी खोये-खोये हुए तुझे
कभी बेनयाज़े - तलाश है, कभी इश्क़ मायले - ज़ुस्तुजू।

---

1. हूबहू, 2. घड़ा और मधुकलश, 3. हवा की तलवार, 4. पूर्णतः हूबहू, 5. आमने-सामने, 6. जगप्रदर्शी कलश।

न ये भेद हुस्न का खुल सका, न भरम ये इश्क़ का मिट सका
किसी रूप में ये है तू कि मैं, किसी भेस में ये हूँ मैं कि तू।
ये कहाँ से बज़्मे-खयाल में उमड़ आयीं चेहरों की नद्दियाँ
कोई महचकाँ, कोई खुरफ़ेशाँ, कोई ज़ुहरावश, कोई शोलारू।
गहे, बाग़े-हुस्न अदन-अदन, गहे, बाग़े-हुस्न ख़ुतन-ख़ुतन
तबो - ताब रू - ए - नुमू - नुमू, ख़मे - पेच ज़ुल्फ़े-सियाह-मू।
वो अदा-ए-उज़्रे-सितम न थी, वो था कोई जादू-ए-सामरी
मुझे आज तक नहीं भूलती, वो निगाहे-नरगिसे-हीलाजू।
मेरी शाएरी ने खिलाये गुल, सरे-नोके-ख़ार चमन-चमन
जो किये ये दावे हरीफ़े ने, रगे - फ़िक्र देने लगी लहू।
तुझे अहले-दिल की ख़बर नहीं कि बड़े ख़ज़ाने लुटा गये
ये गदागराने - दयारे - ग़म, ये क़लन्दराने - तही - कदू।
अब उसी का तकिया ज़माने में, ये सुना है मरजा-ए-ख़ल्क़[1] है
जो 'फ़िराक़' तेरे लिए फिरा, कभी दर-ब-दर, कभी कू-ब-कू।

16

ये क़ौल तेरा याद है साक़ी-ए-दौराँ
अंगूर के इक बीच में सौ मयदके पिनहाँ।
अँगड़ाइयाँ सुब्हों की सरे-आरिज़े-ताबाँ[2]
वो करवटें शामों की, सरे-काकुले-पेचाँ।
सद-मेह्र दरख़्शिन्दा[3], चराग़े-तहे-दामाँ
सरता-ब-क़दम तू शफ़क़िस्ताँ-शफ़क़िस्ताँ।
पैकर ये लहकता है कि गुलज़ारे-इरम है
हर अज़्व चहकता है कि है सौते-हज़ाराँ।

---

1. लोगों की तवज्जुह की जगह, 2. चमकते गालों पर, 3.चमकते।

जीरो-बमे-सीने[1] में वो मौसूक़ी-ए-बेसौत[2]

ये पंखड़ी होटों की है गुल्ज़ार-बदामाँ।

ये मौजे-तबस्सुम हैं कि पिघले हुए कौंदे

शबनम-ज़दा ग़ुंचे' लबे-लालीं से पशेमाँ।

इन पुतलियों में जैसे हिरन मायले-रम हों

वहशत भरी आँखें हैं कि इक दश्ते-ग़िज़ालाँ।

हर अज़्वे-बदन जाम-बकफ़ है दमे-रफ़्तार

इक सर्वे-चरागाँ नज़र आता है ख़रामाँ।

इक आलमे-शबताब है, बल खायी लटों में

रातों का कोई बन है कि है काकुले-पेचाँ।

तू साज़े-गुनह का है कोई परदा-ए-रंगीं

तू सोज़े-गुनह का है कोई, शोला-ए-रक़्साँ[3]।

लहरायी हुई जुल्फ़, शिकन-ज़ेर-शिकन में

सौ पहलुओं से आलमे-जुल्मात में ग़लताँ।

अशआर मेरे तरसी हुई आँखों के कुछ ख़्वाब

हूँ सुब्हे-अज़ल से तेरे दीदार का ख़्वाहाँ[4]।

है दारो-मदार अह्ले-ज़माना का तुझी पर

तू क़ुत्बे-जहाँ, क़िबला-ए-दीं काबा-ए-ईमाँ।

हम रिन्द भी हैं, वाक़िफ़े-असरारे-ज़माना[5]

सीने हैं हमारे भी अमीने-ग़मे-दौराँ।

आँखों में नेहाँख़ाने हक़ीक़त के है महफ़ूज

दुनिया-ए-मजाज़ एक तवज्जुह की है ख़्वाहाँ।

मस्ती में भी किस दर्जा है मुहतात[6] अदाएँ

इक नीम-निगह रौशिनी-ए-महफ़िले-रिन्दाँ।

---

1. सीना का उठना-बैठना, 2. बिना आवाज़ का संगीत, 3. नाचती लव, 4. इच्छुक, 5. समय के रहस्य से परिचित, 6. सतर्क।

परदा दरे - असरारे - नेहाँ नर्म निगाहें
नब्बाजे-ग़मे अह्ममनो-मरज़ी-ए-यज़दाँ।

क़ामत[1] है कि कुहसार[2] प चढ़ता हुआ दिन है
जोबन है कि है चश्मा-ए-ख़ुर्शीद में तूफ़ा।

साँचे में ढले शेर हैं, या अज़्वे-बदन के
ये फ़िक्र-नुमा जिस्म, सरासर ग़ज़लिस्ताँ।

हर जुंबिशे-आज़ा[3] में छलक जाते हैं सद जाम
हर गरदिशे-दीदा में कई गरदिशे-दौराँ।

ख़मयाज़ा-ए-पैकर में चटक जाते हैं गुंचें
रंगीनी-ए-क़ामत चमनिस्ताँ-चमनिस्ताँ।

हैं जलवादहे-बज़्म पसीने के ये क़तरे
जिस्मे-अरक़आलूद से महफ़िल है चराग़ाँ।

अब गरदाने-मीना भी है शाइसता-ए-जुन्नार[4]
जरकारी-ए-खमदार से है साफ़ नुमायाँ।

इक शोला-ए-बेदूद है, या कुलकुले-मीना
ये नग़मा है रौशन-कुने-तारीकी-ए-दौराँ।

साग़र की खनक, दर्द में डूबी हुई आवाज़
इस दौरे-तरक़्क़ी में दुखी है बहुत इन्साँ।

आतशकदा-ए-ग़ैब से ले आये हैं ये लोग
पहलू में हमारे है दिले-शोला-बदामाँ।

मयख़ाना भी है ग़मकदा-ए-ज़ीस्त की[5] तस्वीर
नमदीदा हैं पैमाने, प्याले दिले-सोज़ाँ।

क्या होने को है, कारगहे-दहर में, साक़ी!
जिस सम्त नज़र जाये, कयामत के हैं सामाँ।

---

1. लम्बाई, 2. पहाड़ी, 3. अंगों के हिलने, 4. जनेव का अनुशासन, 5. जीवन की दुःखशाला,

कब होगी हुवेदा[1] उफ़ुक़े-खुम से नयी सुब्ह
शीशों से छलकता तो है, मुस्तक़बिले-इन्साँ।
इस बादा-ए-सरजोश से उठती हैं जो मौजें
हैं आलमे-असरार की वो सिलसिला-जुंबाँ।
ये जिस्म है कि कृश्न की बंसी की कोई टीर
बल खाया हुआ रूप है, या शोला-ए-पेचाँ।
सद मेह्रो-क़मर[2], इसमें झलक जाते हैं, साक़ी!
इक बूँद मये-नाब में, सद आलमे-इमकाँ।
मय जोशी-ए-सहबा में धड़कता है दिले-जाम
साग़र में हैं मौजें कि फड़कती है रगे-जाँ।
साक़ी तेरी आमद की बशारत है शबे-माह
निकला वो नसीबों, को जगाता महे-ताबाँ।
जामे-मय-ए-रंगी हैं कि गुलहाए-शुगुफ़्ता
मयख़ाने की ये रात है या सुब्हे-गुलिस्ताँ।
पूछे न हमें तू ही तो हम लोग कहाँ जायें
ऐ साक़ी-ए-दौराँ, अरे, ऐ साक़ी-ए-दौराँ।
साक़ी ये तेरा क़ौल[3] हमें याद रहेगा
आरास्ता जिस वक़्त हुई महफ़िले-रिन्दाँ।
बस फ़ुरसते-यक-लमहा है रिन्दो कि है उतरा
इस लम्हा अबद का तहे-नूह-गुनदे-दौराँ।
बरहक़[4] है 'फ़िराक़' अह्ले-तरीक़त का ये कहना
ये मये - ग़मे - दुनिया को बना दे ग़मे - जानाँ।

---

1. उत्पन्न, 2. चाँद-सूरज, 3. कथन, 4.सत्य।

17

नैरंग - रोजगार[1] में कैफ़े - दवाम[2] देख
साक़ी की मस्त आँख से गर्दिश में जाम देख।
क़ुदरत की सैर कर तेरे होशो-जुनूँ की खैर
ये गुलसिताने सुब्ह, ये सहरा-ए-शाम देख।
बस इक निगाह हासिले-बज़्मे-निशात है
रू-ए-निगारो-मौजे-मये-लालाफ़ाम देख।
बे जुंबिशे - नज़र के है ये पुरसिशे-नेहाँ
ये खास अदा-ए-हुस्न बअन्दाज़े-आम देख।
रानाई-ए-ख़याल को समझा वेसाले-दोस्त
ये ज़ोमे-इश्क़ देख ये सौदा-ए-ख़ाम देख।
उठती है चश्मे-साक़ी-ए-मयख़ाना बज़्म पर
ये वक़्त वो नहीं कि हलालो-हराम देख।
जुल्मतसरा-ए-दह्र में कुछ रौशनी-सी है
इक रात कारवाने-अदम का क़याम देख।
यूँ ही नहीं हैं नरगिसे-राअना की गर्दिशें
हर दौर, हर सुकूने-नज़र, हर क़याम देख।
महरूमियाँ न देख दिले-तश्नाकाम की
बज़्मे निशात, जलव-ए-मय, छलके जाम देख।
हैं मौजे-नूर गंगो-जमन जाम, साक़िया
ये रात, ये मुक़ाम, ये माहे-तमाम देख।
चश्मे-सियाहकार मिटाती है, मिट भी जा
हश्रे-हयात[3] देख, लबों का पयाम देख।
उस ज़ुल्फ़े-ख़म-बख़म में है शामे-अबद की सैर
सुब्हे-अलस्त देख नज़र का पयाम देख।

---

1. ज़माने की रंगारंगी में, 2. सदा रहनेवाली मस्ती, 3. जीवन का अन्जाम।

क्या देखता है ग़फ़लतो-होश उस निगाह के
ग़ाफ़िल, हयाते ग़म की फ़ना-ओ-दवाम देख।
कल तक खुला न था मेरे दिल का मुआमिला
आज अपने सोज़ो-दर्द को बेनंगो-नाम देख।
दुनिया को देख ले कि वो दुनिया नहीं रही
बर्क़े - निगाह का असरे - नातमाम देख।
ख़ाबे - गराँने रंजो - ग़मे - रोज़गार से
जाग और जल्वाह-ए-निशाते-दवाम देख।
बेकस नहीं है इश्क़ बहुत, ऐ निगाहे-यार!
क्या तुझको मेरे दर्द से, तू अपना काम देख।
हर साँस मौजे - बादा - ए - सरजोश है 'फ़िराक़'
हस्ती को मावरा - ए - फ़ना-ओ-दवाम देख।

18

वादे की रात मरहबा, आमदे-यार मेह्‌रबाँ
जुल्फ़े-सियाह शबफ़शाँ, आरिज़े-नाज़ महचकाँ।
बर्क़े-जमाल में तेरी, खुफ़्ता[1] सुकूने-बेकराँ[2]
और मेरा दिले-तपाँ, आज भी है तपाँ[3]-तपाँ।
शाम भी थी धुवाँ-धुवाँ, हुस्न भी था उदास-उदास
याद-सी आके रह गयीं, दिल को कई कहानियाँ।
छेड़ के दास्ताने-ग़म, अह्‌ले-वतन के दरम्याँ
हम अभी बीच ही में थे और बदल गयीं ज़वाँ।
अपनी ग़ज़ल में हम जिसे कहते रहे हैं बारहा
वो तेरी दास्ताँ कहाँ वो तो है ज़ेबे-दास्ताँ।

1. सोया हुआ, 2. अपार शान्ति, 3. व्याकुल हृदय।

कोई न कोई बात है, उसके सुकूते-यास में
भूल गया है सब गिले, आज तो इश्क़े-बदगुमाँ।
रात कमाल कर गयीं, आलमे-कर्बो-दर्द में
दिल को मेरे सुला गयीं, तेरी नज़र की लोरियाँ।
सरहदे-ग़ैब तक तुझे, साफ़ मिलेंगे-नक़्शे-पा
पूछ न ये फिरा हूँ मैं तेरे लिए कहाँ-कहाँ।
कहते हैं मेरी मौत, पर उसको भी छीन ही लिया
इश्क़ को मुद्दतों के बाद एक मिला था तर्जुमाँ[1]।
रंग जमा के उठ गयी कितने तमद्दुनों की बज़्म
याद नहीं ज़मीन को भूल चुका है आसमाँ।
आर्ज़ियत[2] का सोज़ भी देख तो सोज़े-आर्ज़ी
बीते हुए जुगों से पूछ, किसको सबात[3] है यहाँ।
कोई नहीं जो साथ दे, तेरी हरीमे-राज़ तक
बिखरे हुए महो-नुजूम[4], देते हैं सब तेरा निशाँ।
जिसको भी देखिए वही, बज़्म में है ग़ज़लसरा
छिड़ गयी दास्ताने-दिल, फिर बहदीसे-दीगराँ।
बीत गये हैं लाख जुग, सूए-वतन चले हुए
पहुँची है आदमी की ज़ात, चार क़दम कशाँ-कशाँ।
पाँव से फ़र्क़े-नाज़ तक बर्क़े तबस्सुमे-निशात
हुस्ने - चमनफ़रोश को देख जहाँ से गुलसताँ।
दादे-सुख़नवरी मिली, अबरू-ए-नाज़ उठ गये
है वही दास्ताने-दिल हुस्न भी कह उठे कि हाँ।
जैसे खिला हुआ गुलाब चाँद के पास लहलहाये
रात वह दस्ते-नाज़ में जामे-निशात अरग़वाँ[5]।
राज़े-बजूद कुछ न पूछ सुब्हे-अज़ल से आज तक
कितने यक़ीन चल बसे कितने गुज़र गये गुमाँ।

---

1. कहनेवाला, 2. क्षणभंगुरता, 3. स्थिरता, 4. चाँद-तारे, 5. लाल।

नर्गिसे–नाज़, मरहबा, ज़द में है जिसकी कायनात
चुटकी में नावके–निगाह जुटी भवें कमाँ–कमाँ।
तुझसे यही कहेंगी क्या गुज़री है मुझ पर रात भर
जो मेरी आस्तीं प हैं तेरे ग़मों की सुर्ख़ियाँ।
हुस्ने–अज़ल की जल्वागाह आईना–ए–सुकूते–राज़
देख तो है अयाँ[1]–अयाँ पूछ तो है नेहाँ–नेहाँ।
दूर बहुत ज़मीन से पहुँची है इक किरन की चोट
नीम तबस्सुमे–ख़फ़ी! रह गयीं पिसके बिजलियाँ।
कितने तसव्वुरात के, कितने ही वारदात के
लालो–गुहर लुटा गया दिल है कि गंजे–शायगाँ[2]।
सीनों में दर्द भर दिया छेड़ के दास्ताने–हुस्न
आज तो काम कर गयी, इश्क़ की उम्रे–रायगाँ।
आह फ़रेबे–रंगो–बू, अपनी शिकस्त आप है
बाद नज़ार–ए–बहार, बढ़ गयीं और उदासियाँ।
ऐ मेरी शामे–इन्तेज़ार, कौन ये आ गया, लिये
जुल्फ़ों में एक शबे–दराज़, आँखों में कुछ कहानियाँ।
मुझको 'फ़िराक़' याद है, पैकरे–रंगो–बू–ए–दोस्त
पाँव से ता–जबीने–नाज़, महरफ़शाँ–ओ–महचकाँ।

19

हमनवा[3] कोई नहीं है वो चमन मुझको दिया
हमवतन बात न समझें वो वतन मुझको दिया।
ऐ जुनूँ आज उन आँखों की दिलाकर मुझे याद
तू ने सौ ख़ित्ता–ए आहू ए–ख़ुतन मुझको दिया।

---

1. स्पष्ट–स्पष्ट 2. बेहतरीन ख़ज़ाना, 3. साथी।

मुज़दा-ए-कौसरो-तसनीम दिया औरों को
शुक्र, सदशुक्र! ग़मे-गंगो-जमन मुझको दिया।
ढक लिये तारों भरी रात ने, हस्ती के उयूब
आँसुओं ने शबे-ग़ुर्बत में कफ़न मुझको दिया।
पर फ़रिश्तों को दिये तूने, तो क्या ग़म इसका
यही क्या कम है कि इन्साँ का चलन मुझको दिया।
अर्ज़े-जन्नत[1] के भी बस में नहीं जिसका देना
हिन्द की खाक ने वो सोज़े-वतन मुझको दिया।
वहदते - आशिक़ो - माशूक़ की तस्वीर हूँ मैं
नल का ईसार तो एख़लासे दमन मुझको दिया।
क़दे-राना की क़सम नर्म सबाहत[2] की क़सम
इश्क़ ने क्या चमने-सर्वो-समन मुझको दिया।
मिल गया तुझको जमाले-रुख़े-रंगों का चमन
दिले-सोजाँ का ये तपता हुआ बन, मुझको दिया।
तेरे बत्लान[3] थे, लाये जो मुझे हक़ की तरफ़
तूने ईमान मेरा, शैखे - ज़मन, मुझको दिया।
मेरे दिल से मेरा हर शेर कह उट्ठा तूने
इशवाज़ारे[4]-निगहे-सामरी-फ़न मुझको दिया।
नारा-ए-हक़ ने किया मरतबा-ए-इश्क़ बलन्द
मनस्बे-जल्वादहे-दारो रसन मुझको दिया।
दस्ते-क़ुदरत ने बस इक पैकरे-ख़ाकी, जिसमें
सहरे-नौ की थी ख़ाबीदा किरन, मुझको दिया।
खत्म है मुझ पर, ग़ज़लगोई - ए - दौरे - हाज़िर
देनेवाले ने वो अन्दाज़े सुखन मुझको दिया।
शाएरे-अस्र की तक़दीर न कुछ पूछ 'फ़िराक़'
जो कहीं का भी न रक्खेगा वो फ़न मुझको दिया।

---

1. जन्नत की ज़मीन, 2. नमकीनी, 3. तत्त्व, 4. नाज़-नख़रा।

20

बहुत पहले से उन क़दमों की आहट जान लेते हैं
तुझे, ऐ ज़िन्दगी, हम दूर से पहचान लेते हैं।
मेरी नज़्रें भी ऐसे काफ़िरों की जानो-ईमाँ हैं
निगाहें मिलते ही जो जान और ईमान लेते हैं।
जिसे कहती है दुनिया कामयाबी, वाय, नादानी
उसे किन क़ीमतों पर कामयाब इन्सान लेते हैं।
निगाहे-बादागूँ, यूँ तो तेरी बातों का क्या कहना
तेरी हर बात लेकिन एहतियातन छान लेते हैं।
तबीयत अपनी घबराती है जब सुन्सान रातों में
हम ऐसे में तेरी यादों की चादर तान लेते हैं।
ख़ुद अपना फ़ैसला भी इश्क़ में काफ़ी नहीं होता
उसे भी कैसे कर गुज़रें, जो दिल में ठान लेते हैं।
हयाते-इश्क़ का इक-इक नफ़स जामे-शहादत है
वो जाने-नाज़बरदाराँ, कोई आसान लेते हैं।
हमआहंगी में भी इक चाश्नी है इख़्तलाफ़ों की
मेरी बातें बउनवने-दिगर वो मान लेते हैं।
तेरी मक़बूलियत की वज्हे-वाहिद[1] तेरी रम्ज़ीयत[2]
कि उसको मानते ही कब हैं, जिसको जान लेते हैं।
अब इसको कुफ्र मानें या बलन्दी-ए-नज़र जानें
ख़ुदा-ए-दोजहाँ को देके हम इन्सान लेते हैं।
जिसे सूरत बताते हैं, पता देती है सीरत का
इबारत देखकर जिस तरह मानी जान लेते हैं।
तुझे घाटा न होने देंगे, कारो-बारे उलफ़त में
हम अपने सर तेरा, ऐ दोस्त, हर नुक़्सान लेते हैं।

---

1. एकमात्र कारण, 2. रहस्यात्मकता।

हमारी हर नज़र तुझसे नयी सौगंध खाती है
तो तेरी हर नज़र से हम नया पैमान लेते हैं।
रफ़ीक़े-ज़िन्दगी[1] थी अब अनीसे वक़्ते-आख़िर है
तेरा, ऐ मौत, हम ये दूसरा एहसान लेते हैं।
ज़माना वारदाते-क़ल्ब सुनने को तरसता है
इसी से तो सर आँखों पर मेरा दीवान लेते हैं।
'फ़िराक़' अक्सर बदलकर भेस मिलता है कोई काफ़िर
कभी हम जान लेते हैं, कभी पहचान लेते हैं।

21

एक - एक याद, उम्र का हासिल कहें जिसे
वो ख़िलवते - ख़याल[2] कि महफ़िल कहें जिसे।
ताबिन्दगी - ए - फ़िक्र[3] के उस आइने में देख
अपना जमाल तेरा मुक़ाबिल कहें जिसे।
मिलती हो तो ख़रीद दो आलम को बेचकर
वो कायनाते-दर्दे-नेहाँ, दिल कहें जिसे।
हम बहरे-इश्क़ तैर तो जायें, मगर, नहीं!
ऐसा कोई कनारा कि साहिल कहें जिसे।
लहरा रही हैं, गर्दिशे-ख़ूँ में हक़ीक़तें
वो कौन ज़िन्दगी है कि बातिल[4] कहें जिसे।
आता है कौन, जानिबे - गुलज़ार दोश पर
वो ज़ुल्फ़े-हल्क़ा-हल्क़ा, सलासिल[5] कहें जिसे।
अक्सर मिला है मुझको, सरे-मंज़िले-हयात
तेरा ख़याल राह में हायल कहें जिसे।

---

1. जीवन-साथी, 2. चिन्तन-एकान्त, 3. चिन्तन की रोशनी, 4. असत्य, 5. ज़ंजीर।

पिनहा-ए-दोजहाँ में कहाँ है तेरे सिवा
ऐ दिल, कोई मुक़ाम कि मंज़िल कहें जिसे।
हैं अह्‌ले-हुस्न ज़ेबे-कमर दुश्ना-ए-दोदम
इतना नहीं है कोई कि क़ातिल कहें जिसे।
लुत्फ़े-बयाँ सुकूत में भी नुत्क़[1] तो वो है
तेरी निगाहे-नाज़ का क़ायल कहें जिसे।
ऐ सोजे-साज़े-ग़म, वो ज़रे-दाग़े-दिल लुटाये
हाँ उस अयारे-नाज़ के क़ाबिल कहें जिसे।
हूँ बेनयाज़े-ग़म मगर उस दिल को क्या कहूँ
सारे जहाँ के दर्द में शामिल कहें जिसे।
वाइज़ ने इल्म को भी खड़ा सर के बल किया
ऐसा पढ़ा-लिखा है कि जाहिल कहें जिसे।
धोका न दे तुझे, मेरी दर्मांदगी कहीं
मैं वो शिकस्ता-पा हूँ कि मंज़िल कहें जिसे।
जज़्बे-निहाँ के रू से तवज्जुह तो बस वो है
ख़ाले-रुख़े-सबीह प मायल कहें जिसे।
वो इक खयाल काश कि लफ़्ज़ों में ढल सके
संजीदगी की फ़िक्र का हासिल कहें जिसे।
गुलज़ार में हज़ार ज़बाँ से है नग़मा-ज़न
मेरा सुकूत, शोरे-अनादिल[2] कहें जिसे।
तहसीने-अहले-फ़न के लिए कर रहा हूँ पेश
आसाँ हदीसे-इश्क़ कि मुशकिल कहें जिसे।
देखेंगे इस ग़ज़ल में धड़कता हुआ, वो दिल
रानाई-ए-ख़याल का बिसमिल, कहें जिसे।
मेरी नवा है मातमे-यक-शहरे-आरज़ू
यानी 'फ़िराक़' अहले-जहाँ दिल कहें जिसे।

---

1. बात, 2. बुलबुलों का शोर।

22

ब-तर्ज़े-मुसहफ़ी

बज़्मे-साक़ी से उठा है कोई यूँ रात रहे
पा - बदस्ते - दिगरे[1], दस्त - बदस्ते - दिगरे।
डाल कर सम्ते-वतन एक उचटती सी निगाह
हम सू - ए - दश्ते - जुनूँ लेके तेरा नाम चले।
अक्सर उस आलमे-बेनाम की याद आती है
जिससे मिल जाते हैं दुनिया-ए-मुहब्बत के सिरे।
उफ़ हिजाबाते-दोआलम कि पहुँचते नहीं हाथ
पर्दा छोड़ा है वो, उसने कि उठाये न उठे।
कारो-बारे-दिल-उश्शाक़[2], अजब धंधा है!
जिस क़दर फ़ायदा हो, उतने ही घाटे में रहे।
किसी गूँगे का है सप्ना, तो सभा बहरों की
इश्क़ वो क़िस्सा, जिसे कौन कहे, कौन सुने।
इस शहादतगहे-हस्ती[3] में जो डर-डर के जिये
ज़िन्दगी दूर रही मौत भी पल्ले न पड़े।
इस नये दौरे-मुहब्बत के तक़ाज़े हैं, कुछ और
क्यों कोई होशगहे-इश्क़ में दीवाना बने।
चश्मे-हैराँ ने तिलिस्माते-जहाँ देख लिया
आज क्या-क्या तेरी नज़रों ने दिये हैं धोके।
दास्ताँ इश्क़ की दोहरा गयी तारों भरी रात
कितनी यादों के चराग़ आज जले और बुझे।
न मिली पर न मिली कुफ़्र की मंज़िल, ऐ वाय
ख़ुद को करते रहे गुमराह, ख़ुदा के बन्दे।

---

1. दूसरे के हाथ में, 2. प्रेमियों का दल, 3. शहादत की जगह।

यही रिन्दों की दुआ है, सरे-मैख़ाना तेरा
साक़िया जाम चले, काम चले, नाम चले।
मौजज़न कौसरो - तसनीम, तेरी ज़ुल्फ़ों में
जन्नतें मुझको मिली हैं, तेरे क़दमों के तले।
दौलते - दर्द बड़ी चीज़ है, ऐ इश्क़, पड़ा
क़ुरआ-ए-फ़ाल तेरे नाम, ख़ुदा जिसको दे।
ग़मे - तस्वीर भी देखा है क़दे - राना को
कुछ वो पलकों में नमी, सर्द नफ़स, बाल खुले।
अर्जुनो-रुस्तमो-चंगेज़ की हिम्मत न पड़ी
काम वो इश्क़ ने अंजाम दिये, ज़िन्दा रहे!
मुझसे बलिश्तिये[1] बढ़ जायेंगे, अल्लाह रे ज़ोम
किस हिमाला को, ये सर करने चले हैं, बौने!
कौन कहता है हर इक से न मिले रात तेरी
निगहे - नाज़ मेरी सम्त भी गाहे - गाहे।
हम तो ये कहते हैं गो रोती है दुनिया उनको
मर गये जो तेरी बीमारे-फ़िराक़, अच्छे रहे!
उम्र आवारगी - ए - इश्क़ में जब ख़त्म हुई
जा के उस वक़्त खुला हम कहीं आये न गये।
उफ़ वो इक बात जिसे कह न सकूँ तेरे हुज़ूर[2]
आह वो एक क़सम मुझ से जो खाये न बने।
देखने की है ये मजबूरी-ए-इश्क़े-नादिम
किस तरह अपने पसीने में कोई डूब मरे।
उसने की पुर्सिशे-हालात[3] तो मुँह फेर लिया
दिले ग़मगों के ये अन्दाज़, ख़ुदा ख़ैर करे।
आह उन जल्वों के होते हुए क़ायम हैं हवास
हम तेरी अंजुमने-नाज़ के क़ाबिल न रहे।

---

1. बित्ते भर के बौने, 2. सामने, 3. हालचाल पूछना।

दोस्त की याद में रोने के तुम औक़ात 'फ़िराक़'
मुझ से जो पूछते हो–रात गये, रात रहे।

23

तू है सर बसर कोई दास्ताँ, है अजीब आलमे-अंजुमन
ये निगाहे-नाज़ ज़बाँ-ज़बाँ, ये सुकूते-नाज़ सुख़न-सुख़न।
ये शऊर[1] साएक़ा-अफ़गनी[2], ये अदा-ए-नरगिसे-पुरफ़तन
कि पिला-पिला के लुँढा भी दे, ये तेरी निगाहे-प्यालाज़न।
तेरी क़ुरबतें[3] भी हैं दूरयाँ, ये करिश्मा-ए-कशिशे-बदन
"चे क़यामते कि न मी रसी ज़े किनारे-मन बकिनारे-मन।"
न ज़्यादा ज़र्फ़ से दे, न कम, कि हैं साथ उसके जँचे-तुले
वही आँख ज़ामिने-होश भी, वही आँख साक़ी-ए-अंजुमन।
मेरे सीने में है वो रौशनी, कि न उम्र जिसकी बता सकें
यहीं जल्वे दौरे-जदीद[4] के, यहीं परतवे-अहदे-कुहन[5]।
वो तमाम रू-ए-निगार है, वो तमाम बोसो-कनार है
वो है चेहरा-चेहरा जो देखिये, वो है चूमिये तो दहन-दहन।
ये ख़याले-महफ़िले-दोस्ताँ, किसी अजनबी का है ये बयाँ
वो जहाँ न समझें मेरी ज़बाँ, वहीं क़िसमतों से मिला वतन।
ये लबों की शोख़-बयानियाँ, कि छलक गयी हैं गुलाबियाँ
ये बहारे-महफ़िले-दोस्ताँ के नयी इक कली है चमन-चमन।
मेरे दिल के आलमें-ग़म-यास की, ये सियादियाँ, ये उदासियाँ
वो दयार मेरा कि जहाँ हुई सहर-आशना न शबे-वतन।
मैं ख़िज़ाँ भी हूँ, मैं बहार भी, मेरी ज़िन्दगी है, वो ज़िन्दगी
कि मिसाले-बर्गे-गुले-चमन, जो गहे कफ़न है, गहे पैरहन।
वो नज़र-नज़र की फ़सूँगरी, वो सुकून की भी सुख़नवरी
तेरी आँख जादू-ए-सामरी, तेरे लब फ़साना-ए-नल-दमन।
वो गुनाहे-आदमे-अव्वलीं, कि है मस्तियों का वही अमीं[6]
हैं बशर के ख़ून में आज भी, कई जुर्आहा-ए-मये-अदन।

---

1. विवेक, 2. बिजली चमकना, 3. निकटता, आत्मीयता, 4. आधुनिक युग, 5. प्राचीन युग, 6. रखनेवाला

बकमाले-जज़्बे-दिले-तपाँ कभी बदले गर्दिशे-आस्माँ
कोई सुब्ह रू-ए-चमन-चमन, कोई शाम ज़ुल्फ़े-शिकन-शिकन।
ये भी इक बहाना था, खाने का, तेरी कजकुलाहियों का क़सम
सरे - शाख़सार दिखा गये, कई बार ग़ुंचे जो बाँकपन।
वो तबस्सुमे - लबे-नाज़नीं, वो बहारे - पैकरे - दिलनशीं
वही अधखिली-सी कली-कली, वही ताज़गी-ए-चमन-चमन।
कफ़े-पा से ता-सरे-नाज़नीं, कई आँखें खुलती-झपकती हैं
कि तमाम मसकने-आहुवाँ[1], है दमे-ख़ुमार तेरा बदन।
कभी दादे-शौक़ न दे सका, मेरे दिल को परतवे-दिलबरी
कि लरज़ गया है ये आईना, जो लचक गयी है कोई किरन।
कोई मेरी आँखों से देखता, तेरी बज़्मे-नाज़ की वुसअतें
वो हर-एक गोशा मकाँ, मकाँ, वो हर-एक लमहा ज़मन-ज़मन।
वो लबों की लाल ज़्या-ज़्या, वो किरन हँसी की ज़रा-ज़रा
तेरी नीम-अदा भी अदा-अदा, तेरी इक झलक भी यमन-यमन।
कोई चीज़ आड़े तो आ गयी, कि बख़ैर हो गया ख़ात्मा
मेरी बेकसी ने उढ़ा दिया, मेरे आँसुओं का मुझे कफ़न।
मेरे दोस्तों को मुअम्मा है, मेरी नूरो-नार की ज़िन्दगी
जो इधर चराग़े-हरम की लौ, तो उधर भी कुफ़्र है शोलाज़न।
कभी हो सका तो बताऊँगा तुझे राज़े-आलमे-ख़ैरो-शर
कि मैं रह चुका हूँ शुरू से, गहे-ईज़दो-गहे-अहरमन।
अरे, उखड़ी उखड़ी ये ज़िन्दगी, अरे, खोयी-खोयी ये ज़िन्दगी
मुझे क्या वतन में सुकून हो, कि वतन ही आज है बेवतन।
जिसे डस लिया है ज़माने ने, कोई ज़िन्दगी है ये ज़िन्दगी
ये सवादे-शाम अजलनुमा, ये ज़्या-ए-सुब्ह कफ़न-कफ़न।
तुझे मंज़िलें भी हैं रहगुज़र, मुझे रहगुज़ारें भी मंज़िलें
यही फ़र्क़ है मेरे हमसफ़र, वो तेरा चलन ये मेरा चलन।

1. हिरनों के रहने की जगह।

मेरी हर ग़ज़ल को ये आरज़ू, तुझे सज-सजा के निकालिये
मेरी फ़िक्र हो तेरा आईना, मेरे नग़मे हों, तेरे पैरहन।
कभी पिछली रात को देख ले, किसी साँस लेते चराग़ को
कि ग़ज़ल हुई तो रंगों में है, वही खस्तगी-सी वही थकन।
ये उदास-उदास, बुझी-बुझी, कोई ज़िन्दगी है 'फ़िराक़' की
मगर आज किश्ते-सुख़नवरी[1], है उसी के दम से चमन-चमन।

24

देते हैं जामे - शहादत, मुझे मालूम न था
है ये आईने - मुहब्बत[2], मुझे मालूम न था।
मतलबे-चश्मे-मुरव्वत, मुझे मालूम न था।
तुझको मुझसे थी शिकायत, मुझे मालूम न था।
चश्मे-ख़ामोश की बाबत, मुझे मालूम न था
ये भी है हर्फ़ो-हिकायत, मुझे मालूम न था।
इश्क़ बस में है मशीयत के अक़ीदा था मेरा
उसके बस में है मशीयत, मुझे मालूम न था।
हफ़्तख़्वाँ[3] जिसने किये तय, सरे-राहे-तसलीम
टूट जाती है वो हिम्मत, मुझे मालूम न था।
आज हर क़तरा-ए-मय बन गया इक चिंगारी
थी ये साक़ी की शरारत, मुझे मालूम न था।
निगहे-मस्त ने तलवार उठा ली सरे-बज़्म
यूँ बदल जाती है नीयत मुझे मालूम न था।
ग़मे-हस्ती से जो बेज़ार रहा मैं इक उम्र
तुझ से भी थी उसे निसबत मुझे मालूम न था।

---

1. काव्य की खेती, 2. प्रेम का नियम, 3. सात संसार।

इश्क़ भी अहले-तरीक़त[1] में है ऐसा था ख़याल
इश्क़ है पीरे - तरीक़त, मुझे मालूम न था।
पूछ मत शरहे - करमहाए - अज़ीज़ाँ हमदम
उनमें इतनी थी शराफ़त, मुझे मालूम न था।
जबसे देखा है तुझे मुझसे है मेरी अनबन
हुस्न का रँगे - सियासत, मुझे मालूम न था।
शक्ल इन्सान की हो चाल भी इन्सान की हो
यूँ भी आती है क़यामत, मुझे मालूम न था।
सरे - मामूरा - ए - आलम ये दिले - ख़ानाख़राब
लुट गया तेरी बदौलत मुझे मालूम न था।
परदा - ए - अर्ज़े - वफ़ा में भी, रहा हूँ करता
तुझसे मैं अपनी ही ग़ीबत, मुझे मालूम न था।
मैं सरे - अर्शेबरीं ढूँढ़ रहा था उसको
तेरे क़दमों में थी जन्नत, मुझे मालूम न था।
नक़्दे - जाँ क्या है ज़माने में मुहब्बत हमदम
नहीं मिलती किसी क़ीमत, मुझे मालूम न था।
हो गया आज रफ़ीक़ों से गले मिलके जुदा
अपना ख़ुद इश्क़-'सदाक़त, मुझे मालूम न था।
दर्दे-दिल क्या है खुला आज तेरे लड़ने पर
तुझसे थी इतनी मुहब्बत, मुझे मालूम न था।
दम निकल जाये मगर दिल न लगाये कोई
इश्क़ की थी ये वसीयत, मुझे मालूम न था।
हुस्न वालों को बहुत सहल समझ रक्खा था
तुझे प आयेगी तबीअत, मुझे मालूम न था।
कितनी ख़ल्लाक़ है ये नेस्ती-ए-इश्क़[2] 'फ़िराक़'
इससे हस्ती है इबारत, मुझे मालूम न था।

---

1. मुहब्बतवालों, सूफ़ियों, 2. प्रेम की विनाश-शक्ति

25

भँवर में अज़ल से हैं दिल खोये-खोये
मुहब्बत उबारे, मुहब्बत डुबोये।
सितारे छिपे, झिलमिला-झिलमिला के
तेरे जागने वाले, रो - रो के सोये।
तलब उससे कर कीमिया[1] ज़िन्दगी की
जो दर्द और राहत को बाहम समोये।
गले के तेरे हार बन - बन के टूटे
बहुत रोने वालों ने मोती पिरोये।
तेरी बेनयाज़ी[2] से कुछ हम भी कहते
मगर कौन, ऐ दोस्त! बात अपनी खोये।
ज़मीने-मुहब्बत की क़िस्मत न चमकी
मेरी चश्मे-तर ने सितारे भी बोये।
तेरे आहू-ए-नाज़ दश्ते-चमन में
कहीं पाये-पाये कहीं खोये-खोये।
रही राज़ ही वार्दाते - मुहब्बत
हँसे तुम भी कुछ रोने वाले भी रोये।
मैं कहता था जगबीती या आपबीती
कभी मैं भी रोया कभी तुम भी रोये।
हवाए - मुहब्बत के झोंके न पूछो
'फ़िराक़' इस हवा में न जागे न सोये।

---

1. रसायन, दवा, 2. लापरवाही।

26

ख़रामे – नाज़ – लैला – ए – गुलअन्दाम
गुले – फ़िर्दोस खिलते हैं ब – हरगाम[1]।
तेरी औक़ात क्या ऐ इश्क़े – नाकाम
इक आहे – बेअसर इक दर्दे–बेनाम।
हयाते – बेमुहब्बत सर – बसर मौत
मुहब्बत ज़िन्दगी का दूसरा नाम।
ज़रा इक गर्दिशे – चश्म और साक़ी
बहुत अँगड़ाई लेते हैं मय – आशाम।
बदल जाती है दुनिया उसको सुनकर
नया है लीजिये जिस दम तेरा नाम।
न पूछो वस्ल के औक़ात क्या थे
वो आये गेसू खोले हो गयी शाम।
ये बातें तेरी छिटकी चाँदनी में
छलकते हैं शबे–महताब में जाम।
किसी की याद में जी भर के रो ले
हमें भी आज ऐ दिल कुछ नहीं काम।
हर इक साँस उसकी है जाने–बहराँ
वही एक गुलबदन गुलपोश गुलफ़ाम।
जिसे जाने – हया कहती थी दुनिया
हर इक को कर गयी वो आँख बदनाम।
जमाले – बेबदल[2] सौ रंग बदले
निगाहों को बरा अपने काम से काम।
ख़यालाते – परेशाँ यादे – गेसू
कहाँ उस कारवाँ को हो गयी शाम।

---

1. हर पग पर, 2. अद्वितीय सौन्दर्य।

सुकूतो - नाज़ समझे थे जिसे हम
वही इक बात आख़िर कर गयी काम।
इक एहसासे - कमी थी ज़िन्दगी को
उसी ग़म का मुहब्बत पड़ गया नाम।
गराँ है दौरे - हाज़िर इक जहाँ पर
बढ़ें अब इन्क़्लाबाते सुबुकगाम[1]।
तेरा मुजरिम गुनहगारे - जहाँ भी
जहाँ इतने वहाँ भी इक और इल्ज़ाम।
अभी ये लब कहाँ शाइस्तमे-जाम।
नवा - ए - राज़ से बुतख़ाने रौशन
दिये जाते हैं लौ लबहा-ए-असनाम[2]।
'फ़िराक़' एहसास की ऐसी रियाज़त
हक़ीक़ी शाएरी भी है बड़ा काम।

27

टाला है जो हूँ हाँ करके उन्हें समझें न ये मैं नाशुकरा हूँ
अहबाब का समझाना बरहक़[3] ख़ुद अपने ग़म को समझता हूँ।
जो हँसने-खेलने में भी मेरे हसरत से छलक जाती है ज़रा
इस रंगारंग ज़िन्दगी में, मैं कोई कमी-सी पाता हूँ।
उफ़्तादे-इश्क़ के मारों से इतना भी कहाँ करता है कोई
इस पुर्सिशे-ग़म के मैं सदक़े जिस हाल में भी हूँ अच्छा हूँ।
तासीर से सोज़े-निहमानी के खत्तो-ख़ाल दमकते जाते हैं
ये राज़ आइने के पिनहाँ है, में परद-ए-ग़म से सवँरता हूँ।

---

1. तेज़ रफ़्तार, 2. बुत (माशूक़) के होंठ, 3. सही।

रहती दुनिया की हर एक झलक कुछ मुझसे इशारे करती है
ख़ुद मुझ पर भी ये नहीं खुलता मैं किन आँखों का मारा हूँ।
इक बार ख़ुदा भी इन्हें देखे तो दर्द से वो भी चीख़ उठे
इन्सान के जो जुल्म इन्साँ प हैं, मैं देख के चुप हो रहता हूँ।
जो ये तारीक शबे-हस्ती इक लमहे को रौशन कर जाये
कहता है सरिश्के-ग़म मुझ से मैं वो टूटा हुआ तारा हूँ।
इक नीम-इशारा नीम-अदा मेरी बेख़बरी की भी तरफ़
ऐ नरगिसे-राना कुछ तो बता मैं किस आलम में रहता हूँ।
ऐ मौजे-नसीम मुझी से है पंखड़ियों की रग-रग में ख़लिश
मैं फ़स्ले बहारी के दिल में काँटा सा खटकता रहता हूँ।
ऐ जाने-जहाने-नाज़ो-नअम[1], मैं हूँ इक पैकरे-रंजो-अलम
इक चश्मे-करम, इक-पुर्सिशे-ग़म किन उम्मीदों से आया हूँ।
लोगों की समझ में आ न सका कुछ तुझको भी है तअज्जुब-सा
सुन मेरी उदासी का कारन ऐ हमदम बहुत अकेला हूँ।
अपना ही 'फ़िराक़' कि औरों का कुछ बात ही ऐसी आन पड़ी
मैं आज ग़ज़ल के पर्दे में दुख-दर्द सुनाने बैठा हूँ।

28

देख अपनी निगाहों को न कर राह से बेराह
ऐ नरगिसे-ग़म्माज़ तेरा मैं हूँ बेहीख़ाह[2]।
हाँ आशिक़ी - वो अहरमनी में नहीं कुछ फ़र्क़
अज़ सुब्हे-अज़ल हम भी तो हैं राँदाए-दरगाह[3]।
करना था बहुत पहले तवज्जुह इधर ऐ दोस्त
अब तो निगहे-लुत्फ़ है इक सदमा-ए-जाँकाह[4]।

---

1. सुख-विलास के संसार की आत्मा, 2. शुभचिन्तक, 3. तिरस्कृत, 4. जान लेने वाला शोक।

बाज़ार जहन्नुम का है गर्म आपके दम से
ऐ शैख़े-ज़माँ आप बड़ी चीज़ हैं वल्लाह।
इक ज़र्रा-ए-नाचीज़ से ख़ीरा हैं निगाहें
इक क़तरा-ए-बेमाया की मिलती ही नहीं थाह।
कल मुझसे मशीयत के रहे मशवेरे ता-देर
आफ़ाक़ में और ऐसे कहाँ मर्द ख़ुदआगाह।
माथे से मेरे धूप उतरती थी सुहानी
मैं भी था कभी तेरी निगाहों की गुज़रगाह।
अशआर में हैं आरिज़ो-काकुल के वो जल्वे
हाँ देख कभी तू मेरी ग़ज़लों की शबे-माह।
फ़रयादो-फ़ुग़ाँ, आहो-बुका[1], नालओ-शैवन
ऐ हज़रते-इश्क़ आपके हैं कितने हवाख़्वाह।
दिल क्या है मेरा बस तेरी भूली हुई मंज़िल
मैं क्या हूँ बस ऐ दोस्त तेरी छोड़ी हुई राह।
हर इक ने सुनी अपनी तमन्ना के मुताबिक़
हंगामा-ए-आलम है तेरे हुस्न की अफ़वाह।
कुछ ऐसी भी हैं नौकरियाँ देस में अपने
जागीर की जागीर हैं, तनख़्वाह की तनख़्वाह।
हम इश्क़ की वादी के हैं सैय्याह अज़ल से
तनहा कभी फिरते हैं कभी मौत के हमराह।
अल्लाह से याराना है, ऐ हज़रते-वाइज़
ऐ वाह मियाँ, वाह मियाँ, वाह मियाँ, वाह।
मैं क्या हूँ बस एक दर्द में डूबी हुई आवाज़
हस्ती है कि तासीर में डूबी हुई इक आह।
बए एक सुकूते-अबदी[2] अर्श से ता-फ़र्श
बस एक पयामे-अज़ली काह से ता-माह।

---

1. रोना-धोना, विलाप करना, 2. अपार शान्ति।

ऐ अह्ले-सफ़र बढ़ते चलो ज़ौक़े-तलब में
मिल जाये अजब क्या कोई कामिल भी सरे-राह।
कुछ पूछ न अब अजनबीयत अर्ज़ो-समाँ[1] की
ऐ कूचा-ए-महबूब तेरा साथ छूटा आह।
सुन लो कि 'फ़िराक़' आज यहाँ गर्मे-नवा है
इस दौर में अक़लीमे-सुखन[2] का वो शहनशाह।

29

वो चुपचाप आँसू बहाने की रातें
वो इक शख़्स के याद आने की रातें।
शबे-मह[3] की वो ठंडी आँचें वो शबनम
तेरे हुस्न के रसमसाने की रातें।
जवानी की दोशीज़गी[4] का तबस्सुम
गुले-राज़ के वो खिलाने की रातें।
फुवारें-सी नग़मों की पड़ती हों जैसे
कुछ उस लब से सुनने-सुनाने की रातें।
मुझे याद है तेरी हर सुब्हे-रुख़सत
मुझे याद हैं तेरे आने की रातें।
पुरअसरार-सी मेरी अर्ज़े-तमन्ना
वो कुछ ज़ेरे-लब मुस्कुराने की रातें।

---

1. ज़मीन-आसमाँ, 2. काव्य-राज्य, 3. चाँदनी रात, 4. कुँवारापन।

सरे-शाम से रतजगा के वो सामाँ
वो पिछले पहर नींद आने की रातें।
सरे-शाम से ता सहर क़ुर्बे-जानाँ
न जाने वो थीं किस ज़माने की रातें।
सरे-मयकदा तशनगी[1] की वो क़स्में
वो साक़ी से बातें बनाने की रातें।
हम-अग़ोशियाँ शाहिदे-मेहरबाँ[2] की
ज़माने के ग़म भूल जाने की रातें।
'फ़िराक़' अपनी क़िस्मत में शायद नहीं थे
ठिकाने के दिन या ठिकाने की रातें।

30

ये तो नहीं कि ग़म नहीं
हाँ मेरी आँख नम नहीं।
तुम भी तो तुम नहीं हो आज
हम भी तो आज हम नहीं।
नश्शा सँभाले है मुझे
बहके हुए क़दम नहीं।
क़ादिरे - दो जहाँ[3] हैं, गो
इश्क़ के दम में दम नहीं।
मौत अगरचे मौत है
मौत से ज़ीस्त कम नहीं।

---

1. प्यास, 2. कृपानिधान प्रिय, 3. दोनों संसार का अधिकारी।

किसने कहा ये तुमझे ख़िज्र
आबे-हयात[1] सम[2] नहीं।
कहते हो दहर को भरम
मुझको तो ये भरम नहीं।
अब न ख़ुशी की है ख़ुशी
ग़म भी अब तो ग़म नहीं।
मेरी नशिस्त है ज़मीं
ख़ुल्द नहीं, इरम नहीं।
और ही है मुक़ामे - दिल
दैर नहीं हरम नहीं।
क़ीमते - हुस्न दोजहाँ
कोई बड़ी रक़म नहीं।
अहदे - वफ़ा है हुस्ने - यार
क़ौल नहीं क़सम नहीं।
लेते हैं मोल दो - जहाँ
दाम नहीं दिरम नहीं।
सोमो - सलात[3] से 'फ़िराक़'
मेरे गुनाह कम नहीं।

31

लुत्फ़ नहीं करम नहीं
जौर नहीं सितम नहीं।
अब नहीं रू ए - महचकाँ[4]
गेसू - ए - ख़म - ब - ख़म नहीं।

---

1. अमृत, 2. विष, 3. रोज़ा-नमाज़, 4. चाँद की तरह चेहरा।

बरसरे – आलमे – वजूद[1]
कौन – सी शय अदम[2] नहीं।
यूँ ही निकल गयी एक आह
रंज नहीं अलम नहीं।
क्या मेरी ज़िन्दगी तेरी
भूली हुई क़सम नहीं।
क़ायले – हुस्ने – दिलफ़रेब
आप नहीं कि हम नहीं।
मैं तेरा मूरिदे – एताब[3]
इस से बड़ा करम नहीं
आलमे – हुस्न महज यार
आलमे – कैफ़ो कम नहीं।
जिसके लिए ग़ज़ल कहूँ
ऐसा कोई सनम नहीं।
कब सरे – साज़े कायनात
आलमे – ज़ीरो – बम[4] नहीं।
कब कोई आहू – ए – जमील[5]
मायले – अज़्मे – रम[6] नहीं।
मज़हरे – दोजहाँ हूँ मैं
इश्क़ हूँ जामे – जम नहीं।
रक़्से – शरर[7] से देरपा[8]
ज़िन्दगी – ए – उमम नहीं।
हाँ कोई और ही क़सम
खायी हुई क़सम नहीं।

---

1. अस्तित्व के आधार, 2. शून्य, 3. क्रोधपात्र, 4. उतार-चढ़ाव, 5. ख़ूबसूरत हिरन, 6. दौड़ने पर आमादा, 7. चिनगारी का नाच, 8. देर तक रहनेवाला।

आज बहुत उदास हूँ मैं
यूँ कोई ख़ास ग़म नहीं।
हाय ये बेख़ुदी ये ग़म
आये जो वो तो हम नहीं।
'ग़ालिबो' – 'मीरा' – 'मुसहफ़ी'
हम भी 'फ़िराक़' कम नहीं।

32

ज़ुल्फ़े – सियह ख़ुतन – ख़ुतन
जल्वा-ए-रुख़ चमन चमन।
हाय ये शोखीए – सुख़न
बात में बात, कन में कन।
पूछ ज़मीरे – इश्क़[1] से
राज़े – ख़ुदा – वो – अह्रमन।
हर शबे – ग़म गुज़र गयी
ओढ़े सितारों का कफ़न।
याद नहीं कि कब हुआ
नश्शा – ए – सरख़ुशी हिरन।
ख़ुद ही है दास्ताने – शौक़
तेरा जमाले – बेसुख़न।
सब है करिश्मा – ए – अना[2]
खा न फ़रेब मा – वो – मन[3]।
चेहरे नहीं ये जल्वे हैं
तू है ख़ुद एक अंजुमन।

---

1. प्रेम-भाव, 2. अहंकार का चमत्कार, 3. हम और मैं।

शेर से भी लतीफ़तर
उसकी नज़ाकते - वदन।
है शबे - मयकदा की जान
नरगिसे - सद प्याला - ज़न।
आँख तिलिस्मे - शाम है
या कोई याहू - ए - ख़ुतन।
मस्ती - ए - इश्क़ सर - बसर
नश्शा - ए - बादा - ए - कुहन[1]।
मज़हबो - मिल्लतो - निज़ाम
बदलेंगे ये ज़मन - ज़मन।
इश्क़ हो और बदगुमाँ
रूठ के इस अदा से मन।
है ये ख़िताबे-नाज़[2], या
उड़ते हैं बाग़े-यासमन[3]।
तेरे ख़रामे - नाज़ में
ठंडी हवाओं का चलन।
ख़ुशबूएँ - जैसे मुस्करायें
पूछ न नाज़ुकी - ए - तन।
जैस फ़ज़ा[4] पछाड़े खाय
हाय ये बूए पैरहन।
किसके ये - अज़्व - अज़्व[5] से
आती है ख़ुशबू - ए - दहन।
उसके सुकूते - नाज़ में
माजराहाय[6] नल - दमन।

---

1. पुरानी शराब का नशा, 2. नाज़ भरी बातचीत, 3. चमेली की पंक्तियाँ, 4. वायुमण्डल, 5. अंग-अंग, 6. क़िस्से

कृश्न की बाँसुरी से देख
सत्हे - चमन शिकन - शिकन।
मैं हूँ, 'फ़िराक़' ख़ुद की लाख
अन्जुमनों[1] की अन्जुमन।

33

ज़ीरो-बम से साज़े-ख़िलक़त के जहाँ बनता गया
ये ज़मीं बनती गयी ये, आसमाँ बनता गया।
दास्ताने-जौरे-बेहद ख़ून से लिखता ही रहा
क़तरा-क़तरा-अश्के-ग़म का बेकराँ बनता गया।
इश्क़े-तनहा से हुई आबाद कितनी मंज़िलें
इक मुसाफ़िर कारवाँ-दर-कारवाँ बनता गया।
मैं तेरे जिस ग़म को अपना जानता था वो भी तो
ज़ेबे - उनवाने - हदीसे - दीगराँ बनता गया।
बात निकले बात से जैसे वो था तेरा बयाँ
नाम तेरा दास्ताँ - दर - दास्ताँ बनता गया।
हमको है मालूम सब रूदादे-इल्मो-फ़लसफ़ा[2]
हाँ हर ईमानो-यक़ीं वहमो-गुमाँ[3] बनता गया।
मैं किताबे-दिल में अपना हाले-ग़म लिखता रहा
हर वरक़ एक बाबे-तारीख़े-जहाँ बनता गया।
बस उसी की तर्जुमानी है मेरे अशआर में
जो सुकूते - राज़े - रंगीं दास्ताँ बनता गया।
मैंने सौंपा था तुझे इक काम सारी उम्र में
वो बिगड़ता ही गया ऐ दिल कहाँ बनता गया।

---

1. सभाओं, 2. ज्ञान-शास्त्र का वृत्तान्त, 3. शंका भ्रम।

वारदाते-दिल को दिल ही में जगह देते रहे
हर हिसाबे-ग़म हिसाबे-दोस्ताँ बनता गया।
मेरे घुट्टी में पड़ी थी हो के हल उर्दू-ज़बाँ
जो भी मैं कहता गया, हुस्ने-बयाँ बनता गया।
वक़्त के हाथों यहाँ क्या-क्या ख़ज़ाने लुट गये
एक तेरा ग़म कि गंजे-शायगाँ[1] बनता गया।
सरज़मीने-हिन्द पर अक़्वामे-आलम के 'फ़िराक़'
क़ाफ़ले बसते गये, हिन्दोस्ताँ बनता गया।

34

हर उक़्दा - ए - तक़दीरे-जहाँ[2] खोल रही है
हाँ ध्यान से सुनना ये सदी बोल रही है।
अँगड़ाइयाँ लेती है तमन्ना तेरी दिल में
शीशे में परी नाज़ के पर तोल रही है।
रह-रह के खनक जाती है साक़ी-ए-शबे-माह
एक जाम पिला ख़ुनकी-ए-शब[3] बोल रही है।
दिल-तंग है शब को कफ़ने-नूर पिन्हा[4] के
वो सुब्ह जो ग़ुंचों की गिरह खोल रही है।
इक आग लगा देती है दीवानों के दिल में
ग़ुंचों के रगों में जो तरी डोल रही है।
छलकाती है जो आँख निगाहों से गुलाबी
इस पर्दे में वो ज़हर भी कुछ घोल रही है।
शबनम की दमक है कि शबे-माह की देवी
मोती सरे - गुलज़ारे - जहाँ रोल रही है।

---

1. क़ीमती खज़ाना, 2. संसार के भाग्य की गुत्थी, 3. रात की ठण्डक, 4. पहना।

रखती है मशीयत हदे - पर्वाज़[1] जहाँ भी
इन्सान की हिम्मत वहीं पर तौल रही है।
पहलू में शबे-तार के है कौन-सी दुनिया
जिसके लिए आग़ोश सहर खोल रही है।
हर आन वो रग-रग में चिटकती हुई कलियाँ
उस शोख़ की इक-इक अदा बोल रही है।
आमादा-ए-इस्याँ हैं जवानाने-चमन आज
जो शाख़ है पैमाना-ए-मय तौल रही है।
ख़ुश है दिले-ग़मग़ीं भी ग़नीमत है ये वक़्फ़ा
उसकी निगहे-नाज़ भी हँस बोल रही है।
गो हुस्न की क़ीमत है अज़ल ही से दो-आलम
वो जिन्से-मुहब्बत है जो अनमोल रही है।
फिर अज़सरे नौ चौंकती जाती है निगाहें
ख़ामोश हैं अफ़लाक ज़मीं बोल रही है।
इक कश्फ़े-करामात का आलम है गुलिस्ताँ
या बादे-सबा राज़े-जहाँ खोल रही है।
छेड़ते ही ग़ज़ल बढ़ते चले रात के साये
आवाज़ मेरी गेसू-ए-शब खोल रही है।
आता है 'फ़िराक़' आज इधर बहरे-ज़ियारत[2]
बुतख़ाने की ख़ामोश फ़ज़ा बोल रही है।

35
•••

कुछ भी अयाँ-निहाँ न था कोई ज़माँ-मकाँ न था
देर थी इक निगाह की फिर ये जहाँ, जहाँ न था।

---

1. उड़ान की सीमा, 2. दर्शन के लिए।

साज़ वो क़तरे-क़तरे में सोज़ वो ज़र्रे-ज़र्रे में
याद तेरी किसे न थी दर्द तेरा कहाँ न था।
इश्क़ की आज़माइश और फ़ज़ाओं में हुई
पाँव तले-ज़मीं न थी सर पर ये आसमाँ न था।
सोज़े-निहाँ में वो क़रार क़ल्बे-तपाँ में वो सफ़ा[1]
शोला तो था तड़प न थी आग तो थी धुआँ न था।
इश्क़ हरीमे-हुस्न में अपने सहारे रह गया।
सब्र का भी पता न था होश का भी निशाँ न था।
ग़फ़लते-हुस्न जाग उठी और ज़बाने-इश्क़ पर,
आह न थी, फ़ुग़ाँ न थी, ग़म का कोई निशाँ न था।
किसके हवास थे बजा, कौन था अपने होश में
वक़्ते-बयाने-ग़म कोई मायले-दास्ताँ न था।
जल्वा-ए-ताबआज़मा क़ायले-इश्क़ हो गया
थी न सदा-ए-अलहज़र नारा-ए-अलअमाँ न था।
एक को एक की ख़बर, मंज़िले-इश्क़ में न थी
कोई भी अह्ले-कारवाँ, शामिले-कारवाँ न था।
देख फ़ज़ा-ए-दह्र को क़ैफ़े-अदम से भर दिया
ऐ दिले-दर्दआशना, मिट के भी मैं कहाँ न था।
इश्क़ ने अपनी जान को, रोग कई लगा लिये
हिज्रो-विसाल, उम्मीदो-बीम, कौन वबाले-जाँ न था।
ख़िलवतियाने-राज़ से, हाले-विसाले-यार पूछ
हुस्न भी बेनक़ाब था, इश्क़ भी दरम्याँ न था।
अब न वो पुर्सिशे-करम अब न वो चश्मे-आश्ना
शिकवा-ए-इश्क़ बरतरफ़, तुम से तो ये गुमाँ न था।

---

1. सफ़ाई। 2. मात्र जीवन का दौर, 3. घर की चारदीवारी

दौरे-हयाते-महज़[1] था, उसके हरीमे-राज़[2] में
क़ैफ़ो-असर का ज़िक्र क्या, ज़ीस्त का भी निशाँ न था।
शिकवा-ए-दरगुज़रनुमा, क्यों है कि हुस्न इश्क़ से
इतना तो बदगुमाँ न था, इतना तो सरगराँ न था।
तेरी ख़ुशी की याद रख, तेरी ख़ुशी की भूल जा
तुझसे ज़रा भी बदगुमाँ, आलमे-रफ़्तगाँ न था।
सब्रो-सुकूँ के राज़ कुछ, बातों में खल गये मगर
इश्क़ को भी ख़ुशी न थी, हुस्न भी शादमाँ न था।
फिर भो सुकूने-इश्क़ पर, आँख भर आयी बारहा
गो, ग़मे हिज्र भी 'फ़िराक़' कुछ ग़मे-जाविदाँ न था।

36

आज भी क़ाफ़िला-ए-इश्क़ रवाँ है, कि जो था
वही मील और वही संगे-निशाँ[3] है, कि जो था।
फिर तेरा ग़म वही रुसवा-ए-जहाँ है, कि जो था
फिर फ़साना बहदीसे-दीगराँ, है, कि जो था।
मंज़िलें गर्द के मानिन्द उड़ी जाती है।
वही अन्दाज़े-जहाने-गुज़राँ है, कि जो था।
ज़ुल्मतो-नूर में कुछ भी न मुहब्बत को मिला
आज तक एक धुँधलके का समाँ है, कि जो था।
यूँ तो इस दौर में बेकैफ़-सी है, बज़्मे-हयात
एक हंगामा सरे-रत्ले-गराँ[4] है, कि जो था।

---

1. मात्र जीवन का दौर, 2. घर की चारदीवारी, 3. पत्थर का निशान, 4. शराब का बड़ा प्याला।

लाख कर जौरो-सितम, लाख कर एहसानो-करम
तुझ प, ऐ दोस्त, वही वह्मो-गुमाँ है, कि जो था।
आज फिर इश्क़, दो आलम से जुदा होता है
आसतीनों में लिये कौनो-मकाँ है, कि जो था।
इश्क़ अफ़सुर्दा नहीं, आज भी अफ़सुर्दा बहुत
वही कम-कम असरे-सोज़े-नेहाँ है, कि जो था।
क़ुर्ब ही कम है न दूरी है ज़्यादा लेकिन
आज वो रब्त[1] का एहसास कहाँ है, कि जो था।
नज़र आ जाते हैं तुमको तो बहुत नाज़ुक बाल
दिल मेरा क्या वही, ऐ शीशागराँ है, कि जो था।
जान दे बैठे थे इक बार हवस वाले भी
फिर वही मरहला-ए-सूदो-ज़याँ[2] है, कि जो था।
आज भी सैदगहे-इश्क़[3] में हुस्ने-सफ़्फ़ाक[4]
लिये अबरू को लचकती सी कमाँ है, कि जो था।
फिर तेरी चश्मे-सुख़नसंज ने, छेड़ी कोई बात
वही जादू है, वही हुस्ने-बयाँ है, कि जो था।
तीराबख़्ती नहीं जाती दिले-सोज़ाँ की फ़िराक़'
श्म्अ के सर पर वही आज धुआँ है, कि जो था।

37
•••

राज़[5] को राज़ ही रक्खा होता
क्या कहना गर ऐसा होता।

---

1. लगाव, 2. नफ़ा-नुक़सान, 3. प्रेम की शिकार के जगह, 4. निर्दयी सौन्दर्य, 5. भेद।

हुस्न से कब तक पर्दा करते
इश्क़ से कब तक पर्दा होता।
कम-कम उठती तेरी निगाहें
अकसर ख़ूने-तमन्ना[1] होता।
कटते - कटते कटतीं रातें
होते - होते सवेरा होता।
रात की रात कभी मेरा घर
तेरा रैनबसेरा होता।
इश्क़ ने मुझसे कमी की वरना
मुझ पर तेरा धोका होता।
दुनिया - दुनिया, आलम - आलम
होता इश्क़ और तनहा होता।
दरिया - दरिया, सहरा - सहरा
रोता, ख़ाक उड़ाता होता।
आज तो दर्दे-हिज्र भी कम है
आज तो कोई आया होता।
आज तो साज़े-ख़मूश है आलम
आज तो उसको पुकारा होता।
ये निरजन बन, ये सन्नाटा!
कोई पत्ता खड़का होता।
मैं हूँ, दिल है, तनहाई है
तुम भी जो होते, अच्छा होता!
मेरी रगे-जाँ दुख जाती है
नाल भी तेरा बीका होता।
तू गर अपने हाथ से देता
पैमाना, पैमाना होता।

1. कामना।

आँख उठाकर जान गँवा के
हुस्न का आलम देखा होता।
पर्दादारी-ए-ग़म भी है साक़ी
तूने हाल तो पूछा होता।
हम जो तुझे कुछ भूल भी जाते
दर्दे-मुहब्बत दूना होता।
कुछ तो मुहब्बत करके दिखाती
कुछ तो ज़माना बदला होता।
इससे तो, ऐ जागने वालो
सोया होता, खोया होता।
इश्क़ तो चुप है, साज़े[1]-मुहब्बत
तेरी नज़र ने छेड़ा होता।
कोई कभी कुछ दिल ही दिल में
शर्माया पछताया होता।
मंज़िल-मंज़िल दिल भटकेगा
आज तुम्हीं ने रोका होता।
हम भी 'फ़िरक़ा' इन्सान थे आख़िर
तर्के-मुहब्बत से क्या होता।

38

राज़े-आलम से है शायद कि मेरा राज़ जुदा
मुझसे मिलने में है उस आँख का अन्दाज़ जुदा।
कोई ईसा - नफ़सों से भी हो दमसाज़ जुदा
दिल का अन्दाज़ जुदा, साज़ जुदा, राज़ जुदा।

---

1. प्रेम का बाजा, राग।

बदगुमाँ इश्क़ को सद वहमो-यक़ीं के खटके
शोख़ी-ए-चश्मे-सुखनसाज़ है ग़म्माज़ जुदा।
यूँ ही क्या कम है तेरी याद कि दिल को छेड़े
ज़ुल्फ़े-पुरख़म[1] लबे-रगीं, निगहे-नाज़ जुदा।
उक़दा-ए-पेचो-ख़मे-ज़ुल्फ़ का खुलना मालूम
राज़े-आलम से है ये सिलसिला-ए-राज़ जुदा।
तंनगी-ए-वुस्अते-कौनैन में निस्बत कैसी
दरे-तौबा से दरे-मयकदा हो बाज़ जुदा।
आहो-ज़ारी से कभी साज़े-मुहब्बत न छुड़ा
ग़म का अन्दाज़ जुदा, इश्क़ का अंदाज़ जुदा।
हुस्न की शाने-तलव्वुन उधर इक आफ़ते-जान
वाहमे-दिल के इधर तफ़्रिक़ापर्दाज़[2] जुदा।
बर्क़े-आवाज़ जला दे ये नयस्ताने-जहाँ
साज़े-हस्ती से है साज़े-लबे-एजाज़ जुदा।
बढ़ते भी जाते हैं सब अहले-जहाँ सू-ए-अदम
उम्रे-रफ़्ता भी दिये जाती है आवाज़ जुदा।
पै-ब-पै उड़ते हुए होश के अन्दाज़ अलग
तर्ज़े - बर्क़े - निगह हुस्ने - जुनूँसाज़ जुदा।
निगहे - नाज़ दिये जाती है पैग़ामे - हयात
मौत से खेल रहे हैं तेरे जाँबाज़ जुदा।
कुछ इशारे हैं इधर शोख़ी-ए-पिनहाँ के 'फ़िराक़'
है सुकूते-निगहे-नाज़ सुख़नसाज़ जुदा।

---

1. केशों का उलझाव, 2. विरोध पैदा करनेवाला।

39

•••

ये नकहतों[1] की नमरवी ये हवा ये रात
याद आ रहे हैं इश्क़ को टूटे तअल्लुक़ात।
जादू से जिसके राज़ बने सामने की बात
उन आँखों के दिलों प खुले क्या मआमिलात।
मायूसियों की गोद में दम तोड़ता है इश्क़
अब भी कोई बना ले तो बिगड़ी नहीं है बात।
कुछ और भी तो हो, इन इशारात के सिवा
ये सब तो ऐ निगाहे-करम बात-बात-बात।
इक उम्र कट गयी है तेरे इन्तिज़ार में
ऐसे भी हैं कि कट न सकी जिनसे एक रात।
कब तक रहेगी आँख तेरी साज़े-बेसदा
हाँ टूट जायें अब ये सुकूते-नज़र तो बात।
हम अह्ले-इन्तिज़ार के आहट प कान थे
ठंडी हवा थी, ग़म था तेरा, ढल चली थी रात।
यूँ तो बची बची सी उठी वो निगाहे-नाज़
दुनिया-ए-दिल में हो ही गयी कोई वार्दात।
उश्शक़ ने सिरे से बदल दीं मशीअतें
जो हो सका, वो कर गये, अब उसके आगे बात।
जिनका सुराग़ पा न सकी ग़म की रूह भी
नादाँ हुए हैं इश्क़ में ऐसे भी सानहात।
हर सई[2] व हर अमल में मुहब्बत का हाथ है
तामीरे ज़िन्दगी के समझ कुछ मुहर्रिकात[3]।
उस जा तेरी निगाह मुझे हो गयी जहाँ
लेती हो जैसे साँस ये बीजाने[4] की कायनात।

---

1. सुगन्ध, 2. कोशिश, 3. प्रेरणाएँ, 4. तत्त्वों।

क्या नींद आये उसको जिसे जागना न आये
जो दिन को दिन करे, वो करे रात को भी रात।
दरया को मद्दो-जज़्र[1] भी पानी के खेल हैं
हस्ती ही के करिश्मे हैं क्या मौत क्या हयात।
अह्ले-रज़ा में शाने-बग़ावत भी हो ज़रा
इतनी भी ज़िन्दगी न हो पाबन्दे-रस्मियात।
हम अह्ले-दिल हैं चश्मे-करम से भी बेनयाज़
सुन ऐ निगाह-यार अब आकर पड़ी है बात।
हम अह्ले-ग़म ने रंगे-ज़माना बदल दिया
कोशिश तो की सभी ने मगर बन पड़े की बात।
पैदा करे ज़मीन नयी आसमाँ नया
इतना तो ले कोई असरे-दौरे-कायनात।
उठ बन्दगी से मालिके-तक़दीर बन के देख
क्या वसवसा[2] अज़ाब[3] का क्या काबिशे-नजात[4]
शाएर हूँ गहरी नींद में हैं जो हक़ीक़तें
चौंका रहे हैं उनको भी मेरे तवह हुमात।
मुझको तो ग़म ने फ़ुर्सते-ग़म भी न दी 'फ़िराक़'
दे फ़ुर्सते - हयात न जैसे ग़मे - हयात।

40

•••

आज मर्गो-ज़ीस्त[5]-से मायूस है ये कायनात
आह ऐ जाने-ममात और ऐ हयातों की हयात।
जल्वागर होता है कोई रसमसाती है हयात
टूटता है मुद्दतों के बाद ख़्वाबे-कायनात।
हुस्न का जादू जगाये इक ज़माना हो गया
ऐ सुकूते-शामे-ग़म फिर छेड़ उन आँखों की बात।
ज़िन्दगी को ज़िन्दगी करना कोई आसाँ न था
हज़्म करके ज़हर को करना पड़ा आबे-हयात।

---

1. उतार-चढ़ाव, 2. भय, 3. कोप, 4. मुक्ति का प्रयत्न, 5. जीवन-मरण।

सुलहे-कुल वो क्या? सरासर जो न हो शाने-जिहाद
ज़िन्दगी को यूँ न कर नादान सर्फ़े-रस्मियात।
पेशख़ैमा दौरे-नज़्मे-नौ का है ये दौरे-कुश्ता-ख़ूँ[1]
मौत के हाथों सजागी जायेगी बज़्मे-हयात।
जा मिली है मौत से आज आदमी की बेहिसी
जाग ऐ सुब्हे-क़यामत, उठ अब ऐ दर्दे हयात।
सर उठा, हाँ, सिजदाए-दौरो-हरम से सर उठा
वो झलकती है उफ़ुक़ पर, आस्ताने-कायनात।
या ख़ुदा हो, या फ़रिश्ते, या बहायम या बशर
बस, मुसलसल मिटते ही रहने में है राज़े-सबात।
फ़र्क़ करना नूर[2] और ज़ुल्मत[3] में मुश्किल हो गया।
उस ग़ज़ाले-मस्त से पूछो कोई दिल है कि रात।
क्या हुआ कुछ भी नहीं और यूँ तो सब कुछ हो गया
मनी-ए-बेलफ़्ज़ है ऐ दोस्त दिल की वार्दात।
मेरी बातें सुन के आँखों में नमी-सी देख ले
काफ़िरो-दीनदार से सुन दह्‌रियातो-दीनयात।
मैंने इस आवाज़ को पाला है मर मर के 'फ़िराक़'
आज जिसकी नर्म लौ है शम्अ-ए-महराबे-हयात।
तेरी बातें हैं कि नग़मे, मेरे नग़मे हैं कि सहर
ज़ेब देते हैं 'फ़िराक़' औरों को कब ये कफ़्रयात।

41

दिलों का सोज़ तेरे रू-ए-बेनक़ाब की आँच
तमाम गर्मी-ए-महफ़िल तेरे शबाब की आँच।

---

1. ह्रास एवं विनाश का युग, 2. प्रकाश, 3. अन्धकार।

सवाबे-ख़ुल्दे[1]-बरीं क्या, अज़ाबे-दोज़ख़ क्या
तेरे ख़ेताब की ठण्डक, तेरे एताब की आँच।
हरीमे - इश्क़ के पर्दों से लौ निकलती है
ये सोज़ो-साज़ है किस नग़मा-ए-रबाब[2] की आँच।
लहकते सब्ज़े में अब्रे-बहार की मस्ती
दहकते फूल में छलकी हुई शराब की आँच।
ये कैफ़े-हुस्न ये बर्क़े-निगाह क्या कहना
लगा दे आग न इस दामने-सहाब[3] की आँच।
चढ़ा के साग़रे - मय जगमगा उठे चेहरे
सिमट के आ गयी सीनों में आफ़ताब की आँच।
पनाह माँग रही है हरी - भरी दुनिया
न पूछ आह दिले-ख़ानुमाख़राब[4] की आँच।
ये अगले वक़्तों के हैं, ख़ुश हैं बाग़े-जन्नत में
इन्हें ख़बर ही नहीं क्या है इस सवाब की आँच।
ये आ गया है यहाँ कौन काफ़िरे-मासूम
कि ठंडी पड़ गयी दोज़ख़ के भी अज़ाब की आँच।
जिसे समझते सब मौजे-कौसरो-तसनीम
वो आइना भी है तपते हुए सुराब की आँच।
सहर की ताज़ा-दमी चढ़ती धूप की गर्मी
तेरी निगाह की ठंडक, तेरे शबाब की आँच।
रुकी-रुकी-सी लबे शौक़ पर है अर्ज़े-वेसाल
कि फूँक दे न तेरे ज़ेरे-लब जवाब की आँच।
यही है गर्मी-ए-महफ़िल, यही है रौनक़े-बज़्म
निगाहे-नाज़ तेरे ज़ौक़े-इन्तिख़ाब की आँच।
ये रात आग लगा दे कहीं न दुनिया में
ये चाँदनी, ये हवाएँ, ये महताब की आँच।

1. स्वर्ग का पुण्य, 2. बाजे का संगीत, 3. बादल का दामन, 4. बरबाद।

शुआएँ फूट के जैसे फ़ज़ा में गुम हो जायें
छलकते जाम में ये चशमके-हबाब[1] की जाँच।
सवारे-अबलक़े-अय्याम मौसमे-गुल[2] है
चमन के शोले हैं, या हलक़ा-ए-रकाब की आँच।
ये मेह्रोमाह भी उड़ते हुए शरारे हैं
कि अर्श तक है मुहब्बत के पेचो-ताब की आँच।
समेट रक्खे है रूहुल-क़ुदुस ने पर अपने
पहुँच रही है कहाँ तक इस इज़्तिराब की आँच।
'फ़िराक़' वक़्त के रुख़ से उलट रही है नक़ाब
ज़मीं से ताबफ़लक है इस इन्क़िलाब की आँच।

42

लबे-जाना हैं फिर तबस्सुम-रेज़
हो गयी नब्ज़े-कायनात भी तेज़।
निगहे-नाज़ के भी साज़ न छेड़
ये भी है इक सदा-ए-दर्दे-अंगेज़।
हैं वहीं पर्दादारे - सब्रो - सुकूँ[3]
ख़ामुशी जिनकी है क़यामत-ख़ेज़।
कीजिये क्या जो हो ये सूरते-हाल
इश्क़ बेताब, हुस्न कमआमेज़[4]।
रुख़सत ऐ मिल्लते-कुहन[5] कि तेरा
हो गया जामे-ज़िन्दगी लबरेज़।
कशिश-हुस्ने-यार आलमगीर
इश्क़ को अपनी ज़ात से भी गुरेज़।

---

1. बुलबुले का टकराना, 2. बहार का मौसम काल के घोड़े पर सवार है, 3. सन्तोष व शान्ति को छिपानेवाला, 4. संकोची, 5. जीर्ण समाज।

उफ़ सियहकारियाँ निगाहों की
आह अन्दाज़े-गेसू-ए-शबरेज़[1]।

दौर जम्हूरित की शान तो देख
गर्द है आज सितवते-चंगेज़[2]।

ले उड़ो कायनाते-बक्रे-जमाल।
तौसने-नाज़[3] को न कर महमेज़।

हिज्र इक दर्द इंकियसात-आगीं[4]
वस्ल भी इक निशाते-ग़मअंगेज़।

देख सीने में पड़ न जाये लकीर
है ये सहबा-ए-इश्क़ तुन्द और तेज़।

देख रफ़्तारे-इन्क़िलाब 'फ़िराक़'
कितनी आहिस्ता और कितनी तेज़[5]

43

ये नर्म-नर्म हवा झिलमिला रहे हैं चराग़
तेरे ख़याल की ख़ुशबू से बस रहे हैं दिमाग़।

दिलों को तेरे तबस्सुम की याद यूँ आयी
कि जगमगा उठें जिस तरह मंदिरों में चिराग़।

झलकती है खिंची शमशीर में नयी दुनिया
हयातो-मौत के मिलते नहीं हैं आज दिमाग़।

हरीफ़े-सीना-ए-मजरूहो-आतशें-ग़मे-इश्क़
न गुल की चाक गरीबानियाँ न लाले के दाग़।

वो जिनके हाल में लौ दे उठे ग़मे-फ़रदा
वही हैं अंजुमने-ज़िन्दगी के चश्मो-चिराग़।

---

1. रात बिखेरनेवाली ज़ुल्फ़ों की अदा, 2. चंगेज़ का दबदबा, 3. नाज़ का घोड़ा, 4. सुखप्रद, 5. इन्क़िलाब की शाम तक कोई चीज़ इन्क़िलाब से ज़्यादा अनहोनी नहीं होती। (अनातोल फ्रांस)

तमाम शोला-ए-गुल है तमाम मौजे-बहार
कि ता हदे-निगहे-शौक़ लहलहाते हैं बाग़।
नयी ज़मीन, नया आसमाँ, नयी दुनिया
सुना तो है कि मुहब्बत को इन दिनों है फ़राग़[1]।
जो तुहमतें न उठीं इक जहाँ से उनके समेत
गुनाहगारे-मुहब्बत निकल गये बेदाग़।
जो छिप के तारों की आँखों से पाँव धरता है
उसी के नक़्शे-कफ़े-पा[2] से जल उठे हैं चराग़।
जहाने-राज़ हुई जा रही है आँख तेरी
कुछ इस तरह वो दिलों का लगा रही है सुराग़।
ज़माना कूद पड़ा आग में यही कहकर
कि ख़ून चाट के हो जायेगी ये आग भी बाग़।
निगाहें मतल-ए-नौ पर हैं एक आलम की
कि मिला है किसी फूटती किरन का सुराग़।
दिलों में दाग़े-मुहब्बत का अब ये आलम है
कि जैसे नींद में डूबे हों पिछली रात चराग़।
'फ़िराक़' देख, चराग़ाँ है महफ़िले-साक़ी
सजे हैं पिघली हुई आग से छलकते अयाग़[3]।

44

कुछ इशारे थे जिन्हें दुनिया समझ बैठे थे हम
उस निगाहे-आश्ना को क्या समझ बैठे थे हम।
रफ़्ता-रफ़्ता ग़ैर अपनी ही नज़र में हो गये
वाह री ग़फ़लत तुझे अपना समझ बैठे थे हम।

---

1. छुटकारा, स्वतन्त्रता, 2. पैर के तलवों का चिह्न, 3. प्याले, मधुकलश।

होश की तौफ़ीक़ भी कब अह्ले दिल को हो सकी
इश्क़ में अपने को दीवाना समझ बैठे थे हम।
परदा-ए आज़ुर्दगी[1] में थी वो जाने-इलतेफ़ात[2]
जिस अदा को रंजिशे-बेजा समझ बैठे थे हम।
क्या कहें उल्फ़त में राज़े-बेहिसी क्योंकर खुला
हर नज़र को तेरी दर्द-अफ़ज़ा समझ बैठे थे हम।
बेनयाज़ी को तेरी पाया सरासर सोज़ो-दर्द
तुझको इक दुनिया से बेगाना समझ बैठे थे हम।
इन्क़िलाबे-पैबपै हर गर्दिशो-हर दौर में
इस ज़मीनो-आसमाँ को क्या समझ बैठे थे हम।
भूल बैठी वो निगाहे-नाज़ अहदे-दोस्ती
उसको भी अपनी तबियत का समझ बैठे थे हम।
साफ़ अलग हम को जुनूने-आशिक़ी ने कर दिया
ख़ुद को तेरे दर्द का पर्दा समझ बैठे थे हम।
कान बजते हैं, मुहब्बत के सुकूते-नाज़ को
दास्ताँ का ख़त्म हो जाना समझ बैठे थे हम।
बातों बातों में पयामे-मर्ग[3] भी आ ही गया
उन निगाहों को हयात-अफ़ज़ा[4] समझ बैठे थे हम।
अब नहीं ताबे-सिपासे-हुस्न[5] उस दिल को जिसे
बेक़रारे-शिकवा-ए-बेजा समझ बैठे थे हम।
एक दुनिया दर्द की तस्वीर निकली, इश्क़ को
कोहकन और क़ैस का क़िस्सा समझ बैठे थे हम।
रफ़्ता-रफ़्ता इश्क़ मानूसे-जहाँ[6] होता चला
ख़ुद को तेरे हिज्र में तनहा समझ बैठे थे हम।
हुस्न को इक हुस्न ही समझे नहीं और ऐ 'फ़िराक़'
मेहरबाँ, नामेहरबाँ, क्या क्या समझ बैठे थे हम।

---

1. नाराज़ होने के परदे में, 2. मेहरबानी की जान, 3. मौत का सन्देश, 4 जीवनदायी, 5. सौन्दर्य (प्रेमिका) की प्रशंसा करने की क्षमता, 6. संसार से परिचित।

45

सायक़ा - सायक़ा[1] हुस्ने - ख़रामाँ
ज़लज़ला-सामाँ[2] फ़ितना-ए-दौराँ।

हुस्ने - गुलिस्ताँ हैराँ - हैराँ
ग़ुंचा ग़ुंचा सर-ब-गरेबाँ।

ज़ुल्मते-दौराँ[3] बज़्मे-चराग़ाँ
बादापरस्ताँ - बादापरस्ताँ

ख़ाना हिजाबे - नाज़ प नादाँ
वहशत - वहशत दामाँ - दामाँ।

रंगे - परीदा[4] बू - ए - परीशाँ
देखा - देखा हुस्ने - गुलिस्ताँ।

सब की हालत एक है नादाँ
कौन है ग़मगीं कौन है शादाँ।

शाकी[5] जोशे - बहारे - गुलिस्ताँ
तंगी - ए - दामाँ वुस्अते - दामाँ।

क़ुर्बे - हुस्न है वहशत - सामाँ
होश के पर जलते हैं नादाँ।

शोला-वो-शबनम हुस्ने-गुलिस्ताँ
पुरनम - पुरनम सोज़ाँ - सोज़ाँ।

दिल में उठा के रख ले गुलिस्ताँ
कर ले इलाजे-तंगी-ए-दामाँ।

बख़्ते - सियह[6] गेसू - ए - परेशाँ
ये भी शबिस्ताँ वो भी शबिस्ताँ।

---

1. बिजली, 2. उथल-पुथल मचा देनेवाला, 3. ज़माने का अँधेरा, 4. रंग उड़ना, 5. शिकायत करनेवाला, 6. काले भाग्य, दुर्भाग्य।

गेसू-ए-मुश्कीं[1] दश्ते-ग़ज़ालाँ
नर्गिसे-जादू है कि परिस्ताँ।

बेख़बरी के सब हैं उनवाँ
कौन है गिरयाँ[2] कौन है ख़न्दा[3]।

नज़रीये हैं और भी नादाँ
उसकी मुहब्बत दर्द न दर्मा[4]।

हुस्न हुआ चालाके-ज़माना
इश्क़ है अब तक नादाँ-नादाँ

उसका पाना है वो करिश्मा
सोच तो मुश्किल देख तो आसाँ।

बेदारी है अपने सहारे
नींद का झोंका गर्दिशे-दौराँ।

धुआँ-धुआँ सा गंबदे-मीना[5]
मौजे-सहबा शोला-ए-लर्ज़ां[6]।

किसके पाँव की चाप है दुनिया
कौन है सुब्हे-अज़ल से ख़रामाँ।

क़तरा - क़तरा ज़र्रा - ज़र्रा
साज़े-ज़माना शह्रे-ख़मोशाँ!

छोड़ ख़ुदा की मदद का सहारा
इससे सिवा है हिम्मते-मर्दां।

जाने - वजूदो - राज़े - अदम है
हुस्न नुमायाँ इशवा-ए-पिनहाँ।

बादाकशों को फ़िक्र है जिसकी
बादा न साग़र, बर्क़ न बाराँ।

दोनों भरी दुनिया हैं लेकिन
तनहा - तनहा बाग़ो - बयाबाँ।

---

1. सुगन्धित केश, 2. रोता हुआ, 3. हँसता हुआ, 4. इलाज, दवा, 5. नीला आकाश, 6. काँपती हुई अग्नि-ज्वाला।

टकरायें न कहीं सँय्यारे
तेज़ बहुत है गर्दिशे दौराँ।
बज़्मे-चराग़ाँ भी तारीकी
तारीकी भी बज़्मे-चराग़ाँ।
कमनिगही भी सदक़े होगी
देख तो मेरा शौक़े-फ़रावाँ।
थमी-थमी-सी सुब्हे क़यामत
रुकी-रुकी-सी गर्दिशे दौराँ[1]।
दोनों गर्दो - ग़ुबारे - मंज़िल
सुब्हे-वतन या शामे - ग़रीबाँ।
रहती दुनिया गूँज उठी है
बोल उठा है शहरे-ख़मोशाँ।
जैसे शफ़क़ हो शबनम - आगीं
इक आलम है हुस्ने-पशेमाँ[2]।
आँच क़फ़स वालों तक आयी
अब के बहुत है शोरे-बहाराँ।
किसका ख़राम पयामे-जुनूँ है
किसका सुकूँ है सिलसिला-जुम्बाँ।
काविशे-दोज़खो-खुल्द[3] अबस है
पहले आदमी हो ले इन्साँ।
चढ़ती चली है इश्क़ की क़ीमत
जिन्से-हुस्न है अर्ज़ाँ-अर्ज़ाँ[4]।
इश्क़ की सूरत याद रहेगी
कुछ नमदीदा[5] कुछ ग़मसामाँ।
दाग़े - मुहब्बत राज़े - मुहब्बत
कम-कम पैदा कम-कम पिनहाँ।

---

1. ज़माने का चक्कर, 2. पछताया हुआ सौन्दर्य, 3. नरक व स्वर्ग, 4. सस्ता, 5. भीगी आँखें लिये।

तू ने किस वादी से पुकारा
चौंक उठी है ख़ाके-शहीदाँ।
ये भी फ़साना वो भी कहानी
क्या शबे-वस्ल और क्या शबे-हिज्राँ।
दुनिया को दुनिया करना है
ये मंसूबे साज़ न सामाँ।
यूँ करते हैं भाग के पीछा
इश्क़ के दरपै हुस्न-गुरेज़ाँ।
बात उस शोख़ से बन जाने की
कोई न सूरत कोई उनवाँ।
पत्ती - पत्ती बूटा - बूटा
आइना-सामाँ आइना-सामाँ।
दिल की खटक है दिल की ख़लिश है
नावक-नावक पैकाँ-पैकाँ।
वहशत की परछाईं दोनों
शामे-बयाबाँ सुब्हे-गुलिस्ताँ।
ज़र्रा - ज़र्रा तारा - तारा
शशदर - शशदर हैराँ - हैराँ।
जुज़्वे - दिल बेहिस है अब तो
हसरत - हसरत अरमाँ-अरमाँ।
धुँधला - धुँधला रौशन - रौशन
आलम-आलम आलमे-इमकाँ।
तुझसे मिलती थी कोई सूरत
पैदा - पैदा पिन्हाँ - पिन्हाँ।
आये - गुनहगाराने - मुहब्बत
नादिम-नादिम[1] नाज़ाँ-नाज़ाँ।

---

1. लज्जित।

ढूँढ ले मुझको दुनिया-दुनिया
सहरा-सहरा ज़िन्दाँ-ज़िन्दाँ[1]।
बादल-बादल बिजली-बिजली
बादा-गुसाराँ[2], बादा-गुसाराँ।
आग लगा दे हश्र उठा दे
नारा-ए-मस्ताँ, नारा-ए-मस्ताँ।
इश्क़ को देखा इश्क़ को पाया
ग़मगीं-ग़मगीं शादाँ-शादाँ[3]।
तू ने भरम ग़मे-इश्क़ के खोले
ऐ ग़मे-दौराँ ऐ ग़मे-दौराँ।
हुस्नो-इश्क़ से यकसाँ वहशत
ये भी गरीबाँ वह भी गरीबाँ।
जुल्मतो-नूर[4] है इश्क़ की हस्ती
तीरा - तीरा[5] ताबाँ - ताबाँ[6]।
दोज़ख़ की पिघले हुए शोले
चश्मा-ए-हैवाँ, चश्मा-ए-हैवाँ।
उम्र 'फ़िराक़' ने यूँ ही बसर की
कुछ ग़मे-जानाँ कुछ ग़मे-दौराँ।

46

नर्म फ़ज़ा की करवटें दिल को दुखा के रह गयीं
ठंडी हवाएँ भी तेरी याद दिला के रह गयीं।

---

1. क़ैद, 2. शराबी, 3. ख़ुश-ख़ुश, 4. अँधेरा-उजाला, 5. अँधेरा-अँधेरा, 6. रौशन-रौशन।

शाम भी थी धुवाँ-धुवाँ हुस्न भी था उदास-उदास
दिल को कई कहानियाँ याद-सी आके रह गयीं।
मुझको ख़राब कर गयीं नीम-निगाहियाँ[1] तेरी
मुझसे हयातो-मौत भी आँखें चुरा के रह गयीं।
हुस्ने-नज़रफ़रेब में किसको कलाम था मगर
तेरी अदाएँ आज तो दिल में समा के रह गयीं।
तब कहीं कुछ पता चला सिदक़ो-ख़ुलूसे-हुस्न[2] का
जब वो निगाहें इश्क़ से बातें बना के रह गयीं।
तेरे ख़रामे-नाज़ से आज वहाँ चमन खिले
फ़स्लें बहार की जहाँ ख़ाक उड़ा के रह गयीं।
पूछ न उन निगाहों की तुर्फ़ा[3] करिश्मा-साज़ियाँ
फ़ितने सुला के रह गयीं फ़ितने जगा के रह गयीं।
तारों की आँख भी भर आयी मेरी सदा-ए-दर्द पर
उनकी निगाहें भी तेरा नाम बता के रह गयीं।
उफ़ ये ज़मीं की गर्दिशें आह ये ग़म की ठोकरें
ये भी तो बख़्ते-ख़ुफ़्ता[4] के शाने[5] हिला के रह गयीं।
और तो अह्ले-दर्द[6] को कौन सँभालता भला
हाँ तेरी शादमानियाँ उनको रुला के रह गयीं।
याद कुछ आयीं इस तरह भूली हुई कहानियाँ
खोये हुए दिलों में आज दर्द उठा के रह गयीं।
साज़े-निशाते-ज़िन्दगी, आज लर्ज़-लर्ज़ उठा
किसके निगाह इश्क़ का दर्द सुना के रह गयीं।
तुम नहीं आये और रात रह गयी राह देखती
तारों की महफ़िलें भी आज आँखें बिछा के रह गयीं।

---

1. आधी खुली आँखों से देखना, 2. सौन्दर्य की सच्चाई और स्नेह, 3. नमी, 4. सोया हुआ भाग्य, 5. कन्धे, 6. दर्दवालों को।

झूम के फिर चली हवाएँ वज्द में आयी फिर फ़ज़ाएँ
फिर तेरी याद की घटाएँ सीनों प छा के रह गयीं।
क़ल्बो-निगाह की ये ईद, उफ़ ये मआले-क़ुर्बो-दीद[1]
चर्ख़ की गर्दिशें तुझे मुझसे छिपा के रह गयीं।
फिर हैं वही उदासियाँ फिर वही सूनी कायनात
अह्ले-तरब[2] की महफ़िलें रंग जमा के रह गयीं।
कौन सुकून दे सका ग़मज़दगाने-इश्क़[3] को
भीगती रातें भी 'फ़िराक़' आग लगा के रह गयीं।

47

जौलाँगहे-हयात[4] कहीं ख़त्म ही नहीं
मंज़िल न कर हुदूद से दुनिया बनी नहीं।
माना कि तेरे लुत्फ़ो-करम में कमी नहीं
आसान इस क़दर तो तेरी दोस्ती नहीं।
जिस पैकरे-निशात की रग-रग दुखी नहीं
उसकी ख़ुशी को ग़ौर से देखो ख़ुशी नहीं।
कुछ ठोकरें तो खा चमक उट्ठेंगी मंज़िलें
पा-ए-तलब की फ़िक्रे-सलामतरवी नहीं।
कल तुझसे छूटने की ख़बर हो रहेगी राज़
लेकिन ये बात आज किसी से छिपी नहीं।
हम देखकर भी देख न सकें हुस्ने-यार को
इतनी तवील[5] फ़ुर्सते-नज़्ज़ार्गी नहीं।

---

1. आत्मीयता का परिणाम, 2. ख़ुशीवाले, 3. प्रेम का दुःख झेले हुओं को, 4. जीवन-यात्रा, 5. लम्बी।

कब देखिये दिलों को मिले इज़्ने-यास[1] भी
बेगानावार कहती है वो आँख अभी नहीं।
तेरे करम से भी न हुई कम फ़सुर्दगी[2]
शायद तेरी ख़ुशी भी हमारी ख़ुशी नहीं।
तारीख़े-ज़िन्दगी के समझ कुछ मुहर्रिकात[3]
मजबूर इतनी इश्क़ की बेचारगी नहीं।
किसने हक़ीक़तों के ख़ज़ाने लुटा दिये
बेमाया[4] इस क़दर मेरी बेमायगी नहीं।
कुछ आज भी है गर्मो-मुनव्वर फ़ज़ा-ए-दहर
अफ़सुर्दा इतनी इश्क़ की अफ़सुर्दगी नहीं।
हाँ ऐ निगाहे-यार न बदज़न हो इश्क़ से
ये बेहिसी तो मान-ए[5]-रंजो-ख़ुशी नहीं।
हस्सास कम नहीं है मुहब्बत भी और यूँ
उसको ग़मो-निशात से दिलबस्तगी नहीं।
बेख़ुद-से थे वो वक़्त का ये भी फ़रेब था
हम और तुझ को दिल से भुला दें, कभी नहीं
हम ग़मज़दों की गुफ़्तगू-ए-तल्ख़[6] पर न जा
क़िस्मत बुरी सही प तबियत बुरी नहीं।
तकलीफ़े-हिज्र को न बना ऐशे-जाविदाँ।
ग़म की शबे-दराज़ भी इतनी बड़ी नहीं।
मशहर का इज़देहाम[7] नज़र का फ़रेब था
अपने सिवा वहाँ भी जो देखा कोई नहीं।
नींद आ चली है अन्जुमे-शामे-अबद को भी
आँख अह्ले-इन्तेज़ार की अब तक लगी नहीं।

---

1. निराशा का सन्देश, 2. उदासी, 3. प्रेरणाएँ, 4. तुच्छ, 5. विरोधी, 6. कड़वी बात, 7. भीड़

कुछ झिलमिलाहटें हैं शबिस्ताने-दहर[1] में
शम-ए-हयात सरसरे-ग़म[2] से बुझी नहीं।
वो इश्क़ है जो मरकज़े-हर इंक़्लाब है
नीयत निगाहे-यार की बदली हुई नहीं।
कब सरख़ुशी भी वजहे-सुकूँ बन सकी मगर
अच्छा कुछ इस क़दर ग़मे-आसूदगी नहीं।
फ़स्ले-बहार[3] देख के किस तरह ये कहें
रंगीनियों की जान तेरी सादगी नहीं।
ऐ दोस्त यूँ तो हम तेरी हसरत को क्या कहें
लेकिन ये ज़िन्दगी तो कोई ज़िन्दगी नहीं।
महफ़ूज़ जो थी चश्मे-ज़मानो-मकाँ से भी
वो ज़िन्दगी भी तेरी नज़र से बची नहीं।
ग़फ़लत हयाते-इश्क़ की चौंकी हुई सी है
अब पासबाने-उम्रे-रवाँ मौत भी नहीं।
ऐ इश्क़ कारवाने-दोआलम बिछड़ गये
ऐ ख़िज्रे-राह ये तो कोई रहबरी नहीं।
ये कैफ़ियत सुकूने-सहर में कहाँ की है
वो शाम है जो सुब्ह भी होकर कटी नहीं।
शामें किसी को माँगती हैं आज भी 'फ़िराक़'
गो ज़िन्दगी में यूँ मुझे कोई कमी नहीं।
ज़हराब-ए-फ़ना[4] जिसे नश्वोनुमा[5] न दे
वो ज़िन्दगी 'फ़िराक़' कोई ज़िन्दगी नहीं।

---

1. अन्धकारमय संसार, 2. ग़म की तेज़ हवा, 3. बहार का मौसम 4. विनाशभोग, 5. उत्पत्ति, विकास।

48

सितारों से उलझता जा रहा हूँ
शबे-फ़ुर्क़त[1] बहुत घबरा रहा हूँ।
तेरे ग़म को भी कुछ बहला रहा हूँ
जहाँ को भी समझता जा रहा हूँ।
यक़ीं ये है हक़ीक़त[2] खुल रही है
गुमाँ ये है कि धोके खा रहा हूँ।
अगर मुम्किन हो ले ले अपनी आहट
ख़बर दो हुस्न को मैं आ रहा हूँ।
हदें हुस्नो-मुहब्बत की मिलाकर
क़यामत पर क़यामत ढा रहा हूँ।
ख़बर है तुझको ऐ ज़ब्ते-मुहब्बत
तेरे हाथों मैं लुटता जा रहा हूँ।
असर भी ले रहा हूँ तेरी चुप का
तुझे क़ायल भी करता जा रहा हूँ।
भरम तेरे सितम का खुल चुका है
मैं तुझ से आज क्यों शर्मा रहा हूँ।
उन्हीं में राज़ हैं गुलबारियों[3] के
मैं जो चिनगारियाँ बरसा रहा हूँ।
जो उन मासूम आँखों ने दिये थे
वो धोके आज तक मैं खा रहा हूँ।
तेरे पहलू में क्यों होता है महसूस
कि तुझ से दूर होता जा रहा हूँ।
हदे-जौरो-करम से बढ़ चला हुस्न
निगाहे-यार को याद आ रहा हूँ।

---

1. विरह की रात, 2. सच्चाई, 3. फूल बरसाना।

जो उलझी थी कभी आदम[1] के हाथों
वो गुत्थी आज तक सुलझा रहा हूँ।
मुहब्बत अब मुहब्बत हो चली है
तुझे कुछ भूलता-सा जा रहा हूँ।
अजल[2] भी जिनको सुनकर झूमती है
वो नग़मे-ज़िन्दगी के गा रहा हूँ।
ये सन्नाटा है मेरे पाँव की चाप
'फ़िराक़' अपनी कुछ आहट पा रहा हूँ।

49

अब तो हम हैं और भरी दुनिया की हैं तनहाइयाँ
याद थीं हम को भी रंगारंग बज़्म-आराइयाँ[3]।
जल्वा-ए-लैला हो ऐ दिल या जुनूने क़ैस हो
हुस्न भी परछाइयाँ हैं इश्क़ भी परछाइयाँ।
तूने समझा ही नहीं है हुस्न का राज़े-निशात[4]
तूने देखी ही नहीं हैं इश्क़ की रानाइयाँ[5]।
साँस को ताज़ा दिलो-जाँ को मोअत्तर[6] कर गयीं
उस नज़र की ठंडी और महकी हुई परछाइयाँ।
इश्क़ को समझा तो कोई बस निगाहे-यार ने
शोहरतें गो कम न थीं, गो कम न थीं रुसवाइयाँ।
ऐ तेरे ग़म के मैं सदक़े डूबते जाते हैं दिल
बढ़ती जाती हैं हयाते-इश्क़ की गहराइयाँ।

---

1. हज़रत आदम, जो सबसे पहले दुनिया में आये, 2. मौत, 3. सभा सजाना, 4. सुख का मर्म, 5. हुस्न, 6. सुगन्धित।

हुस्न की कोई झलक रखती नहीं अपना जवाब
कोई देखे आलमे[1]-ईजाद की यक्ताइयाँ।
पै-ब-पै किस आलमे-हैरत की देती हैं ख़बर
गहरी-गहरी नरगिसे-राना की ये परछाइयाँ।
उस पयामे-राज़ को क्या हाजते-लफ़्ज़ो-बयाँ[2]
तू ने देखी भी सुकूते-नाज़ की गोयाइयाँ।
सर-बसर शोरे-बहाराँ, ख़ौफ़े-दामे-बंगो-बू
हुस्न की पैदाइयाँ, रुसवाइयाँ, गीराइयाँ।
बेनयाज़े - क़ुर्बो - दूरी, बेक़रारे - जुस्तजू
ये सुकूने-इश्क़ और ये बादिया-पैमाइयाँ।
चुपके-चुपके उठ रहा है मद भरे सीनों में दर्द
धीमे-धीमे चल रही है इश्क़ की पुरवाइयाँ[3]।
आह ज़र्रे - ज़र्रे में ये जोशे - पैहम ये उभार
दीदनी हैं शाहिदे-दुनिया की ये बरनाइयाँ[4]।
अब तो ग़म से ग़म ख़ुशी से भी ख़ुशी होती नहीं
क्या हुईं ऐ इश्क़ वो तेरी निशात-आराइयाँ[5]।
एक मुद्दत से निशाते - हुस्न भी है मुंतज़र
कोई हद रखती हैं तेरे ग़म की बेपरवाइयाँ।
पूछ मत कैफ़ीयतें उनकी न पूछ उनका शुमार
चलती-फिरती हैं मेरे सीने में जो परछाइयाँ।
देख जब आलम है ये हुस्ने-ख़ुमार-आलूद[6] पर
पिछले को लेती हो जैसे कायनात अँगड़ाइयाँ।
शोख़ियाँ ये कब हिजाबे रंगो-बू में थी 'फ़िराक़'
रफ़्ता-रफ़्ता रंग लाई हुस्न की रुसवाइयाँ।

---

1. संसार, 2. बताने की ज़रूरत, 3. बातचीत, 4. जनानियाँ, 5. सुख प्रदर्शन, 6. मतवाले हुस्न (प्रेमिका)।

50

छलक के कम न हो ऐसी कोई शराब नहीं
निगाहे-नर्गिसे-राना[1] तेरा जवाब नहीं।
ख़राब-हाल भी अच्छी तरह ख़राब नहीं
ये है अज़ाबे-जहन्नुम कि वो अज़ाब नहीं।
ज़मीन जाग रही है कि इन्क़लाब है कल।
वो रात है कोई ज़र्रा भी महवे-ख़ाब नहीं।
हयात दर्द हुई जा रही है क्या होगा?
अब उस नज़र की दुआएँ भी मुस्तजाब[2] नहीं।
ये सैलो-बर्क़[3] के तेवर हैं कारवानों में
कि रोकथाम अजल की भी सद्दे-बाब[4] नहीं।
न हो जो मयक़दा बरदोश क्या वो मस्ती-वो-कैफ़
जो इक जहाँ प न छा जाये वो सहाब[5] नहीं।
ज़मीन उसकी फ़लक उसका कायनात उसकी
कुछ ऐसा इश्क़ तेरा ख़ानुमा-खराब[6] नहीं।
मेरा अक़ीदा है "दुनिया बनाम ख़ुल्दे-बरीं"
हज़ार शुक्र मुझे काबिशे-सवाब[7] नहीं।
रुका है क़ाफ़िला-ए-ग़म कब एक मज़िल पर
कब इन्क़लाब ज़माने का हमरिकाब नहीं।
कुचल के सर न उठायें हरीफ़, फ़िक्र न कर
कब उड़ती ख़ाक सवारों की हमरिकाब नहीं।
जो तेरे दर्द से महरूम हैं यहाँ उनको
ग़मे-जहाँ भी सुना है कि दस्तयाब[8] नहीं।
अभी कुछ और हो इन्सान का लहू पानी
अभी हयात के चेहरे पर आबो-ताब नहीं।

---

1. नर्गिस की तरह हसीन आँखें, 2. क़बूल, 3. बाढ़ और बिजली, 4. रास्ता रोकना, 5. बादल, 6. बरबाद, 7. पुण्य का प्रयत्न, 8. प्राप्त।

जहाँ के बाब में तरदामनों का क़ौल है ये
ये मौज मारता दरया कोई सराब नहीं।
ठहर-ठहर के तेरा देखना नयी दुनिया
अरे वो कौन नज़र है जो इन्तेख़ाब नहीं।
नसीब[1] से है शबिस्ताने-ग़म का चश्मो-चिराग़
वो रू-ए-दोस्त जिसे देखने की ताब नहीं।
दिले ख़राब की बेताबियों का क्या है इलाज
मैं जानता हूँ तेरा जौर बेहिसाब नहीं।
जिगर को तोड़ गया है कड़ी कमाँ का तीर
वो चोट क्या करे भरपूर जो शबाब नहीं।
ग़मो-निशात तेरे किस तरह कोई जाने
हँसी लबों प नहीं आँख भी पुर-आब[2] नहीं।
दिखा तो देती है बेहतर हयात के सपने
ख़राब होके भी ये ज़िन्दगी ख़राब नहीं।
कहीं वही तो गरीबाँ नहीं है आज अपना
तेरा वो गोश-ए-दामन जो दस्तयाब नहीं।
शिकस्ते-रंगे-रुख़े-रोज़गार[3] देख 'फ़िराक़'
वो मेह्रो-माह के चेहरे प आबो-ताब नहीं।

51

सर में सौदा भी नहीं दिल में तमन्ना भी नहीं
लेकिन इस तर्के-मुहब्बत का भरोसा भी नहीं।
दिल की गिनती न यगानों में न बेगानों में
लेकिन उस जलवागहे-नाज़ से उठता भी नहीं।

---

1. भाग्य, 2. भीगी, 3. ज़माने के चेहरे के रंग का उड़ना।

शिकव-ए-जौर करे क्या कोई उस शोख़ से जो
साफ़ क़ायल भी नहीं साफ़ मुकरता भी नहीं।
मेहरबानी को मुहब्बत नहीं कहते ऐ दोस्त
आह अब मुझ से तेरी रंजिशे-बेजा भी नहीं।
एक मुद्दत से तेरी याद भी आयी न हमें
और हम भूल गये हों तुझे ऐसा भी नहीं।
आज ग़फ़लत भी उन आँखों में है पहले से सिवा
आज ही ख़ातिरे-बीमार[1] शकेबा[2] भी नहीं।
बात ये है कि सुकूने-दिले-वहशी का मुक़ाम
कुन्जे-ज़िन्दाँ[3] भी नहीं वुस्अते-सहरा[4] भी नहीं।
"अरे सैयाद हमीं गुल हैं हमीं बुलबुल हैं"
तूने कुछ आह सुना भी नहीं देखा भी नहीं।
आह ये मजम-ए-अहबाब ये बज़्मे ख़ामोश
आज महफ़िल में 'फ़िराक़'-सुख़न आरा भी नहीं।

52
•••

जो यूँ ख़राब फिरे इश्क़ की वो ज़ात नहीं
ग़मे-हयात नहीं काविशे-ममात[5] नहीं।
हयाते-इश्क़ के हाथों अभी हयात नहीं
ग़मो-ख़ुशी के लिए आदमी की ज़ात नहीं।
ख़ता के बाद नदामत[6] भी इश्क़ को न मिली
निगाहे-नाज़ ये कहती है कोई बात नहीं।

---

1. बीमार दिल, 2. सब्र करनेवाला, शान्त, 3. कारागार का कोना, 4. जंगल का विस्तार, 5. मौत की कशमकश, 6. लज्जा।

बला-ए-क़ुरबते-लैला-वो-फ़ुरक़ते-लैला
जो अपनी ज़िद न हो वो नज़्मे-कायनात नहीं।

किसी की शोख़ी-ए-पिनहाँ है कारगर नादाँ
मिटाने वाले दिलों के मुक़द्दरात नहीं।

पयामे इश्क़ है उस ज़ुल्फ़े ख़म-ब-ख़म से यही
तेरे असीर न काटें जिसे वो रात नहीं।

बचा-बचा के हुई काविशे-निगह उसकी
मिटाये मिटाने के ऐ दिल ये सानहात नहीं।

मिले-जुले हैं अज़ाबो-सवाब के मफ़हूम
रमूज़े-इश्क़ हैं ऐ शैख़ दीनियात नहीं।

बहुत बढ़ा के न कर शिकव-ए-तलव्वुने-हुस्न
अरे मिज़ाजे-मुहब्बत को भी सबात नहीं।

न पूछ, सोच के मैं क्या उदास रहता हूँ
जो ग़म नसीबे-मुहब्बत थे उनकी बात नहीं।

हमारी बुतशिकनी के जुदा फ़साने हैं
हदीसे-ग़ज़नवी[1] वो ज़िक्रे-सोमनात[2] नहीं।

हो आसमाँ की ज़मीं दोस्त हो कि दुश्मन हो
हर इक है इश्क़ के दरपै तेरी ही ज़ात नहीं।

तेरे दयार से मिलता हुआ है एक दयार
ये सुब्हो-शाम नहीं वाँ ये दिन ये रात नहीं।

ये कायनात नहीं कुछ तेरे सिवा लेकिन
ये तेरी ज़ात नहीं, ये तेरे सिफ़ात नहीं।

हज़ार रुख़ से मिली है किसी के हुस्न को शह
कि मात, गंजफ़-ए-आशिक़ी में मात नहीं।

---

1. महमूद गज़नवी जिसने भारत पर 17 आक्रमण किये थे। 2. सोमनाथ के मन्दिर पर महमूद की विजय की ओर इशारा है।

हर एक गर्दिशे-जामो-सुबू में कैफ़े-दवाम
रहीने-दौरे-फ़लक, मयक़दे की रात नहीं।
यही हुआ कि तेरे बेकसों प कुछ न हुआ
जो आये लफ़्ज़ो-बयाँ में वो वार्दात[1] नहीं।
मैं ये भी कह नहीं सकता बदल गयी वो निगाह
वही हैं लुत्फ़ो-करम अब मगर वो बात नहीं।
ये सब मजाज़ो-हक़ीक़त की बहस दूर-अज़-कार
सिफ़ात कौन हैं उसके जो ऐन ज़ात नहीं।
वो कोहकन हो कि मजनूँ, रईस या मज़दूर
तुझे ख़बर है मुहब्बत किसी की ज़ात नहीं।
रुमूज़े[2]-उर्ज़े-सितम तक ख़याल जा न सका
मैं चुप रहा तो बुरा मानने की बात नहीं।
निशाते-हुस्ने-अज़ल को भी वज्द आ जाता
दुखी हुई मगर इतनी रगे-हयात नहीं।
ये तुझ से छुटते ही क्या हो गया मुहब्बत को
वह वजूदो-अदम हैं मगर वो बात नहीं।
'फ़िराक़' अहदे-वफ़ा बरतरफ़, ये क्या कम है
कि वो नज़र, वो इनायत, वो इल्तेफ़ात[3] नहीं।

53

नहीं हैं फूल तो ख़ारों को छेड़ सकता हूँ
ख़िज़ाँ में रफ़्ता[4] बहारों को छेड़ सकता हूँ।
हज़ारों शम्सो-क़मर[5] पहलुओं में हैं जिनके
उन अहले-दिल के ग़ुबारों को छेड़ सकता हूँ।

---

1. घटना, 2. भेद, 3. प्रेम, स्नेह, 4. बीती हुई, 5. सूरज-चाँद।

ज़माँ मकाँ है शगुफ़्ता[1] निगाहे-शाएर से
तमाम उदास नज़ारों को छेड़ सकता हूँ।
कुछ और रोके हुए ख़न्दाहाय-ज़ेरलबी[2]
दबे-दबे-से शरारों को छेड़ सकता हूँ।
निगाहे-शौक़ से साज़े-जमाल बोल उठे
मैं इस रबाब के तारों को छेड़ सकता हूँ।
अगर इनायते-ख़ूबाँ[3] है ज़िन्दगी का मदार
तो ज़िन्दगी के सहारों को छेड़ सकता हूँ।
तमाम रम्ज़[4] बना दूँ ये सादगी ये निगाह
तेरी नज़र के इशारों को छेड़ सकता हूँ।
इशारा है ये तेरे ज़ेरे-लब तबस्सुम[5] का
निगाहे-नाज़ के मारों को छेड़ सकता हूँ।
नये सिरे से पड़े जान जीते मुर्दों में
मैं चलते-फिरते मज़ारों को छेड़ सकता हूँ।
जो तेरे गेसू-ए-पुरख़म[6] से खेल भी न सकीं
उन उँगलियों से सितारों को छेड़ सकता हूँ।
'फ़िराक़' ग़म भी मेरा है हरीफ़े-ज़िन्दादिली
फ़सुर्दगी में भी यारों को छेड़ सकता हूँ।

54

हरी भरी भी हो सकी दिलों की सरज़मीं कहीं
पड़ी तेरी निगाह भी कभी-कभी कहीं-कहीं।

---

1. प्रफुल्लित, खिला हुआ, 2. होंठों में छिपी मुस्कानें, 3. माशूक़ की मेहरबानी, 4. मर्म, 5. मुस्कान, 6. पेंचदार केश।

इशारे खुल के कर सकी निगाहे-शर्मगीं कहीं
ये सब सही प हो न हो ये बिललियाँ गिरीं कहीं।
ये तीरगी ये अबतरी, ये नकहतें ये मस्तियाँ
कि खुल पड़ी हो जिस तरह वो ज़ुल्फ़े-अम्बरी[1] कहीं।
निगाहे-नाज़ पर्दे-पर्दे में थी माएले-करम
वो रस्मे दिलबरी नहीं अब ऐ दिले-हज़ीं कहीं।

तमाम इन्क़लाब है मजाल क्या ठहर सके
ये दौरे-आसमाँ कहीं ये गर्दिशे-ज़मीं कहीं।

मुझे बता रहे हैं बेनयाज़े-शौक़े-आगही
तेरी निगाह ने भी ये कहानियाँ सुनीं कहीं।

बस इब्तेदा ही इब्तेदा है ज़िन्दगी-ए-इश्क़ में
कि भूल भी सकी तेरी निगाहे-अव्वलीं कहीं।

पड़ी निगाह दिल पर और बिनाए-दहर हिल गयी
कहीं थी और पहुँच गयी ये मौजे-तहनशीं कहीं।

कहाँ ये दौरे-आस्माँ कहाँ ये नज़्मे ज़िन्दगी
हज़ारों ऐसी महफ़िलें वो आँखें ले उड़ीं कहीं।

ग़मे निहाँ के अक्स हैं जराहतों के नक़्श हैं
चमन-चमन जहाने-रंगो-बू न हों हमीं कहीं।

कहीं तो दाग़े-सोजे-इश्क़ रौशन और हरे भरे
धुआँ-धुआँ उदास-उदास वो रुख़े-हसीं कहीं।

चमन की राज़दारियों का ऐ सबा ख़याल कर
अरे लहू न दे उठे गुलों की आस्तीं कहीं।

हम अह्ले-दर्द को कुछ ऐसी वहशतें नहीं मगर
कोई दयारे-आफ़ियत[2] बता न दो तुम्हीं कहीं।

दिलो-जिगर बचा के तू ने जो दिये थे इश्क़ को
वो ज़ख़्म उभर चले कहीं वो चोटें रह गयीं कहीं।

---

1. सुगन्धित केश, 2. पनाह की जगह।

मआमिले न खुल सके निगाहे-रंग-रंग के
है जलवत आफ़्रीं कहीं है ख़लवत आफ़्री कहीं।
उसे गुज़रते देख कर झपक के आँख रह गयी
शरारे उड़ गये थे, कुछ अभी-अभी यहीं कहीं।
'फ़िराक़' ज़ेरे-आस्माँ चमक भी है, धुआँ भी है
कि जैसे उठ रही हो वो निगाहे-शर्मगीं कहीं।

55

याद न कर दिले-हज़ीं[1] भूली हुई कहानियाँ
उठती हुई जवानियाँ हुस्न की शादमानियाँ[2]।
उफ़ तेरी पुर्सिशे-करम उफ़ तेरी मेह्रबानियाँ
बढ़ती ही जा रही हैं देख इश्क़ की बदगुमानियाँ।
मौज ठहर सकी कहीं सत्ह प हो कि तहनशीं[3]
इश्क़ में बेसुकूँ युँही कटती हैं ज़िन्दगानियाँ।
रंगे-बहारे-ज़िन्दगी ख़ून के आँसुओं से है
इश्क़ की गुलफ़शानियाँ, इश्क़ की शादमानियाँ।
ये भी कोई जहान है, ये भी कोई निज़ाम है
आह, वो दिल जहाँ नहीं इश्क़ की हुक्मरानियाँ।
आज फ़ज़ा की ख़ामुशी कुछ उसे फिर सुना गयी
भूली हुई थीं इश्क़ को हुस्न की ख़ुशबयानियाँ।
उफ़ ये फ़ज़ा उदास-उदास आह ये मौजे-दूदे-शाम[4]
याद-सी आके रह गयीं दिल को कई कहानियाँ।

---

1. दुःखी हृदय, 2. खुशियाँ, 3. पाताल, 4. शाम के धुएँ की मौज़।

इश्क़ के हर निशात में रंगे-जराहते-नेहाँ
नश्तरे-नाज़े-हुस्न की मिट न सकीं निशानियाँ।

पूछ न किस तरह उड़ा रंगे-सुकूते-सरमदी
इश्क़ की बाज़पुर्स पर हुस्न की बज़ेबानियाँ।

इससे ज़्यादा और क्या अब कोई नामुराद हो
आज नज़र से गिर चलीं इश्क़ की कामरानियाँ।

राज़े-हयात कह गये इश्क़ के कुश्तगाने-ग़म[1]
दर्से-हयात दे गयीं हुस्न की शादमानियाँ।

मेरे सुकूते-यास ने रंगे-जहाँ बदल दिया
आहो-फ़ुगाँ से कब हुई इश्क़ की तर्जुमानियाँ।

देख ये रंगे-हुस्नो-इश्क़ बाद को रंग लाये क्या
कुछ तुझे बदगुमानियाँ कुछ मुझे बदगुमानियाँ।

इश्क़ के एतदाल[2] से मिलती हैं सब की सरहदें
अपने हुदूद ही में हैं बहर की बेकरानियाँ।

उमड़ी घटा में बिजलियाँ जैसे चमक के रह गयीं
आज तो याद आ गयीं हुस्न की मेहरबानियाँ।

अक्स-सा पड़ के रह गया जैसे तेरी निगाह का
याद-सी आके रह गयीं भूली हुई कहानियाँ।

और ही रंग है 'फ़िराक़' अब तो शऊरे-इश्क़ का
अब न वो ख़ुशगुमानियाँ अब न वो बदगुमानियाँ।

56

•••

शामे-ग़म कुछ उस निगाहे-नाज़ की बातें करो
बेख़ुदी बढ़ती चली है राज़ की बातें करो।

---

1. ग़म के मारे, 2. सन्तुलन।

ये सुकूते-नाज़ ये दिल की रगों का टूटना
ख़ामुशी में कुछ शिकस्ते-साज़ की बातें करो।
नकहते-ज़ुल्फ़े-परीशाँ[1] दास्ताने-शामे-ग़म
सुब्ह होने तक इसी अन्दाज़ की बातें करो।
हर रगे-दिल वज्द में आती रहे दुखती रहे
यूँही उसके ज़ा-वो-बेजा नाज़ की बातें करो।
जो अदम की जान है जो है पयामे-ज़िन्दगी
उस सुकूते-राज़ उस आवाज़ की बातें करो।
इश्क़ रुसवा[2] हो चला, बेकैफ़-सा, बेज़ार-सा
आज उसकी नर्गिसे-ग़म्माज़ की बातें करो।
नाम भी लेना है जिसका इक जहाने-रंगो-बू
दोस्तो उस नौ-बहारे-नाज़ की बातें करो।
किस लिए उज्रे-तग़ाफ़ुल किस लिए इल्ज़ामे-इश्क़
आज चर्ख़े-तफ़्रिक़ापर्दाज़[3] क़ी बातें करो।
कुछ क़फ़स की तीलियों से छन रहा है नूर-सा
कुछ फ़ज़ा कुछ हसरते-पर्वाज़[4] की बातें करो।
जो हयाते-जाविदाँ[5] है जो है मर्गे-नागहाँ
आज कुछ उस नाज़ उस अन्दाज़ की बातें करो।
इश्क़े-बेपर्वा भी अब कुछ नाशकेबा हो चला
शोख़ी-ए हुस्ने-करिश्मासाज़ की बातें करो।
जिसकी फ़ुर्क़त ने पलट दी इश्क़ की काया 'फ़िराक़'
आज उस ईसा-नफ़स दमसाज़[6] की बातें करो।

---

1. बिखरे हुए केशों की सुगन्ध, 2. बदनाम, 3. भेद डाल देनेवाला आकाश, 4. उडने की कामना, 5. अमर जीवन, 6. बेसब्र

57

किसी का यूँ तो हुआ कौन उम्र भर फिर भी
ये हुस्नो-इश्क़ तो धोका है सब मगर फिर भी।
हज़ार बार ज़माना इधर से गुज़रा है
नयी-नयी-सी है कुछ तेरी रहगुज़र फिर भी।
कहूँ ये कैसे इधर देख या न देख इधर
कि दर्द दर्द है फिर भी, नज़र नज़र फिर भी।
ख़ुशा इशार-ए-पैहम ज़हे-सूकूते-नज़र
दराज़ हो के फ़साना है मुख़्तसर फिर भी।
झपक रही हैं ज़मानो-मकाँ की भी आँखें
मगर है क़ाफ़िला आमादा-ए-सफ़र[1] फिर भी।
शबे-फ़िराक़ से आगे है आज मेरी नज़र
कि कट ही जायेगी ये शामे-बेसहर फिर भी।
कहीं यही तो नहीं काशिफ़े-हयातो-ममात[2]
ये हुस्नो-इश्क़ बज़ाहिर है बेख़बर फिर भी।
पलट रहे हैं ग़रीबुलवतन, पलटना था
वो कूचा रूकशे-जन्नत[3] हो, घर है घर फिर भी।
लुटा हुआ चमने-इश्क़ है निगाहों को
दिखा गया वही क्या-क्या गुलो-समर[4] फिर भी।
ख़राब होके भी सोचा किये तेरे महज़ूर[5]
यही कि तेरी नज़र है तेरी नज़र फिर भी।
हो बेनयाज़े-असर भी कभी तेरी मिट्टी
वो क़ीमिया ही सही रह गयी कसर फिर भी।

---

1. यात्रा पर तैयार, 2. जीवन-मरण के मर्म को खोलनेवाला, 3. स्वर्ग-समान, 4. फूल-फूल, 5. वियोगी।

लिपट गया तेरा दीवाना गरचे मंज़िल से
उड़ी-उड़ी-सी है ये ख़ाके-रहगुज़र फिर भी।
तेरी निगाह से बचने में उम्र गुज़री है
उतर गया रगे-जाँ में ये नेश्तर फिर भी।
ग़मे-फ़िराक़ के कुश्तों का हश्र क्या होगा?
ये शामे-हिज्र तो हो जायेगी सहर फिर भी।
फ़ना भी हो के गिराँबारी-ए-हयात न पूछ
उठाये उठ नहीं सकता ये दर्दे-सर फिर भी।
सितम के रंग हैं हर इल्तिफ़ाते-पिनहाँ[1] में
करमनुमा हैं तेरे जौरे-सर-बसर फिर भी।
ख़ता मुआफ़ तेरा अफ़्व[2] भी है मिस्ले-सज़ा
तेरी सज़ा में है इक शाने-दरगुज़र फिर भी।
अगरचे बेख़ुदी-ए-इश्क़ को ज़माना हुआ
'फ़िराक़' करती रही काम वो नज़र फिर भी।

58

मुझको मारा है हर इक दर्दों-दवा से पहले
दी सज़ा इश्क़ ने हर ज़ुर्मो-ख़ता से पहले।
आतशे-इश्क़ भड़कती है हवा से पहले
होंट जलते हैं मुहब्बत में दुआ से पहले।
फ़ित्ने बर्पा हुए हर ग़ुंचा-ए-सरबस्ता[3] से
खुल गया राज़े-चमन चाके-क़बा से पहले।

1. गुप्त प्रणय-कटाक्ष, 2. माफ़ करना, क्षमा, 3. मुँहबन्द कली।

चाल है बादा-ए-हस्ती का छलकता हुआ जाम
हम कहाँ थे तेरे नक़्शे-क़फ़े-पा[1] से पहले।
अब कमी क्या है तेरे बेसरो-सामानों को
कुछ न था तेरी क़सम तर्को-फ़ना से पहले।
इश्क़े-बेबास को दावे थे बहुत ख़िलवत[2] में
खो दिया सारा भरम शर्मो-हया से पहले।
ख़ुद-बख़ुद चाक हुए पैरहने-लाला-वो-गुल
चल गयी कौन हवाबादे-सबा से पहले।
हमसफ़र राहे-अदम में न हो तारों भरी रात
हम पहुँच जायेंगे-उस आब्ला-पा से पहले।
पर्द-ए-शर्म में सद बर्क़े-तबस्सुम के निसार
होश जाते रहे नैरंगे-हया से पहले।
मौत के नाम से डरते थे हम ऐ शौक़े-हयात
तूने तो मार ही डाला था क़ज़ा से पहले।
बेतकल्लुफ़ भी तेरा हुस्ने-ख़ुदआरा[3] था कभी
इक अदा और भी थी हुस्ने-अदा से पहले।
ग़फ़लतें हस्ती-ए-फ़ानी की बता देंगी तुझे
जो मेरा हाल था एहसासे-फ़ना से पहले।
हम उन्हें पा के 'फ़िराक़' और भी कुछ खोये गये
ये तकल्लुफ़ तो न थे अहदे-वफ़ा से पहले।

59
•••

अब दौरे-आसमाँ है, न दौरे-हयात है
ऐ दर्दे-हिज्र तू ही बता कितनी रात है।

---

1. पैर के तलवों का चिह्न, 2. एकान्त, 3. अपने को सजानेवाला सौन्दर्य।

हर कायनात से ये अलग कायनात है
हैरत सराये-इश्क़ में दिन है न रात है।
जीना जो आ गया तो अजल भी हयात है
और यूँ तो उम्रे-ख़िज्र भी क्या बेसबात[1] है।
क्यों इन्तिहा-ए-होश को कहते हैं बेख़ुदी
ख़ुर्शीद ही की आख़िरी मंज़िल तो रात है।
हस्ती को जिसने ज़लज़ला सामाँ[2] बना दिया
वो दिल क़रार पाये मुक़द्दर की बात है।
ये मूशिगाफ़ियाँ हैं गिराँ तबा-ए-इश्क़ पर
किस को दिमाग़े-काविशे-ज़ातो-सिफ़ात है।
तोड़ा है लामकाँ की हदों को भी इश्क़ ने
ज़िन्दाने-अक़्ल[3] तेरी तो क्या कायनात है।
गर्दूं[4]! शरारे-बर्क़े-दिले-बेक़रार देख
जिनसे ये तेरी तारों भरी रात रात है।
गुम होके हर जगह हैं ज़ख़ुद रफ़्तगाने-इश्क़
इनकी भी अह्ले-कश्फ़ो-करामात ज़ात है।
हस्ती बजुज़ फ़ना-ए-मुसलसल के कुछ नहीं
फिर किस लिए ये फ़िक्रे-क़रारो-सबात है।
उस जाने दोस्ती के ख़ुलूसे-निहाँ न पूछ
जिसका सितम[5] भी ग़ैरते सद-इल्तेफ़ात है।
यूँ तो हज़ार दर्द से रोते हैं बदनसीब
तुम दिल दुखाओ वक़्ते-मुसीबत तो बात है।
उनवान ग़फ़लतों के हैं फ़ुर्क़त[6] हों या वेसाल[7]
बस फ़ुर्सते-हयात 'फ़िराक़' एक रात है।

---

1. मिटनेवाली, 2. उथल-पुथल मचा देनेवाली, 3. बुद्धि का बन्दीगृह, 4. आकाश, 5. कोप, 6. विरह, 7. मिलन।

60

कोई पैग़ामे मुहब्बत लबे-एजाज़[1] तो दे
मौत की आँख तभी खुल जायेगी आवाज़ तो दे।
मक़सदे-इश्क़ हमआहंगी-ए-जुज़्वो-कुल है
दर्द ही दर्द सही दिल बू-ए-दमसाज़ तो दे।
चश्मे-मख़मूर[2] के उनवाने-नज़र कुछ तो खुलें
दिले-रंजूर धड़कने का कुछ अन्दाज़ तो दे।
इक ज़रा हो नशा-ए-हुस्न में अन्दाज़े-खुमार[3]
इक झलक इश्क़ के अन्जाम की आग़ाज़[4] तो दे।
जो छिपाये न छिपे और बताये न बने
दिले-आशिक़ को इन आँखों से कोई राज़ तो दे।
मुन्तज़िर इतनी कभी थी न फ़ज़ा-ए-आफ़ाक़
छेड़ने ही को हूँ पुरदर्द ग़ज़ल साज़ तो दे।
हम असीराने-क़फ़स आग लगा सकते हैं
फ़ुर्सते-नग़मा कभी हसरते-पर्वाज तो दे।
इश्क़ इक बार मशीयत को बदल सकता है
इन्दिया[5] अपना मगर कुछ निगाहे नाज़ तो दे।
क़ुर्बो-दीदार तो मालूम किसी का फिर भी
कुछ पता-सा फ़लके-तफ़्रिकापर्दाज़[6] तो दे।
मंज़िलें गर्द की मानिन्द उड़ी जाती हैं
अबलक़े-दह्र कुछ अन्दाज़े तगो-ताज़ तो दे।
कान से हम तो 'फ़िराक़' आँख का ले लेते हैं काम
आज छिप कर कोई आवाज़ पर आवाज़ तो दे।

---

1. चमत्कारवाले अधर, 2. मस्ती भरे नयन, 3. मस्ती का अन्दाज़, 4. आरम्भ, 5. अभिप्राय, 6. फूट डालनेवाला।

61

निगाहे-नाज़ ने पर्दे उठाये हैं क्या-क्या
हिजाब अह्ले-मुहब्बत को आये हैं क्या-क्या।
जहाँ में थी बस इक अफ़वाह तेरे जल्वों की
चराग़े-दैरो-हरम झिलमिलाये हैं क्या-क्या।
दो चार बर्क़े-तजल्ली से रहनेवालों ने
फ़रेब नर्म-निगाही के खाये हैं क्या-क्या।
दिलों प करते हुए आज आती जाती चोट
तेरी निगाह ने पहलू बचाये हैं क्या-क्या।
निसार नर्गिसे-मैगूँ कि आज पैमाने
लबों तक आये हुए थरथराये हैं क्या-क्या।
वो इक ज़रा-सी झलक बर्क़े-कम निगाही की
जिगर के ज़ख़्मे-निहाँ मुस्कुराये हैं क्या-क्या।
चराग़े - तूर जले आईना - दर - आईना
हिजाब-बर्क़े-अदा ने उठाये हैं क्या-क्या।
बक़द्रे-ज़ौक़े-नज़र दीदे-हुस्न क्या हो मगर
निगाहे-शौक़ में जल्वे समाये हैं क्या-क्या।
कहीं चराग़ कहीं गुल कहीं दिले-बरबाद
ख़रामे-नाज़ ने फ़ित्ने उठाये हैं क्या-क्या।
तग़ाफ़ुल और बढ़ा उस ग़िज़ाले-राना का
फ़ुसूने-ग़म[1] ने भी जादू जगाये हैं क्या-क्या।
हज़ार फ़ित्ना-ए-बेदार ख़्वाबे-रंगीं में
चमन में ग़ुंचा-ओ-गुल रंग लाये हैं क्या-क्या।
तेरे ख़ुलूसे-निहाँ का तो आह क्या कहना
सुलूक उलटे भी दिल में समाये हैं क्या-क्या।

1. शोक का जादू।

नज़र बचा के तेरे इशवाहा-ए-पिनहाँ ने
दिलों में दर्द-मुहब्बत उठाये हैं क्या-क्या।
पयामे-हुस्न, पयामे-जुनूँ, पयामे-फ़ना
तेरी निगाह ने फ़साने सुनाये हैं क्या-क्या।
तमाम हुस्न के जल्वे तमाम हमरूमी
भरम निगाह ने अपने गँवाये हैं क्या-क्या।
'फ़िराक़' राहे-वफ़ा में सबुकरवी[1] तेरी
बड़े-बड़ों के क़दम डगमगाये हैं क्या-क्या।

62

•••

कुछ बू सी उड़ रही है ये मस्तानावार क्या
चटका चमन में शीश-ए-अब्रे-बहार क्या।
अपनी नज़र का तुझको नहीं एतबार क्या
ये बार-बार पुर्सिशे-बेगानावार क्या।
तक़लीदे-रस्मे-जामादरी[2] से भी हाथ उठा
ख़ुद को मिटा दे पैरहने-तार-तार क्या।
पैमान-ए-हयात है एक जामे-बेख़ुदी
ये जिसके मुँह लगा वो रहे होशियार क्या।
कोई जवाब दे तो ख़ेताबो-एताब कर
इक बेज़बाँ की सरज़निशे-बार-बार क्या।
रंगीनी-ए-फ़ज़ा है तेरा इश्व-ए-हिजाब
होता है और जल्व-ए-सुब्हे-बहार क्या।
दर्दे 'फ़िराक़' वज्हे-सुकूँ कब हुआ मगर
उम्मीद ही न हो तो रहें बेक़रार क्या

---

1. तेज़ चलना, 2. कपड़ा फाड़ना।

बुझ-बुझ के दाग़े-दिल उभर आते हैं हमनवा[1]
मुझ क़ैदी-ए-क़फ़स की ख़िज़ा क्या बहार क्या।
कुछ रंग सा फ़ज़ा से टपकता है ऐ जुनूँ
चटका हुआ है शीश-ए-बादे-बहार क्या
बैठे बिठाये छेड़ दिया नाज़े-यार को
ये तूने कर दिया दिले-नाकर्दह-कार क्या।
ऐ दिल किसी की पहली निगाहों को भूल जा
याद आ गया तुझे मेरे ग़फ़लत-शआर क्या।
सब छोड़ ही चुके थे भरोसा मेरा 'फ़िराक़'
लो वो भी कहते हैं कि तेरा एतबार क्या।

63

जहाने-ग़ुंचा-ए-दिल का फ़क़त चटख़ना था
उसी की बू-ए-परेशाँ वजूदे-दुनिया था।
ये कहके कल कोई बेअख़्तियार रोता था
वो इक निगाह सही क्यों किसी को देखा था।
तनाबें कूच-ए-क़ातिल की खिंचती जाती थीं
शहीदे-तेग़े-अदा में भी ज़ोर कितना था।
बस इक झलक नज़र आयी उड़े कलीम[2] के होश
बस इक निगाह हुई ख़ाक तूरे-सीना था।
हर इक के हाथ फ़क़त ग़फ़लते थीं होश-नुमा
कि अपने आप से बेगानावार जीना था
यही हुआ कि फ़रेबे-उम्मीदो-यास मिटे
वो पा गये तेरे हाथों हमें जो पाना था।
चमन में ग़ुंचा ओ-गुल खिलखिला के मुरझाये
यही वो थे जिन्हें हँस-हँस के जान देना था।

---

1. साथी, 2. हज़रत मूसा पैग़म्बर, जन्होंने ईश्वर से बातें की थीं।

निगाहे मेह्र में किसकी हैं सद पयामे-फ़ना
उसी का आलमे-ईजाद नाज़े-बेजा था
जहाँ तो जलवानुमा था, लरज़ती थी दुनिया
तेरे जमाल से कैसा जलाल पैदा था।
हयातो मर्ग के कुछ राज़ खुल गये होंगे
फ़सान-ए-शबे-ग़म वरना दोस्तो क्या था।
शबे-अदम का फ़साना गुदाज़-ए-शम्म-ए-हयात
सिवाय कैफ़े-फ़ना मेरा माजरा क्या था।
कुछ ऐसी बात न थी तेरा दूर हो जाना
ये और बात कि रह-रह के दर्द उठता था।
न पूछ सूदो-ज़याँ[1] कारो-बारे-उल्फ़त के
वगरना यूँ तो न पाना था कुछ न खोना था।
लगावटें वो तेरे हुस्ने-बेनयाज़ की, आह
मैं तेरी बज़्म से जब नाउमीद उठ्ठा था।
तुझे हम, ऐ दिले-दर्दआश्ना, कहाँ ढूँढ़ें
हम अपने होश में कब थे कोई जब उठ्ठा था।
अदम का राज़ सदा-ए-शिकस्ते-साजे-हयात[2]
हिजाबे-ज़ीस्त भी कितना लतीफ़ पर्दा था।
ये इज़्तिराबो-सुकूँ[3] भी थे इक फ़रेबे-हयात[4]
कि अपने हाल से बेगानावारे जीना था।
कहाँ प चूक हुई तेरे बेक़रारों से
ज़माना दूसरी करवट बदलने वाला था।
ये कोई याद है ये भी है कोई महवीयत[5]
तेरे ख़याल में तुझको भी भूल जाना था।
कहाँ की चोट उभर आयी थी हुस्ने-ताबाँ में
दमे नज़ारा वो रुख़ दर्द-सा चमकता था।
न पूछ रम्ज़ो-कनायात चश्मे-साक़ी के
बस एक हश्रे-ख़मोश अंजुमन में बरपा था।

---

1. नफ़ा-नुक़सान, 2. जीवन के बाजे के टूटने की आवाज़, 3. बेचैनी और शान्ति, 4. जीवन का धोखा, 5. तल्लीनता।

चमन-चमन थी गुले-दाग़े-इश्क़ से हस्ती
उसी की निकहते-बरबाद कुल ज़माना था।
वो था मेरा दिले-ख़ूँगश्ता जिसके मिटने से
बहारे-बाग़े-जिनाँ[1] थी वजूदे-दुनिया था।
क़सम है बादाकशो, चश्मे-मस्त साक़ी की
बताओ हाथ से क्या जामे-मय सँभलता था।
वसाल उससे मैं चाहूँ, कहाँ ये दिल मेरा
ये रो रहा हूँ कि क्यों उसको मैंने देखा था।
उम्मीद यास बनी, यास फिर उम्मीद बनी
उस इक नज़र में फ़रेबे-निगाह कितना था।
ये सोज़ो-साज़े-निहाँ था, वो सोज़ो-साज़े-अयाँ
वसालो हिज्र में बस फ़र्क़ था तो इतना था।
शिकस्ते-साज़े-चमन थी बहारे-लालाओ-गुल
ख़िज़ाँ मचलती थी ग़ुंचा जहाँ चटकता था।
हर एक साँस है तजदीद 'याद अय्यामे'
गुज़र गया वो ज़माना जिसे गुज़रना था।
न कोई वादा, न कोई यक़ीं, न कोई उम्मीद
मगर हमें तो तेरा इन्तिज़ार करना था।
किसी के सब्र ने बेसब्र कर दिया सबको
'फ़िराक़' नज़अ[2] में करवट कोई बदलता था।[3]

64

क़ह्र है तेरा या तेरी रहमत
इश्क़, मुहब्बत, उल्फ़त, चाहत।
छोड़ ये बहसे-मजाज़ो-हक़ीक़त
पहले मुहब्बत सीख मुहब्बत।

---

1. जन्नत के बाग़ की बहार, 2. मौत का समय। 3. भरपूर जवानी में अपने बड़े भाई की मौत देखकर यह शेर कहा। (फ़िराक़)

तेरी सूरत मेरी तबीयत
ये भी कहानी वो भी हिकायत।
दुनिया की बदली जो हालत
हुस्न भी भूला नाज़ो-नज़ाकत।
इक मुद्दत से है अब तो ये हालत
होश न ग़फ़लत रंज न राहत।
सीधी क़िस्मत टेढ़ी क़िस्मत
सब का इलाज है दर्दे-मुहब्बत।
एक देश के नाम हैं दोनों
दोज़ख़ कहिये उसे या जन्नत।
हुस्न है बेबस देख के तुझको
ऐ दिले-मुज़तर[1] ग़ैरत-ग़ैरत।
इश्क़ अज़ाब ज़रूर है लेकिन
इस से बचने की कोई सूरत।
हुस्न का दिल भी भर आता है
फिर भी हूँ शादाँ[2] उफ़ री तबीयत।
देखे रहे ये रंग भी कब तक
घटती मुहब्बत बढ़ती मुरौवत।
एक ही वक़्त में ख़ुश भी ग़मीं भी
ये भी है इक शाने-मुहब्बत।
आज तुम्हीं दिल को समझाओ
मेरी तो पड़ती नहीं हिम्मत।
एक इश्क़ और इतने दुश्मन
एक मुसीबत लाख मुसीबत।
क्या कहना तुझको गर मिलती
तेरी सूरत मेरी तबीयत।

---

1. व्याकुल हृदय, 2. प्रसन्न ।

रहगुज़रे-उश्शाक़[1] रही है
दोज़ख़-दोज़ख़ जन्नत-जन्नत।
हुस्न ही है या कुछ और ऐ दिल
जाने-इश्क़ ईमाने-मुहब्बत।
सोच रहा हूँ ज़माना गुज़रा
खाये हुए फ़रेबे-मुहब्बत।
इश्क़ अभी से तनहा-तनहा
हिज्र[2] की भी आयी नहीं नौबत।
कुछ तू ने भी सुना? कहते हैं
और है अब तो 'फ़िराक़' की हालत।

65

तेरा जमाल भी है आज इक जहाने-फ़िराक़
निगाहे-लुत्फ़ो-करम ख़ुद है तर्जुमाने-'फ़िराक़'।
फ़ज़ा जहाने-मुहब्बत की जिनसे थी रंगीं
तुझे भी याद कुछ आये वो शादमाने-'फ़िराक़'।
नज़र बचा के जिन्हे बर्क़े-हुस्न छोड़ गयी
मिले न ज़ख़्मे-निहाँ में भी वो निशाने-'फ़िराक़'।
निगाहे-नाज़ तेरी थी तमाम क़ौलो-क़सम
किसी को हो भी न सकता था कुछ गुमाने-'फ़िराक़'।
रुला गयी तेरे आसूदगाने-ख़ाक[3] की याद
जो बेनयाज़े-मुहब्बत वो राज़दाने-'फ़िराक़'।
उठे हैं तेग़-तग़ाफ़ुल के खोल कर जौहर
न क्यों हों ज़िन्द-ए-जावेद कुश्तगाने-'फ़िराक़'।

---

1. प्रेमियों का मार्ग, 2. विरह, 3. मिट्टी में सोये हुए लोग।

बता तो क्या निगहे-अव्वलीं के बाद हुआ
मुझे भी याद है कम-कम वो दास्ताने-'फ़िराक़'।
उम्मीद बन के न आये दिलों की दुनिया में
इसे समझ नहीं सकते ये बदगुमाने-'फ़िराक़'।
वो बेक़रारी-ए-दिल वो फ़ज़ा-ए-तनहाई
वो सरज़मीने-मुहब्बत वो आसमाने-'फ़िराक़'।
गुदाज़े-दिल[1] से हक़ीक़त सरिश्के-ग़म की न पूछ
हर एक क़तरा था इक बह्रे-बेकराने-'फ़िराक़'।
जिसे मिटा न सकी बर्क़े-कमनिगाही-ए-हुस्न
वही उम्मीद दी दुनिया है पासबाने-'फ़िराक़'।
ख़ुद आशना नहीं उनसे, हरीमे-तनहाई
ये सोज़ो-साज़ हैं नाख़्वान्दाए मेहमाने-'फ़िराक़'।
सुकूने-क़ुर्ब से कुछ बेक़रार तंग आकर
सुना है ढूँढ़ते फिरते हैं अब अमाने-'फ़िराक़'।
ख़बर कुछ उनको नहीं अब तेरे तग़ाफ़ुल[2] की
बस आज चैन से सोये बलाकशाने-'फ़िराक़'।
जो एक बर्क़े-निगह सामने से कौंद गयी
वही थी रूहे-मुहब्बत वही है जाने-'फ़िराक़'।

66

मैंने देखी हैं ये आँखें मस्तो-अफ़सूँगर कहाँ
साक़िया छूटा था मेरे हाथ से साग़र कहाँ।
यूँ उतरती जाने वाली ऐ निगाहे-शर्मगीं[3]
डूबकर देखें निकलता है तेरा नश्तर कहाँ।

---

1. शर्म से भरी निगाहें, 2. बेमुरौवती, परायापन 3. दिल की मांसलता,

रहरवाने-कूए-जानाँ[1] आह इतनी ठोकरें
हमने भी बेदस्तो-पा हो के किया बिस्तर कहाँ।
ऐ जुनूँ अब हाल गुल्ज़ारे-ख़िज़ाँदीदा न पूछ
वो नसीमे-सुब्ह के झोंके-चमन-परवर कहाँ।
याद हैं लबहा-ए-जानाँ कि तबस्सुम-रेज़ियाँ
बात वो मुझ में भला ऐ मौजा-ए-कौसर कहाँ।
ख़ून था कलियों का दिल बादे-सबा बेचैन थी
जल्व-ए-गुलज़ार डूबे थे तेरे नश्तर कहाँ।
जाने-दिल की तह में मौजे-ख़ूँ सी उठकर रह गयी
अपनी क़िस्मत में कोई छलका हुआ साग़र कहाँ।
आँखें भर आती हैं अक्सर पिछली शब को ऐ 'फ़िराक़'
वो ख़ुमारीं-चश्मे-साक़ी[2] वो भरे साग़र कहाँ।

67

बस्तियाँ ढूँढ़ रही हैं उन्हें वीरानों में
बहशतें बढ़ गयीं हद से तेरे दीवानों में।
निगहे-नाज़ न दीवानों न फ़र्ज़ानों[3] में
जानकार एक वही है मगर अनजानों में।
बज़्मे-मय बेख़ुदो-बेताब न क्यों हो साक़ी
मौजे-बादा है दर्द उठता है पैमानों में।
मैं तो मैं चौंक उठी है ये फ़ज़ा-ए-ख़ामोश
ये सदा कब की सुनी आती है फिर कानों में।
वुस्अतें भी हैं नेहाँ तंगी-ए-दिल में ग़ाफ़िल
जी बहल जाते हैं अक्सर इन्हीं मैदानों में।

---

1. महबूब की गली जानेवाला, 2. साक़ी (मधुबाला) की आँखों की मस्ती, 3. होशवालों में।

जान – ईमाने – जुनूँ सिलसिला – ज़ुबाने – जुनूँ
कुछ कशिशहा-ए-नेहाँ जज़्ब है वीरानों में।
ख़न्द – ए – सुब्ह – अज़ल तीरगी-ए-शामे-अबद
दोनों आलम हैं छलकते हुए पैमानों में।
देख जब आलमे-हू को तो नया आलम है
बस्तियाँ भी नज़र आने लगीं वीरानों में।
जिस जगह बैठ गये आग लगा कर उट्ठे
गर्मियाँ हैं अभी कुछ सोख़्ता-सामानों में।
वहशतें भी नज़र आती हैं सरे-पर्द-ए-नाज़।
दामनों में है ये आलम न गरीबानों में।
एक रंगीनी-ए-ज़ाहिर है गुलिस्ताँ में अगर
एक शादाबी-ए-पिनहाँ हैं बयाबानों में।
जौहरे-गुंचा-ओ-गुल में हैं इक अन्दाज़े-जूनूँ
कुछ बयाबाँ नज़र आये हैं गरीबानों में।
अब वो रंगे-चमनो-खंदा-ए-गुल भी न रहे
अब वो आसारे-जुनूँ भी नहीं दीवानों में।
अब वह साक़ी की भी आँखें न रहीं रिन्दों से
अब वो सागर भी छलकते-नहीं मयख़ानों में।
अब वो इक सोज़े-निहानी[1] भी दिलों में न रहा
अब वो जल्वे भी नहीं इश्क़ के काशानों में।
अब न वो रात जब उम्मीदें भी कुछ थीं तुझसे
अब न वो बात ग़मे-हिज्र के अफ़सानों में।
अब तेरा काम है बस अह्ले-वफ़ा का पाना
अब तेरा नाम है बस इश्क़ के ग़मख़ानों में।
सैर कर उजड़े दिलों की, जो तबीअत है उदास
जी बहल जाते हैं अक्सर इन्ही वीरानों में।
ताबके-वादा-ए-मौहूम[2] की तफ़्सील 'फ़िराक़'
शबे-फ़र्क़त कहीं कटती है इन अफ़सानों में।

---

1. आन्तरिक जलन, 2. धोके का वादा।

68

दौरे-अफ़लाक का शबाब[1] है तू
आफ़ताबों का आफ़ताब है तू।
ठहरी-ठहरीसी मौजे-बर्क़े-जमाल
छलकी-छलकी शराबे-नाब है तू।
जिसकी रातें तिलिस्मे-ख़ाबे-हयात[2]
उसी वादी का माहताब है तू।
जिनमें है ज़िक्रे-तूरो-यूसुफ़ो-हश्र
उन्हीं आयात का जवाब है तू।
रूप ऐसा हसीन जैसे गुनाह
ख़ल्क़[3] का हासिले-सवाब है तू।
जो छलकता भी जाये, भरता भी जाये
ऐसा पैमान-ए-शराब है तू।
नर्म झनकार साज़े-क़ामत की
इक खटकता हुआ रबाब है तू।
तू जो सूरत पकड़ ले है वो ख़याल
यक-बयक जाग उठे वो ख़ाब है तू।
हैं जो ओझल निगाहे-ग़ैब से भी
उन फ़ज़ाओं में बारयाब है तू।
जो बहारों के दिल से उठते हैं
उन्हीं शोलों का पेचो-ताब है तू।
हैं इबारत तुझी से रंजो-निशात[4]
सितमो-लुत्फ़े-बेहिसाब है तू।

1. यौवन, 2. जीवन स्वप्न के जादू, 3. सारी दुनियावाले, 4. सुख-दुख।

तूर – सामाँ लजाने के अन्दाज़
रश्के–जल्वा है वो हिजाब[1] है तू।
चमन अन्दर चमन है पहलू–ए–नाज़
किस खुले बाग़ का गुलाब है तू।
ये सितारे तेरे पसीने के
शब का दहका हुआ शबाब है तू।
अक्स है मकर चाँदनी तेरा
दहकी रातों का माहताब है तू।
पिघली चाँदी में शोलों की करवट
मौजे–बर्क़े–तहे–सहाब[2] है तू।
मौजज़न नर्मी – ए – सबाहते – हुस्न
सीन–ए–कहकशाँ[3] का ख़ाब है तू।
उफ़ ये महकी हुई सुहानी रात
चेहर–ए–शब की आबो–ताब है तू।
और पिनहाँ है हुस्ने – बेपरदा
और पैदा तहे – नक़ाब है तू।
जैसे ज़ेरे – शफ़क़ चराग़ाँ हो
आज यूँ माएले–हिजाब है तू।
तुझसे जोबन उजाली रातों पर
माहताबों का माहताब है तू।
रंग उस अधखुले शगूफ़ों का
मुस्कुराता हुआ शबाब है तू।
जिन प पड़ती नहीं ख़िज़ाँ की छाँव
उन बहारों की आबो–ताब है तू।
आँख पड़ती है इक ज़माने की
बज़्म–इमकाँ में इन्तिख़ाब है तू।

---

1. पर्दा, 2. बादल के नीचे की तरंगें, 3. आकाश–गंगा।

चश्मे-मख़मूर प मय-आशामी
इन्हीं बातों से तो ख़राब है तू।
जैसे नग़मे-लबे-'फ़िराक़' प सोयें
सेज पर यूँ ही महवे-ख़्वाब है तू।

69

तर्ज़े-मीर

फ़ुर्क़त[1] की ग़मग़ीं रातों को याद में तेरी रो लें हैं
तारों को जब नींद आये है हम भी घड़ी भर सो लें हैं।
साक़ी[2] भला कहाँ क़िस्मत में अब वो छलकते पैमाने
हम यादों के जाम चूम के सूखे होंट भिगो लें हैं।
फ़ितरत की वो आँखमचोली दीद के क़ातिल होये है
आलमे-राज़ में कलियाँ आँखें बन्द करें हैं खोलें हैं।
बेक़ुसूर मनसूर को नाहक़[3] दारो-रसन पर खींचो हो
लोगो कोई और नहीं ये परदे से हम बोलें हैं।
लाख-लाख हम ज़ब्त करें हैं दिल है कि उमंडा आवे है
हमदम आँखें भर आये हैं नाम भी उसका जो लें हैं।
पत्ता-पत्ता बूटा-बूटा वज्द करे है गुलशन में
जब मशरिक़ में शफ़क़ फूले है नर्म हवाएँ डोलें हैं।
कौन करे है बातें मुझसे तनहाई के पर्दे में
ऐसे में किसकी आवाज़ें कानों में रस घोलें हैं।
जँची-तुली मीज़ाने नज़र[4] है, क्या मजाल जो फ़र्क़ पड़े
आँखों-आँखों में वो दिलों को रत्ती-रत्ती तोलें हैं।

---

1. विरह, 2. मधुबाला, 3. व्यर्थ में, 4. दृष्टि-तुला।

हुस्न के हाथों जब कहीं जाकर कोई सुर्ख़रू होये है
अह्ले-वफ़ा पहले अपना मुँह अपने लहू से धो लें हैं।
अब अक्सर बीमार रहे हैं कहीं नहीं निकलें हैं 'फ़िराक़'
हाल-चाल लेने उनके घर कभू-कभू हम हो लें हैं।

70

नौरस ग़ुंचे पंखरियों की नाज़ुक गिरहें खोलें हैं
या उड़ जाने को रंगो-बू गुलशन में पर तोलें हैं।
तारे आँखें झपकावें हैं ज़र्रा-ज़र्रा सोये है
तुम भी सुनो हो यारो शब में सन्नाटे कुछ बोलें हैं।
हम हों या क़िस्मत हो हमारी, दोनों को एक ही काम मिला
क़िस्मत हम को रो लेवे, हम क़िस्मत को रो लें हैं।
जो मुझको बदनाम करें हैं वे काश इतना सोच सकें
मेरा पर्दा खोलें या अपना पर्दा खोलें हैं।
ये क़ीमत भी अदा करे हैं हम बदुरुस्ती होशो-हवास
तेरा सौदा करने वाले दीवाना भी हो लें हैं।
तेरे ग़म का पासे-अदब है कुछ दुनिया का ख़याल भी है
सब से छिपा के दर्द के मारे चुपके-छुपके रो लें हैं।
फ़ितरत का क़ायम है तवाज़ुन[1] आलमे-हुस्नो-ईश्क़ में भी
उसको उतना ही पावें हैं ख़ुद को कितना खोलें हैं।
आबो-ताबे-अशआर न पूछो, तुम भी आँखें रक्खो हो
ये जगमग बैतों की दमक है या हम मोती रोलें हैं।
ऐसे में तू याद आये है अंजुमने-मय में रिन्दों को
रात गये गर्दूं प फ़रिश्ते बाबे-गुनह जब खोलें हैं।

---

1. सन्तुलन।

सदक़े 'फ़िराक़' एजाज़े-सुख़न[1] के कैसे उड़ा ली ये आवाज़
इन ग़ज़लों के पर्दों में तो 'मीर' की ग़ज़लें बोलें हैं।

71

अब अक्सर चुप-चुप से रहे हैं यूँ ही कभी लब खोलें हैं
पहले 'फ़िराक़' को देखा होता अब तो बहुत कम बोलें हैं।
दिन में हमको देखने वालो अपने-अपने हैं अवक़ात
जाओ न तुम इन ख़ुश्क आँखों पर हम रातों को रोलें हैं।
फ़ितरत मेरी इश्क़ो-मुहब्बत क़िस्मत मेरी तनहाई
कहने की नौबत ही न आयी हम भी कसू के होलें हैं।
ख़ुनक सियह महके हुए साये फैल जाये हैं जल थल पर
किन जतनों से मेरी ग़ज़लें रात का जूड़ा खोलें हैं।
बाग़ में वो ख़ाब-आवर आलम मौजे-सबा के इशारों पर
डाली-डाली नौरस पत्ते सहज-सहज सब डोलें हैं।
उंफ़ वो लबों पर मौजे-तबस्सुम जैसे करवटें लें कौंदे
हाय वो आलमे-जुंबिशे-मिज़गाँ जब फ़ित्ने पर तौलें हैं।
नक़्शो-निगारे-ग़ज़ल में जो तुम ये शादाबी पाओ हो
हम अश्क़ों में कायनात के नोके-क़लम डुबो लें हैं।
उन रातों को हरीमे-नाज़ का एक आलम होये है नदीम
ख़िलवत में वो नर्म उँगलियाँ बन्दे-कबाँ[2] जब खोलें हैं।
ग़म का फ़साना सुनाने वालो आख़िरे-शब आराम करो
कल ये कहानी फिर छेड़ेंगे हम भी ज़रा अब सो लें हैं।
हम लोग अब तो पराये से हैं कुछ तो बताओ हाले-'फ़िराक़'
अब तो तुम्हीं को प्यार करें हैं अब तो तुम्हीं से बोलें हैं।

---

1. शायरी का चमत्कार, 2. चोली के बटन।

हम से 'फ़िराक़' अक्सर छुप–छुपकर पहरों–पहरों रोओ हो
वो भी कोई हमीं जैसा है क्या तुम उसमें देखो हो।
जिनको इतना याद करो हो चलते-फिरते साये थे
उनको मिटे तो मुद्दत गुज़री नामो–निशाँ क्या पूछो हो।
जाने भी दो नाम किसी का आ गया बातों–बातों में
ऐसी भी क्या चुप लग जाना कुछ तो कहो क्या सोचों हो।
पहरों–पहरों तक ये दुनिया भूला सपना बन जाये है
मैं तो सरासर खो जाऊँ हूँ याद इतना क्यों आओ हो।
क्या ग़मे-दौराँ की परछाईं तुम पर भी पड़ जायें है
क्या याद आ जाये है यकायक क्यों उदास हो जाओ हो।
झूठी शिकायत भी जो करो हूँ, पलक दीप जल जायें हैं
तुमको छेड़े भी क्या तुम तो हँसी–हँसी में रो दो हो।
ग़म से ख़मीरे–इश्क़ उठा है हुस्न को देवें क्या इलज़ाम
उससे करम पर इतनी उदासी दिल वालो क्या चाहो हो।
एक शख़्स के मर जाये से क्या हो जाये है लेकिन
हम जैसे कम होये हैं पैदा पछताओगे देखो हो।
इतनी वहशत, इतनी वहशत सदक़े अच्छी आँखों के
तुम न हिरन हो मैं न शिकारी, दूर इतना क्यों भागो हो।
मेरे नग़मे किस के लिए हैं, ख़ुद मुझको मालूम नहीं
कभी न पूछो ये शाएर से, तुम किसका गुन गाओ हो।
पलकें बन्द अलसायी ज़ुल्फ़ें नर्म सेज पर बिखरी हुई
होटों पर इक सौजे-तबस्सुम[1] सोओ हो या जागो हो।
इतने तपाक से मुझसे मिलो हो फिर भी ये ग़ैरीयत[2] क्यों
तुम जिसे याद आओ हो बराबर मैं हूँ वही तुम भूलो हो।

---

1. मुस्कान की लहर, 2. परायापन।

कभी बना दो हो सप्ने को जल्वों से रश्के-गुलज़ार
कभी रंगे-रुख़ बनकर तुम याद आते ही उड़ जाओ हो।
कभी[1] तरस जायें हैं आँखें सजल रूप के दर्शन को
नींद गाह बन के रातों को नैन पटों में आओ हो।
इस दुनिया ही में है सुनें हैं इक दुनिया-ए-मुहब्बत भी
हम भी उसी जानिब[2] जावें हैं बोलो तुम भी आओ हो।
बहुत दिनों में याद किया है बात बनाये क्या उनसे
जीवन साथी दुख पूछे हैं किसकी हमें तुम सौंपो हो।
चुपचुप-सी है फ़ज़ा-ए-मुहब्बत कुछ न कहे है ख़िलवते-राज़
नर्म इशारों से आँखों के बात कहाँ पहुँचाओ हो।
अभी उसी का इन्तिज़ार था और कितना ऐ अह्ले-वफ़ा
चश्मे-करम जब उठने लगी है तो अब तुम शर्माओ हो।
ग़म के साज़ से चंचल उँगलियाँ खेल रही हैं रात गये
जिनका सुकूत सुकूते-अबद है वे पर्दे क्यों छेड़ो हो।
कुछ तो बताओ रंग-रूप भी तुम उसका ऐ अह्ले-नज़र
तुम तो उसको जब देखो हो देखते ही रह जाओ हो।
अक्सर गहरी सोच में उनको खोया-खोया पावें हैं
अब है 'फ़िराक़' का कुछ रोज़ों से जो आलम क्या पूछो हो।
हम जब-जब मिलने आवें, ख़ूब हँसो, बोलो हो 'फ़िराक़'
जब हम लोग चले जावें हैं, चुपके-चुपके रोवो हो।

1. कभी, किसी समय, 2. ओर

तलाशे-हयात

अह्ले-हिन्द के नाम साल-ए-नव 1948 ई. का पयाम

मेह्र[1] के गिर्द ये ज़मीं कर चुकी इक तवाफ़[2] और
क़ल्बे-ज़माँमका में आज पड़ गया इक शिगाफ़[3] और
गंगो-जमन ने कर्वटें बदलीं चमकते दर्द से
हिलती है राह की लटें मौजे - हवा - ए - सर्द से।
एक छिपी हुई लकीर शर्क़[4] से दे रही है लौ
काँपते हैं किरन के तीर चर्ख़ प फट रही है पौ।
जान फ़ज़ा में पड़ चली सीनों से वो उठा धुआँ
रात कटी, सहर हुई दौड़ीं रगों में बिजलियाँ।
जिन प गराँ जुमूद था ज़र्रे वो तिलमिला उठे
झूम के चल पड़ी हवा ग़ुंचे भी मुस्कुरा उठे।
ख़्वाब से आबशारों ने चौंक के आँखें खोल दीं
चश्मे उछल-उछल पड़े नहरें उबल-उबल पड़ीं।
सो गयी थी पड़े-पड़े जैसे हो माती नींद की
ख़्वाबे-गराँ से मौत के जाग उठी है ज़िन्दगी।
हिन्द के घूँघटों तले कितनी सुहानी आग है
सुब्ह को माँ के माथे पर आज नया सुहाग है।

---

1. सूर्य, 2. फेरा, 3. दरार, 4. पूरब।

आज वतन के नौनिहाल फिर से हैं मायले-सफ़र
आँखों में हैं वो माहो-साल ग़ैब है जिससे बेख़बर।
उठ पड़े हो तो अह्ले-हिन्द बढ़ते ही रहना काम है
खोटी न हो रहे-हयात तुमसे यही पयाम है।
नील गगन की चोटियाँ तुमको बुला रही हैं आज
साज़े-हयात वादियाँ तुमको सुना रही हैं आज।
पूछो न अह्ले कारवाँ अगला कहाँ पड़ाव है
होंगे न जाने कल कहाँ आज तो चल-चलाव है।
सोचो न जी में ये कहीं ठाँव मिले तो बैठ जायें।
ज़ेरे-समा[1] ओ बर-ज़मीं छाँव मिले तो बैठ जायें।
नाम मक़ाम का न लो बढ़ते ही जाओ सुब्हो-शाम
नाम क़याम का न लो तुम हो मुसाफ़िरे-दवाम।
याद रहे तुम्हें कि तुम हिन्द की ज़िन्दा ख़ाक हो
तुम प हों रहमतें कि तुम ख़ाक भी हो के पाक हो।
देखिए कारवानों को आती हैं कब वो मंज़िलें
चर्ख़ से बदगुमानों को अपने जहाँ पते मिलें।
सीने में आग, हाथ में ले के इनामे-दोजहाँ
कौनो-मकाँ हैं साथ में बढ़ता चला है कारवाँ।
मंज़िलें काटते चलो राह रवो बढ़े चलो
नग़मा-बदब-बढ़े चलो रक़्स कुनाँ बढ़े चलो।
खोटी न हो रहे-वफ़ा जो भी पड़े सहे चलो
आँखों में काटनी है रात क़िस्सा-ए-ग़म कहे चलो।
होश छटा तो ग़म नहीं झूमते-झामते चलो
जेबे-सुकूनो-सब्र को फाड़े फाड़े चलो सिये चलो।
फूल नहीं तो दाग़ों से दामने-दिल भरे चलो

---

1. आकाश के नीचे।

तारों को छेड़ते बढ़ो ख़ाक भी छानते चलो।
मौत मिले जो राह में मौत को भी लिये चलो
उठ पड़ो आँधियों की तरह सैल-नुमा बढ़े चलो।
दिल नहीं तुम कि बैठ जाओ दर्द हो तुम उठे चलो
आबे - ख़िज़्र[1] है बूँद - बूँद pexesDepeué[2] पिये चलो।
अपने ही दिल की आग में डूबते तैरते चलो!
तलवों से ठंडी धरती को आँच-सी कुछ दिये चलो
राहे-सफ़र के ज़र्रों को, इज़ने-हयात दिये चलो।
हाँ यूँ ही आँखों आँखों में मौत को तोलते चलो
कौनो-मकाँ की सरहदें तोड़ते ताड़ते चलो।
सूखी हैं ज़ीस्त की जड़ें अश्कों से सींचते चलो
नख़्लें-मुराद को यूँही आबे-हयात दिये चलो।
चाँद से क़ैफ़, रमज़ियत[3] रात से छीनते चलो
मौत की नींद उचाट दो क़ुम[4] की सदा दिये चलो।
उमुक़[5] में बतने-गेती के हयात ढूँढते चलो
ममात के भी ओट में हयात ढूँढते चलो।
मसल गया है चर्ख़ राहियों के जो दिले-तपाँ
हनोज़[6] लौ सी दे रही हैं तारों की भी चुटकियाँ।
यमन-यमन अदन-अदन कली - कली, चमन-चमन
बसोज़े - इश्के-शोलाज़न बसाज़े - हुस्ने-गुलबदन।
बमुश्के - आहू - ए - ख़ुतन ब - गेसू - ए - शिकन-शिकन
बशीरीं ओ बकोहकन बदास्ताने - नल - दमन।

---

1. अमृत, 2. मृत्यु का जाम, 3. रहस्यवाद, 4. उठो, 5. गहराई, 6. अभी।

ब – नरगिसे – पियालाज़न बरू – ए सायफ़िगन,
ब–हर नफ़स, ब–हर सुख़न ब–हायो – हू – ए – मा – ओ – मन,
ज़मीं – ज़मीं, ज़मन–ज़मन सफ़र–सफ़र, वतन–वतन
ब – दैर साज़ो–बुतशिकन ब–ज़ौक़े – शैख़ो – बरहमन,
ब–हुक़ ब – कुफ़्रे – शोलाज़न ब–हर ख़ुदा–ओ–अहरमन,
हयात ढूँढते चलो
हयात ढूँढते चलो!

सदाये – सूलहो – जंग में सूकूते – ख़ाको – संग में
जहाने – रंगरंग में उमंग में तरंग में
जवानियों की आग में मुहब्बतों के राग में
लगाव और लाग में हसीनों के सुहाग में
शफ़क़ – शफ़क़ जमाल में उड़े – उड़े गुलाल में
फ़िराक़ में, विसाल में तवाफ़े – माहो – साल में
झुकी पलक की छाँव में
रसीली नर्म अदाओं में
खुनुक–खुनुक हवाओं में सितारों की सभाओं में।
धुआँ – धुआँ घटाओं में घुली – घुली फ़ज़ाओं में
अँधेरी घुप गुफाओं में जो डस ले उन बलाओं में।
हयात ढूँढते चलो
हयात ढूँढते चलो

उफ़ुक़ – उफ़ुक़ जबीनों में
चराग़ – पाश सीनों में
चगन – चमन हसीनों में जिनाँ के नाज़नीनों में।
दिलों के आबगीनों में जबीं की नर्म चीनों में
ज़मीन के दफ़ीनों में दिले – फ़लक के कीनों में।
अँधेरी कायनातों में सियाह – पोश रातों में
झुकी नज़र की बातों में अजल की गहरी घातों में

छिटकने वाले ज़ह्र और चढ़ने वाली लहर में
हर एक जब्र और ढाये जाने वाले क़हर में
हयात ढूँढते चलो
हयात ढूँढते चलो!

शफ़क़ के मुस्कुराने में सहर के गुनगुनाने में
सबा के चूँम जाने में कली के रसमाने में।
हया के रंग लाने में किसी के मुँह छिपाने में
सरश्क़ डबडबाने में दिलों के बैठ जाने में।
फ़लक़ के क़हर ढाने में क़यामतें उठाने में!
समा के नर्म लोच में शजर हजर के सोच में।
हयात ढूँढते चलो
हयात ढूँढते चलो!

ब – मस्तियों – ब – क़ैफ़ो – कम ब–हर निशातो–हर अलम
जहाँ – जहाँ, अदम–अदम जुदा – जुदा, बहम – बहम।
इरम – इरम, हरम – हरम ख़ुदा – ख़ुदा, सनम – सनम
बसौते – नग़मा दम – ब – दम ब – मददो – जज़रे – ज़ीरो – बम
ब – ख़लवतो – बजलवागह ब–हर अदा ब–हर निगह
ब–मैकदा ब–बारगह
ब–हर सवाबो–हर गुनह

गुनाह में, सवाब में, जहीमो[1]–खुल्दज़ार[2] में
जमाले – शर्मसार में, निगाहे बेक़रार में।
लबे शगूफ़ाकार के सुकूते – नग़माबार में
हरे भरे चमन के इज़तिराबे – शोलावार में।
निकलते बैठते दिनों के क़ैफ़े – बेखुमार में
लहकते सब्ज़ाज़ार में हवा–ए–जू–ए–बार में।

---

1. नरक की पाँचवीं परत, 2. स्वर्गमय उपवन।

तबस्सुमे – शरार में तरन्नुमे – हज़ार में
बहार में जुनून की क़बा – ए – तारतार में
सनमकदा बदोश अदा – ये पैकरे – निगार में
वो सातगीं – ब – दस्त[1] नरगिसे – सियाहकार में।
लचकती–सी कमान कामदेव के शिकार में
ग़मे–फ़िराक़े–यार और हाले–सोगवार में।
क़ज़ा की हर सँवार और क़िस्मतों की मार में
निशातख़ेज़ नारा और दुख भरी पुकार में।
जहाँ के गर्म–सर्द में ख़िज़ाँ में और बहार में
हर–एक लालाज़ार में हर–एक–दश्ते–ख़ार में।
बहार के निखार में शबाब के उभार में
उभरते जोबन और लहलहाते क़द्दे–यार में।
भवों की लोच मारती उपी–उपी कटार में
सियाह हलक़ा–हलक़ा जुल्फ़ के बनफ़शाज़ार में।
जमाले – महचकाँ – ओ – उशवा – ए – सिताराबार[2] में
सरकते खिंचते घूँघटों में शोख़ी–ए–निगार में।
अदा–अदा के गिर्द सात रंग की फुवार में
उमंडते सैले–नग़मा के–सुकूने–बेक़रार में।
चढ़ाव में, उतार में, नशे में और ख़ुमार में
हर एक कारज़ार में हर एक जीत–हार में।

हयात ढूँढते चलो
हयात ढूँढते चलो

कली की चुटकियों में,
सुंबुले–चमन के तुर्रह में, हयात ढूँढते चलो
भड़कते ग़लब फ़तारा,
और साँस लेते ज़र्रा में, हयात ढूँढते चलो

---

1. हाथ में मधुकलश लिये, 2. सितारे बरसानेवाले भाव, अदाएँ।

जहाने-उनसुरी[1] के
कारोबारे-रोज़मर्रा में हयात ढूँढते चलो[2]
भरी-भरी घटाओं में फ़ज़ा की वो गदाहटें
धुली हुई हवा में ज़ुल्फ़े-शब की थरथराहटें।
सुकूत में किसी के पाये-नाज़ की वो आहटें
गजर से पहले कायनात की वो कुनमुनाहटें।
वो पौ फटी जबीने-चर्ख़ की वो जगमगाहटें
वो रसमसाते गुलशने-सहर की लहलहाहटें।
कुछ ऊदी बदलियों में धूप की वो मुस्कुराहटें
सुबूही पी के रू-ए-लालगूँ की तमतमाहटें।
शगूफ़ा छोड़ती जवानियों की अचपलाहटें
लबों की पंखड़ी प तारों की वो झिलमिलाहटें।
वह मद में डूबे सीनों की रसीले गुनगुनाहटें
निगाहे-शर्मसार की किरन की लपलपाहटें।
रिदाये-रोजो-शब[3] की वो ख़मोश सरसराहटें
हवा-ए-इन्क़लाब के परों की फड़फड़ाहटें।
चराग़े-नज़मे-कुहना[4] की उदास टिमटिमाहटें
ज़मीन की तहों में जलज़लों की गड़गड़ाहटें।
निज़ामे-कायनात की रगों की सनसनाहटें
जहाँ - फ़गन पियाले में अँधेरे में उजाले में।
दहकते आग माले में जवानियों के हाले में
जबीनों के उजाले में सियाह लटके काले में।
कथाकली के लोच में
कलाइयों की मोच में
फ़ज़ा की नर्म साँस में
हर एक खटकती फाँस में

1. तत्त्वों का संसार, 2. मैंने इन काफ़ियों को यहाँ जायज़ क़रार दे लिया है। 3. दिन-रात की चादर, 4. पुराने, समाज का चिराग़।

ब – सोज़े – नफ़ाओ – ज़ियाँ बदर्दो सइ – ए – रायगाँ
ब – अर्ज़ और ब – आसमाँ ज़माँ – ज़माँ मकाँ – मकाँ।
ब – रंगे – सैले – कारवाँ रवाँ – दवाँ, रवाँ – दवाँ
मिसाले – बर्क़े – बेअमाँ तपाँ – तपाँ दमाँ – दमाँ।
ब-साज़े – क़ल्बे – आशिक़ाँ बसोज़े – सीनाए – तपाँ
ब – हर अयाँ ओ बहर निहाँ यक़ीं-यक़ीं गुमाँ-गुमाँ।
ब – शशजिहातो – लामकाँ इधर-उधर यहाँ-वहाँ
ब – साज़े – दिल बसोज़ो-जाँ ब – नेको – बद – बईं – ओ – वाँ
ब – हर पता ओ हर निशाँ ब – माँदगाँ – ओ – रफ़्तगाँ
ब – अज़मे – उमरे जाविदाँ बरज़मे – मर्गे – नागहाँ।
दिलों की दहकी आग में जुनूँ की मुड़ती बाग में
जवानियों की आह में जमाले – बेपनाह में
निगाहे – दिलनवाज़ में दिलों दिलों के साज़बाज़ में।
निगारे-बेनयाज़ की अदा-ए-दिलनवाज़ में, दिलों के साज़बाज़ में
लजाते मुस्कुराते आहू-ए बहानासाज़ में, निगाहे-नीमबाज़ मे।
सद इन्तिशारे-ग़ज़नवी-ओ-गेसू-ए-अयाज़ में, नयाज़ और नाज़ में
न कटने वाली हिज्रे-यार की शबे-दराज़ में, दिलों के सोज़ो-साज़ में।
पलक की ओट से इशारा-ए-निगाहे-नाज़ में, जुनूँ की तुर्को-ताज़ में
जमाले-रंगरंगो-नरगिसे-करिश्मासाज़ में, गुनाह के जवाज़[1] में।
शुआ-ए-तेज़ो-तुन्द से फ़ज़ाओं के गुदाज़ में, हवा-ए-बादा-साज़ में
हर इक खनकते साज़ में हर इनकिशाफ़ो-राज़ में, हक़ीक़तो-मजाज़ में
समुन्दरों की तह में आसमानों के फ़राज़ में, हर इक जहाने-राज़ में।

हर इक ग़म और शादी में
'फ़िराक़' वादी-वादी में
हयात ढूँढते चलो हयात ढूँढते चलो!

1. औचित्य।

जुगनू

(बीस बरस के उस नौजवान के जज़्बात, जिसकी माँ उसी दिन मर गयी, जिस दिन वह पैदा हुआ)

ये मस्त-मस्त घटा, ये भरी-भरी बरसात
तमाम हद्दे-नज़र तक घुलावटों का समाँ।
फ़ज़ा-ए-शाम में डोरे से पड़ते जाते हैं
जिधर निगाह करें कुछ धुआँ-सा उठता है।
दहक उठा है तरावत की आँच से आकाश
ज़े-फ़र्श-ता-फ़लक अँगड़ाइयों का आलम है।
ये मद भरी हुई पुर्वाइयाँ सनकती हुई
झिंझोड़ती है हरी डालियों को सर्द हवा।
ये शाख़सार के झूलों में पेंग पड़ते हुए
ये लाखों पत्तियों का नाचना ये रक़्से-नबात[1]
ये बेख़ुदी-ए-मसर्रत ये वालहाना रक़्स
ये ताल-सम, ये छमाछम-कि कान बजते हैं
हवा के दोश प कुछ ऊदी-ऊदी शक्लों की
नशे में चूर-सी परछाइयाँ थिरकती हुईं
उफ़ुक़ प डूबते दिन की झपकती हैं आँखें
ख़मोश सोज़े-दरूँ से सुलग रही है ये शाम!
मेरे मकान के आगे है एक चौड़ी सहने-वसीअ[2]
कभी वो हँसती नज़र आती है कभी वो उदास
उसी के बीच में है एक पेड़ पीपल का

1. वनस्पति का नाच, 2. विशाल दालान।

सुना है मैंने बुज़ुर्गों से ये कि उम्र इसकी
जो कुछ न होगी तो होगी क़रीब छियानबे साल
छिड़ी थी हिन्द में जब पहली जंगे-आज़ादी
जिसे दबाने के बाद उसको ग़दर कहने लगे
ये अह्ले-हिन्द भी होते हैं किस क़दर मासूम[1]
वो दारोगीर-ओ-आज़ादी-ए-वतन की जंग
वतन से थी कि ग़नीमे-वतन[2] से ग़द्दारी
बिफर गये थे हमारे वतन के पीरो-जवाँ[3]
दयारे-हिन्द में रन पड़ गया था चार तरफ़
उसी ज़माने में कहते हैं मेरे दादा ने
जब अरज़े-हिन्द सिंची ख़ून से 'सपूतों' के
मियाने-सह्न लगाया था लाके इक पौदा
जो आबो-आतशो-ख़ाको-हवा से पलता हुआ
ख़ुद अपने क़द से बजोशे-नुमूँ निकलता हुआ
फ़ुसूने-रूहे-नबाती रगों में चलता हुआ
निगाहे-शौक़ के साँचों में रोज़ ढलता हुआ

सुना है रावियों से दीदनी[4] थी उसकी उठान
हर-इक के देखते ही देखते चढ़ा पर्वान
वही है आज ये छतनार पेड़ पीपल का
वो टहनियों के कमंडल लिये जटाधारी
ज़माना देखे हुए है ये पेड़ बचपन से
रही है इसके लिए दाख़ली कशिश मुझ में
रहा हूँ देखता चुपचाप देर तक उसको
मैं खो गया हूँ कई बार इस नज़ारे में

---

1. निश्छल, 2. देश का मालिक, 3. बूढ़े-जवान, 4. देखने योग्य।

वो उसकी गहरी जड़ें थीं कि ज़िन्दगी की जड़ें
पसे सुकूने-शजर कोई दिल धड़कता था
मैं देखता था कभी इसमें ज़िन्दगी का उभार
मैं देखता था उसे हस्ती-ए-बशर की तरह
कभी उदास, कभी शादमाँ,कभी गम्भीर
फ़ज़ा का सुरमई रंग और हो चला गहरा
घुला-घुला-सा-फ़लक है धुआँ-धुआँ-सी है शाम
है झुटपुटा कि कोई अज़दहा है मायले ख़्वाब
सुकूते-शाम में दरमांदगी[1] का आलम है
रुकी-रुकी-सी किसी सोच में है मौजे-सबा
रुकी-रुकी-सी सफ़ें मलगजी घटाओं की
उतार पर है सरे-सह्न रक़्स पीपल का
वो कुछ नहीं है अब इक जुंबिशे-ख़फ़ी के सिवा
ख़ुद अपनी कैफ़ियते-नीलगूँ में हर लह्ज़ा
ये शाम डूबती जाती है छिपती जाती है
हिजाबे-वक़्त सिरे से है बेहिसो-हरकत
रुकी-रुकी दिले-फ़ितरत की धड़कनें यकलख़्त
ये रंगे-शाम की गर्दिश ही आसमाँ में नहीं
बस एक वक़्फ़ा-ए-तारीक, लमहा-ए-शह्ला
समा में जुंबिशे-मुबहम भी कुछ हुई फ़ौरन
तुली घटा के तले भीगे-भीगे पत्तों से
हरी-हरी कई चिंगारियाँ-सी फूट पड़ीं
कि जैसे खुलती झपकती हों बेशुमार आँखें
अजब ये आँख-मचौनी थी नूरो-ज़ुलमत[2] की
सुहानी नर्म लवें देते अनगिनत जुगनू

---

1. थकन, 2. अँधेरा-रौशनी।

घनी सियाह ख़ुनुक पत्तियों के झुरमुट से
मिसाल-चादरे-शबताब चगमगाने लगे
कि थरथराते हुए आँसुओं से साग़रे-शाम
छलक-छलक पड़े जैसे बग़ैर सान-गुमान
बतूने-शाम में इन ज़िन्दा क़ुमक़ुमों की दमक
किसी की सोयी हुई याद को जगाती थी
वो बेपनाह घटा, वो भरी-भरी बरसात
वो सीन देख के आँखें मेरी भर आती थीं

मेरी हयात ने देखी हैं बीस बरसातें
मेरे जनम ही के दिन मर गयी थी माँ मेरी
वो माँ की शक़्ल भी जिस माँ की मैं न देखा सका
जो आँख भर के मुझे देख भी सकी न, वो माँ
मैं वो पिसर हूँ जो समझ नहीं कि माँ क्या है
मुझे खेलाइयों और दाइयों ने पाला था
वो मुझसे कहती थीं जब घिर के आती थी बरसात
जब आसमान में हरसू घटाएँ छाती थीं
बवक़्ते-शाम जब उड़ते थे हर तरफ़ जुगनू
दिये दिखाते हैं ये भूली भटकी रूहों को!
मज़ा भी आता था मुझको कुछ उनकी बातों में
मैं उनकी बातों में रह-रह के खो भी जाता था
पर उसके साथ ही दिल में कसक भी होती थी
कभी-कभी ये कसक हूक बनके उठती थीं,
यतीम दिल को मेरे ये ख़याल होता था
ये शाम मुझको बना देती, काश! इक जुगनू
तो माँ की भटकी हुई रूह को दिखाता राह
कहाँ-कहाँ वो बेचारी भटक रही होगी
कहाँ-कहाँ मेरे खातिर भटक रही होगी

ये सोचकर मेरी हालत अजीब हो जाती
पलक की ओट में जुगनू चमकने लगते थे
कभी कभी तो मेरी हिचकियाँ-सी बँध जातीं
कि माँ के पास किस तरह मैं पहुँच जाऊँ
और उसको राह दिखाता हुआ मैं घर लाऊँ
दिखाऊँ अपने खिलौने, दिखाऊँ अपनी किताब
कहूँ कि पढ़ के सुना तू मेरी किताब मुझे
फिर उसके बाद दिखाऊँ उसे मैं वो कापी
कि टेढ़ी-मेढ़ी लकीरें बनी थीं कुछ जिसमें
ये हर्फ़ थे, जिन्हें मैंने लिखा था पहले-पहल
दिखाऊँ फिर उसे आँगन में वो गुलाब की बेल
सुना है जिसको उसी ने कभी लगाया था
ये जब की बात है जब मेरी उम्र ही क्या थी
नज़र से गुज़री थीं बस चार-पाँच बरसातें!
गुज़र रहे थे महो-सात और मौसम पर
हमारे शह्र में आती थी घिर के जब बरसात
जब आसमान में उड़ते थे हर तरफ़ जुगनू
हवा की मौजे-रवाँ पर दिये जलाये हुए
फ़ज़ा में रात गये जब दरख़्त पीपल का
हज़ारों जुगनुओं से कोहे-तूर बनता था
हज़ारों वादी-ए-ऐमन थीं जिसकी शाखों में
ये देख कर मेरे दिल में ये हूक उठती थी
कि मैं भी होता इन्हीं जुगनुओं में इक जुगनू
तो माँ की भटकी हुई रूह को दिखाता राह
वो माँ मैं जिसकी मुहब्बत के फूल चुन न सका
वो माँ मैं जिससे मुहब्बत के बोल सुन न सका
वो माँ कि भींच के जिसको कभी मैं सो न सका

मैं जिसके आँचलों में मुँह छिपा के रो न सका
वो माँ कि घुटनों से जिसके कभी लिपट न सका
वो माँ कि सीने से जिसके कभी चिपट न सका
हुमक के गोद में जिसकी कभी मैं चढ़ न सका
मैं ज़ेरे-साय-ए-उम्मीद जिसके बढ़ न सका
वो माँ मैं जिससे शरारत की दाद पा न सका
मैं जिसके हाथों मुहब्बत की मार खा न सका
सँवारा जिसने न मेरे झँडूले बालों को
बसा कभी न जो होटों से सूने गालों को
जो मेरी आँखों में आँखें कभी न डाल सकी
न अपने हाथों से मुझको कभी उछाल सकी
वो माँ जो कोई कहानी मुझे सुना न सकी
मुझे सुलाने को जो लोरियाँ भी गा न सकी
वो माँ जो दूध भी अपना मुझे पिला न सकी
वो माँ जो हाथ से अपने मुझे खिला न सकी
वो माँ गले से मुझे जो कभी लगा न सकी
वो माँ जो देखते ही मुझको मुस्कुरा न सकी
कभी जो मुझसे मिठाई छिपा के रख न सकी
कभी जो मुझसे दही भी बचा के रख न सकी
मैं जिसके हाथ में कुछ देखकर डहक न सका
पटक-पटक के कभी पाँव मैं ठुनक न सका
कभी न खींचा शरारत से जिसका आँचल भी
रचा सकी न मेरी आँखों में जो काजल भी
वो माँ जो मेरे लिए तितलियाँ पकड़ न सकी
जो भागते हुए बाज़ू मेरे जकड़ न सकी
बढ़ाया प्यार कभी करके प्यार में न कभी
जो मुँह बना के किसी दिन न मुझसे रूठ सकी
जो ये भी कह न सकी, जा न बोलूँगी तुझसे!

जो एक बार ख़फ़ा भी न हो सकी मुझसे
वो जिसको जूठा लगा मुँह कभी दिखा न सका
कसाफ़तों[1] पे मेरी जिसको प्यार आ न सका
जो मिट्टी खाने पे मुझको कभी पीट न सकी
न हाथ थाम के मुझको कभी घसीट सकी
बो माँ जो गुफ़्तुगू की रौ में सुन के मेरी बड़
कभी जो प्यार से मुझको न कह सकी घामड़
शरारतों से मेरी जो कभी उलझ न सकी
हिमाक़तों का मेरी फ़लसफ़ा समझ न सकी
वो माँ कभी जिसे चौंकाने को मैं लुक न सका
मैं राह छेंकने को जिसके आगे रुक न सका
जो अपने हाथ से बहरूप मेरे भर न सकी
जो अपनी आँखों को आईना मेरा कर न सकी
गले में डाली न बाँहों की फूलमाला भी
न दिल में लौहे-जबीं से किया उजाला भी
वो माँ कभी जो मुझे बद्धियाँ पिन्हा न सकी
कभी मुझे नये कपड़ों से जो सजा न सकी
वो माँ न जिससे लड़कपन के झूठ बोल सका
न जिसके दिल के दर इन कुंजियों ये खोल सका
वो माँ मैं पैसे भी जिसके कभी चुरा न सका
सज़ा से बचने को झूठी क़सम भी खा न सका
वो माँ कि आयते-रहमत है जिसकी चीने-जबीं
वो माँ कि हाँ से भी होती है बढ़के जिसकी नहीं
दमे-इताब जो बनती फ़रिश्ता रहमत का
जो राग छेड़ती झुँझला के भी मुहब्बत का
वो माँ कि घुड़कियाँ भी जिसकी गीत बन-बन जायें

वो माँ कि झिड़कियाँ भी जिसकी फूल ही बरसायें
वो माँ हम उससे जो दम भर को दुश्मनी कर लें
तो ये न कह सके अब आओ दोस्ती कर लें
कभी जो सुन न सकी मेरी तोतली बातें
जो दे सकी न कभी थप्पड़ों की सौग़ातें
वो माँ बहुत से खिलौने जो मुझको दे न सकी
ख़िराजे-सरख़ुशी-ए-सरमदी जो ले न सकी
वो माँ मैं जिससे लड़ाई कभी न ठान सका
वो माँ मैं जिस प कभी मुट्ठियाँ न तान सका
वो मेरी माँ कभी मैं जिसकी पीठ पर न चढ़ा
वो मेरी माँ कभी कुछ जिसके कान में न कहा
वो माँ कभी जो मुझे करधनी पिन्हा न सकी
जो ताल हाथ से देकर मुझे नचा न सकी
जो मेरे हाथ से एक दिन दवा भी पी न सकी
कि मुझको ज़िन्दगी देने में जान ही दे दी
वो माँ न देख सका ज़िन्दगी में जिसकी चाह
उसी की भटकी हुई रूह को दिखाता राह

ये सोच-सोच के आँखें मेरी भर आती थीं
तो जा के सूने बिछौने पे लेट रहता था
किसी से घर में न राज़ अपने दिल के कहता था
यतीम थी मेरी दुनिया, यतीम मेरी हयात
यतीम शामो-सहर थी, यतीम थे शबो-रोज़
यतीम मेरी पढ़ाई थी, मेरे खेल यतीम
यतीम मेरी मसर्रत थी मेरा ग़म भी यतीम
यतीम आँसुओं से तकिया भीग जाता था
किसी से घर में न कहता था अपने दिल का भेद
हर-इक से दूर अकेला उदास रहता था

किसी शमायले–नादीदा को मैं तकता था
मैं एक वहशते–बेनाम से हुड़कता था
गुज़र रहे थे महो–साल और मौसम पर

इसी तरह कई बरसातें आयीं और गयीं
मैं रफ़्ता–रफ़्ता पहुँचने लगा बसिन्ने–शऊर
तो जुगनुओं की हक़ीक़त समझ में आने लगी
अब उन खिलाइयों और दाइयों की बातों पर
मेरा यक़ीं न रहा मुझ प हो गया ज़ाहिर
कि भटकी रूहों को जुगनू नहीं दिखाते चराग़
कि मन–गढ़त–सी कहानी थी एक फ़साना था
वो बेपढ़ी–लिखी कुछ औरतों की थी बकवास
भटकती रूहों को जुगनू नहीं दिखाते चराग़

ये खुल गया मेरे बहलाने को थीं ये बातें
मेरा यक़ीं न रहा इन फ़ुजूल क़िस्सों पर
हमारे शहर में आती हैं अब भी बरसातें
हमारे शहर प अब भी घटाएँ छाती हैं
हनोज़ भीगी हुई सुरमई फ़ज़ाओं में
ख़ुतूते नूर बनाती हैं जुगनुओं की सफ़ें
फ़ज़ा–ए–तीर में उड़ती हुई ये क़न्दीलें
मगर मैं जान चुका हूँ इसे बड़ा होकर
किसी की रूह को जुगनू नहीं दिखाते राह
कहा गया था जो बचपन में मुझसे झूट था सब
मगर–कभी–कभी हसरत से दिन में कहता हूँ
ये जानते हुए–जुगनू नहीं दिखाते चराग़
किसी की भटकी हुई रूह को–मगर फिर भी
वो झूट ही सही कितना हसीन झूट था वो

जो मुझसे छीन लिया उम्र के तक़ाज़े ने!
मैं क्या बताऊँ वो कितनी हसीन दुनिया थी
जो बढ़ती उम्र के हाथों ने छीन ली मुझसे
समझ सके कोई ऐ काश अहदे-तिफ़ली[2] को
जहान देखना मिट्टी के एक रेज़े को
नमूदे-लाल-ए-ख़ुदरौ[3] में देखना जन्नत
करे नज़ार-ए-कौनैन[4] एक घिरौंदे में
उठा के रख ले ख़ुदाई को जो हथेली पर
करे दवाम को जो क़ैद एक लमहे में
सुना? वो क़ादिरे-मुतलक़ है एक नन्हीं सी जाँ
ख़ुदा भी सिजदे में झुक जाये सामने उसके!
ये अक़्लो-फ़ह्म बड़ी चीज़ है, मुझे तसलीम
मगर लगा नहीं सकते हम इसका अन्दाज़ा
कि आदमी को ये पड़ती हैं किस क़दर महँगी
इक-एक करके वो तिफ़ली के हर ख़याल की मौत
बुलूग़े-सिन में वो सदमे नये ख़यालों के
नये ख़याल का धचका नये ख़याल की टीस
नये तसव्वुरों का कर्ब, अल अमाँ, कि हयात
तमाम ज़ख़्मे-निहाँ है तमाम नश्तर है
ये चोट खा के सँभलना मुहाल होता है
सुकूत रात का जिस वक़्त छेड़ता है सितार
कभी-कभी तेरी पायल की आती है झंकार
तो मेरी आँखों से मोती बरसने लगते हैं
अँधेरी रात के परछावें डसने लगते हैं

1. गन्दगी। 2. बाल्यकाल, 3. आपसे ही उगनेवाले फलों का बढ़ना-फैलना, 4. विश्व का देखना।

मैं जुगनू बन के तो तुझ तक पहुँच नहीं सकता
जो तुझसे हो सके ऐ माँ तू वो तरीक़ा बता
तू जिसको पा ले वो काग़ज उछाल दूँ कैसे
ये नज़्म मैं तेरे क़दमों में डाल दू कैसे!
नवा-ए-दर्द से कुछ जी तो हो गया हलका
मगर जब आती है बरसात क्या करूँ इसको
जब आसमान में उड़ते हैं हर तरफ़ जुगनू
शराबे नूर लिये सब्ज़ आबगीनों में
कंवल जलाते हुए जुलमतों के सीनों में
जब उनकी ताबिशे-बेसाख़ता से पीपल का
दरख़्त सखे-चराग़ाँ को मात करता है
न जाने किस लिए आँखें मेरी भर आती हैं!!

परछाइयाँ

(1)

ये शाम इक आइन-ए-निलगूँ, ये नम, ये महक
ये मंजरों की झलक, खेत, बाग़, दरया, गाँव
वो कुछ सुलगते हुए, कुछ सुलगने वाले अलाव
सिपाहियों का दबे पाँव मासमाँ से नुज़ूल,
लटों को खोल दे जिस तरह शाम की देवी
पुराने वक़्त के बरगद की ये उदास जटाएँ
क़रीबो-दूर ये गौधूल की उभरती घटाएँ
ये कायनात का ठहराव, ये अथाह सुकूत,
ये नीम तीरा फ़ज़ा रोज़े-गर्म का ताबूत
धुआँ-धुआँ-सी ज़मीं है, घुला-घुला-सा फ़लक!

(2)

ये चाँदनी, ये हवाएँ, ये शाख़े-गुल की लचक
ये दौरे-वादा, ये साज़े-ख़मोश फ़ितरत के
सुनायी देने लगी जगमगाते सीनों में
दिलों के नाज़ुको-शफ़्फ़ाफ आबगीनों में
तेरे ख़याल की पड़ती हुई किरन की खनक

(3)

ये रात छनती हवाओं सोंधी-सोंधी महक
ये खेल करती हुई चाँदनी की नर्म दमक
सुगंध, रात की रानी की जब मचलती है

फ़ज़ा में रूहें-तरब कर्वटें बदलती है
ये रूप, सर से क़दम तक हसीन जैसे गुनाह
ये आरिज़ों की दमक, फ़ुसूने-चश्मे-सियाह
ये धज न दे जो अजन्ता की सनअतों को पनाह
ये सीना पड़ ही गयी देवलोक की भी निगाह
ये सरज़मीन है आकाश की परस्तिशगाह
उतारते हैं तेरी आरती सिताराओ-माह
सजल बदन की बयाँ किस तरह हो कैफ़ियत
सरस्वती के बजाते हुए सितार की गत
जमाले-यार तेरे गुलसिताँ की रह-रह के
जबीन-नाज़ तेरी कहकशाँ की रह-रह के
दिलों में आइना-दर-आइना सुहानी झलक

(4)

ये छब, ये रूप, ये जोबन, ये सज, ये धज, ये लहक
चमकते तारों की किरनों की नर्म-नर्म फुआर
ये रसमसाते बदन का उठान और ये उभार
फ़ज़ा के आइने में जैसे लहलहाये बहार
ये बेक़रार, ये बेअख़तियार, जोशे-नुमूद
कि जैसे नूर का फ़व्वारा हो शफ़क़-आलूद
ये जल्वे पैकरे-शबताब के ये बज़्में-शहूद
ये मस्तियाँ कि मये-साफ़ो-दर्द सब बे बूद
खजिल हो लाले-यमन अज़्ब-अज़्ब की वो डलक

(5)

बस इक सितारा-ए-शंगर्फ़[5] की जबीं प झमक
वो चाल जिससे लबालब गुलाबियाँ छलकें

सुकूँ नुमा खमे-अबरू ये अधखुली पलकें
हर इक निगाह से ऐमन की बिजलियाँ लपकें
ये आँख जिसमें कई आसमाँ दिखाई पड़ें
उड़ा दें होश वो कानों की सादा-सादा लवें
घटाएँ वज्द में आयें ये गेसुओं की लटक!

(6)

ये कैफ़ो-रंग नज़ारा ये बिजलियों की लपक
कि जैसे कृष्ण से राधा की आँख इशारे करे
वो शोख़ इशारे कि रब्बानियत[1] भी जाये झपक
जमाल सर से क़दम तक तमाम शोला है
सुकूनो-जुंबिशो-रम तक तमाम शोला है
मगर वो शोला कि आँखों में डाल दे ठंडक!

(7)

ये रात नींद में डूबे हुए-से हैं दीपक
फ़ज़ा में बुझ गये उड़-उड़ के जुगनुओं के शरार
कुछ और तारों की आँखों का बढ़ चला है ख़ुमार
फ़सुरदा छिटकी हुई चाँदनी का धुँधला ग़ुबार
ये भीगी-भीगी उदाहट, ये भीगा-भीगा नूर
कि जैसे चश्म-ए-ज़ुलमात में जले काफ़ूर
ये ढलती रात सितारों के क़ल्ब का ये गुदाज़
ख़ुनुक फ़ज़ा में तेरा शबनमी तबस्सुमे नाज़
झलक जमाल की तावीरे-ख़ाबे-आइनासाज़
जहाँ से जिस्म को देखें तमाम नाज़ो-नियाज़
जहाँ निगाह ठहर जाये राज़ अन्दर राज़

---

1. ईश्वरत्व, ख़ुदाई।

सुकूते-नीमशबी, लहलहे बदन का निखार
कि जैसे नींद की वादी में जागता संसार
है बज़्मे-माह कि परछाइयों की बस्ती है
फ़ज़ा की ओट से वो ख़ामुशी बरसती है
कि बूँद-बूँद से पैदा हो गोशो दिल में खनक

(8)

किसी ख़याल में है ग़र्क़ चाँदनी की चमक
हवाएँ नींद के खेतों से जैसे आती हों
हयातो-मौत में सरगोशियाँ सी होती हैं
कड़ोरों साल के जागे सितारे नमदीदा
सियाह गेसुओं के साँप नीम ख्वाबीदा
ये पिछली रात ये रग-रग में नर्म-नर्म कसक

आधी रात को

(1)

सियाह पेड़ हैं अब आप अपनी परछाईं
ज़मीं से ता महो अंजुम सुकूत के मीनार
जिधर निगाह करें इक अथाह गुमशुदगी
इक एक करके फ़सुरदा चराग़ों की पलकें
झपक गयीं—जो खुली हैं झपकने वाली हैं
झलक रहा है पड़ा चाँदनी के दर्पन में
रसीले कैफ़ भरे मंज़रों का जगाता ख़्वाब
फ़लक पर तारों को पहली जुमाहियाँ आयीं

(2)

तमोलियों की दुकानें कही-कहीं हैं खुली
कुछ ऊँघती हुई बढ़ती हैं शाहराहों पर
सवारियों के बड़े घुँघरुओं की झंकारें
खड़ा है ओस में चुपचाप हरसिंगार का पेड़
दुल्हन हो जैसे हया की सुगंध से बोझल
ये मौजे-नूर ये भरपूर ये खुली हुई रात
कि जैसे खिलता चला जाये एक सफेद कंवल
सियाहे-रूस हैं अब कितनी दूर बरलिन से?
—जगा रहा है कोई आधी रात का जादू-
छलक रही है ख़मे-ग़ैब से शराबे-वजद
फ़ज़ा-ए-नीमशबी नरगिसे-ख़ुमार आलूद
कंवल की चुटकियों में बंद है नदी का सुहाग

(3)

ये रस का सेज, ये सकुमार, ये सुकोमल गात
नयन कंवल की झपक, कामरूप का जादू
ये रसमसायी पलक की घनी घनी परछाईं
फ़लक पर बिखरे हुए चाँद और सितारों
चमकती उँगलियों से छिड़ के साज़े-फ़ितरत के
तराने जागने वाले हैं—तुम भी जाग उठो!

(4)

शुआ-ए-मेह्र ने यूँ इनको चूम-चूम लिया
नदी के बीच कुमुदनी के फूल खिल उठे
न मुफ़लिसी हो तो कितनी हसीन है दुनिया
ये झाँय-झाँय सी रह-रह के एक झींगुर की
हिना की टट्टियों में नर्म सरसराहट सी
फ़ज़ा के सीने में ख़ामोश सनसनाहट सी
ये कायनात अब इक नींद ले चुकी होगी!

(5)

ये महवे-ख़्वाब हैं रंगीन मछलियाँ तहे-आब
कि हौज़े-सहन में अब उनकी चशमकें भी नहीं
ये सरनिगूँ हैं सरे-शाख़ फूल गुड़हल के
कि जैसे बेबुझे अंगारे ठंडे पड़ जायें
ये चाँदनी है कि उमड़ा हुआ है रस-सागर
एक आदमी है कि इतना दुखी है दुनिया में

(6)

क़रीब चाँद के मँडला रही है इक चिड़िया
भँवर में नूर के करवट से जैसे नाव चले

कि जैसे सीन-ए-शाएर में कोई ख़्वाब पले
वो ख़्वाब साँचे में जिसके नयी हयात ढले
वो ख़्वाब जिससे पुराना निज़ामे-ग़म बदले
कहाँ से आती है मदमालती लता की लपट
कि जैसे सैकड़ों परियाँ गुलाबियाँ छिड़कायें
कि जैसे सैकड़ों वनदेवियों ने झूले पर
अदा-ए-ख़ास से इक साथ बाल खोल दिये
लगे हैं कान सितारों के जिसकी आहट पर
इस इंक़लाब की कोई ख़बर नहीं आती
दिले नुजूम धड़कते हैं कान वजते हैं

(7)

ये साँस लेती हुई कायनात, ये शबे-माह
ये पुरसुकूँ, ये पुरअसरार, ये उदास समाँ
ये नर्म-नर्म हवाओं के नीलगूँ झोंके
फ़ज़ा की ओट में मुर्दों की गुनगुनाहट है
ये रात मौत की बेरंग मुस्कुराहट है
धुआँ-धुआँ से मनाज़िर तमाम नमदीदा
ख़ुनक धुँदलके की आँखें भी नीम-ख़्वाबीदा
सितारे हैं कि जहाँ पर है आँसुओं का कफ़न
हयात पर्द-ए-शब में बदलती है पहलू
कुछ और जाग उठा आधी रात का जादू
ज़माना कितना लड़ाई को रह गया होगा
मेरे ख़याल में अब एक बज रहा होगा

(8)

गुलों ने चादरें-शबनम में मुँह लपेट लिया
लबों प सो गयी कलियों की मुस्कुराहट भी

ज़रा भी सुंबुले-तर की लटें नहीं हिलतीं
सुकूते-नीमशबी की हदें नहीं मिलतीं
अब इंक़लाब में शायद ज़्यादा देर नहीं!
गुज़र रहे हैं कई कारवाँ धुँदलके में-
सुकूते-नीमशबी है उन्हीं के पाँव की चाप
कुछ और जाग उठा आधी रात का जादू!

(9)

नयी ज़मीन नया आसमाँ, नयी दुनिया
नये सितारें, नयी गरदिशें, नये दिन-रात
ज़मीं से ताफ़लक इंतिज़ार का आलम
फ़ज़ा-ए-ज़र्द में धुँधले ग़ुबार का आलम
हयात मौतनुमा इंतिशार का आलम
है मौजे-दूद कि धुँदली फ़ज़ा की नब्ज़ें हैं
तमाम ख़स्तगी-ओ-मांदगी ये दौरे-हयात
थके-थके-से ये तारे थकी-थकी-सी ये रात
ये दर्द-सर्द ये बेजान फीकी-फीकी चमक
निज़ामे-सानिया[7] की मौत का पसीना है
ख़ुद अपने आपमें ये कायनात डूब गयी
ख़ुद अपने कोख से फिर जगमगा के उभरेगी
बदल के केंचुली जिस तरह नाग लहराये!

(10)

ख़ुनुक फ़ज़ाओं में रक़्साँ हैं चाँद की किरनें
कि आबगीनों प पड़ती है नर्म-नर्म फुआर
ये मौजे ग़फ़लतें-मासूम ऐ ख़ुमारे-बदन
ये साँस नींद में डूबी ये आँख मदमाती
अब आओ मेरे कलेजे से लग के सो जाओ
ये पलकें बन्द करो और मुझमें खो जाओ!

---

1. पहला निज़ाम जागीरदारी, दूसरा निज़ाम सरमायादारी, तीसरा निज़ाम इश्तिराकीयत। (फ़िराक़)

लिसानुल-अस्र 'अकबर' इलाहाबादी

('अकबर' की शाएरी आधी सदी तक देश भर में गूँजती रही है। उनके बहुत-से नज़रिये और अक़ायद ऐसे थे, जिनसे इख़तलाफ़ मुमकिन है। कई लिहाज़ से 'अकबर' को क़दामत-परस्त और रिजअत-परस्त भी लोगों ने कहा है। लेकिन इससे भी इनकार नहीं किया जा सकता कि वतन-परस्ती उनमें कूट-कूटकर भरी थी। वह रवादारी, तहज़ीबी पंचशील और मुत्तहिदा क़ौमियत के अलमबरदार थे।—'फ़िराक़')

तेरे कलाम में थी गुदगुदी भी आँसू भी
कभी वतन को हँसाया कभी उदास किया
सुख़न के साज़ में वो दर्द भर दिया तूने
वतन को अपने तरानों से ख़ुदशनास किया

चराग़े-राह न कोई न कोई बांगे-जरस
हमें ख़बर ही न थी हम कहाँ थे ऐ 'अकबर'
नचा रहा था कोई चलते-फिरते मुर्दों को
हम आदमी न थे कठपुतलियाँ थे ऐ 'अकबर'

हज़ारों आलिमे-दीं थे बहुत से मुसलिहे-क़ौम
ख़ुदा के बन्दों के थे सब दिखावे के छल-बल
न उनकी चर्बज़बानी, न चुटकियाँ तेरी
तेरे मज़ाक़ ने हमको दिया पयामे-अमल

कुछ ऐसा वक़्त पड़ा था कि चन्द अकाबिरे-हिन्द
वतन को बेच दें हुब्बे-वतन के पर्दे में
तेरा ही काम था अफ़शा-ए-राज़ कर देना—
दिलों का चोर निकाला सुख़न के पर्दे में

उधर थे वादा-ओ-पैमाँ वफ़ा की सौगंदें
इधर भी ख़ैर से हाकिम का फ़ैज़ था जारी
अचानक ऐसे में दो-टूक बात तूने कही
ख़िताबो-जाहो-मरातिब निसारे-ख़ुद्दारी

हज़ारों अंजुमन आराइयों की हलचल में
हनोज़ कानों में गूँजी हुई है तेरी पुकार
कि जलसों और डिपुटीशनों के धोके न खाओ
ये तमतराक़ है बिदारी-ए-ग़लत, हुशयार!

वो ऐंड-ऐंड के चलना, वो पाँव में ज़ंजीर
निसार क़ौम के अन्दाज़े-ख़ुशख़रामी के
मगर ये कहके सरे-राह तूने टोक दिया
न खा फ़रेब! तरक़्क़ीनुमा ग़ुलामी के

कहा कि लाट के दरबार में मिली कुर्सी
कहा कि दोस्तो इस नक़्ली शद्दो-मद से बचो
कहा कि इनकी इआनत से क़ौम पनपेगी
कहा कि भाइयो अंग्रेज़ की मदद से बचो

बहुत से खूँटे के बल पर उछलते थे बछड़े
कहे ये कौन मआल इसका नामुरादी है
रहा न तुझसे गया और तू पुकार उठा
जहाँ में राज़े-तरक़्क़ी ख़ुद-एतमादी है!

ख़याल था कि मुसलमानों की मुसीबत को
वतन की आम मुसीबत से कर सकेंगे अलग
गुमान था कि मुसलमान इस ज़माने में
हर-इक से तोड़ के रिश्ता उभर सकेंगे अलग

हर-इक को अज़मते-पारीना[1] याद आने लगी
गुज़शता सदियों की बासी कढ़ी में आया उबाल
दयारे-हिन्द बना महज़रे-रजज़ख़्वानी
पड़ी वो फूट-लगी जूतियों में बटने दाल

ज़मीन चीख़ उठी आसमान काँप उठा
फ़ज़ा में नारे थे या ज़लज़लों की आहट थी
उन अंधे दावों के उस ज़ोरो-ज़ोम[2] के सब के
जवाब में तेरी ख़ामोश मुस्कुराहट थी

ये तेरी रिक़्क़ते-जज़बात[3] का करिश्मा था
वतन का दर्द नज़र में रहा नमी होकर
पर इसके साथ ही क्या तेरा ज़र्फ़ था 'अकबर'
जिगर की चोट लबों पर रही हँसी होकर

अजीब लोग थे हिन्दू हों या मुसलमाँ हों
कि बात-बात में भाई से लेते थे टक्कर
तेरे सवाल प हर-इक तरफ़ था सन्नाटा
हमारे देश में हैं आदमी कि घनचक्कर

हर-इक हरीफ़े-चमन से ये क़ौल था तेरा
उलझ के काँटों से तुम बोसताँ भुला दोगे
सबक़ पढ़ोगे अगर हिन्दू-ओ-मुसलमाँ का
तो याद रखोगे हिन्दोस्ताँ भुला दोगे

लुटे चमन में भी वो राग-रंग का आलम
थे अन्दलीब के नग़मे सदा-ए-तूती थी

---

1. गुज़री हुई शान की घड़ियाँ, पुरानी महानताएँ, 2. शक्ति और दम्भ, भावनाओं का दुःख, आँसू।

थे रंग-रंग तराने मगर तेरी आवाज़
हयाते-हिन्द की दुखती रगों को छूती थी

इक-आध ऐसे भी गुज़रे हैं शाएरे-मिल्लत
वो उनकी शोलानवायी वो तनतना वो उभार
दिले-वजूद को जिनकी निगाह चीर गयी
मगर जो हिन्द की वहदत[1] से हो सके न दो-चार!

सदा-ए-जह्र गुदाज़ उन की वाह वा लेकिन
ज़मीने-पाक की अशआर में नहीं बू बास
उलू-ए-फ़िक्र में उनके नहीं कलाम मगर
ज़रा भी हिन्द की तौहीन का नहीं एहसास!

ये सोचते थे अजब क्या कि क़ौमपस्ती से
लगा के जस्त कोई कहकशाँ से जा लटके
ये रंग देख के तू बोल उठा कि क़ौम कहीं
न आसमान से गिर कर खजूर में अटके

जहाँ फ़राज़े-महो-मुशतरी का ज़िक्र नहीं
तेरे ख़याल में वो रिफ़अतें थीं ऐ 'अकबर'
जहाँ हिजाज़ो-अजम में नहीं हदे-फ़ासिल
तेरे निगाह में वो वुसअतें थीं ऐ 'अकबर'

तेरी नवा से हुकूमत को ख़ौफ़ था न कहीं
दिलों में आग लगा दे ये शोल-ए-अम्बी
हवा न वक़्त के दामन ने खुल के दी उसको
कि इन्क़लाब की चिंगारियाँ थीं उसमें दबी!

---

1. इकाई।

मैं सोचता हूँ कहाँ नार-ए-सियासी में
जो ताज़यान-ए-हिम्मत[11] तेरी लताड़ में है
कहाँ वो सख़्त कलामी-ए-शेख़ो-वाइज़ में
जो तेज़ नशतरियत तेरी छेड़-छाड़ में है

कोई बताये कहाँ फ़लसफ़ा के नुक्तों में
जो एक राज़ तेरी शोख़ी-ए-निगाह में है
मैं पूछता हूँ कहाँ मंतिक़े-अरस्तू[12] में
जो एक बात तेरी तंज़े-बेपनाह में है

तेरी शिगुफ़्ता-नवाई की वो बहारे-सुख़न
कि मिसरे-मिसरे में खिलता हुआ गुलसिताँ था
कुछ आँख वाले ही इसको परख सके लेकिन
पसे-मिज़ाज[13] जो अश्कों का शबनमिस्ताँ था!

हमारी नींद ने मुर्दों से शर्त बाँधी थी
हयाते-हिन्द के माथे प मौत का था कलंक
वो तेज़ टीस उठी आँख खुल गयी जो लगा
तेरे तबस्सुमे-ज़ेरे-लबी का तीखा डंक

बहुत से ख़ुतब-ए-संजीदा हमने देखे हैं
हज़ार फ़िक्रो-नज़र तेरे क़हक़हों प निसार
चमन में मुँह बँधी कलियों ने ख़ून थूक दिया
जो गुलसिताँ प पड़ी तेरे चहचहों की सँवार

उलट गया हूँ हज़ारों किताबों के अवराक़
वो उनकी सेहर-निगारी वो उनका हुस्ने-बयाँ

---

1. साहस का कोड़ा, 2. अरस्तू का तर्कशास्त्र, 3. हास्य।

मगर कहीं न मिला तेरा सोज़ो-साज़ें-वतन
चमक उठा है तेरी लय में दर्द-हिन्दोस्ताँ

नयी ज़मीन, नया आसमाँ, नयी दुनिया
नयी है महफ़िले-साक़ी नये हैं जामो-सुबू
ये सब सही मगर ऐ जुरआ-नोशे-बाद-ए-हिन्द
हँसा-रुला के हमें दे गया बहुत-कुछ तू!

दास्ताने-आदम

क़रनों के मिटाने से मिटे हैं न मिटेंगे
आफ़ाते-ज़माना से झुके हैं न झुकेंगे
उभरे तो दबाने से दबे हैं न दबेंगे
हम मौत के मारे भी मरे हैं न मरेंगे
हम ज़िन्दा थे, हम ज़िन्दा हैं, हम ज़िन्दा रहेंगे।

गो बहरो-बरो-चर्ख़ मिटने प तुले हैं
उभरे हुए कुहसार के तेवर भी कड़े हैं
बेदर्द अनासिर भी बहुत बिफरे हुए हैं
बन-बन के मिटे जायेंगे मिट-मिट के बनेंगे
हम ज़िन्दा थे, हम ज़िन्दा हैं, हम ज़िन्दा रहेंगे।

तारीख़ो-तमद्दुन से बहुत पहले के अदवार
बेतेगो-सिपर मौत से वो जंग वो पैकार
वो ग़ोले-बियाबाँ, वो बहाएम कई खंख़ार
ऐसे में जिये हैं तो कभी हम न मरेंगे
हम ज़िन्दा थे, हम ज़िन्दा हैं, हम ज़िन्दा रहेंगे।

वो शामे-बयाबाँ, ओ सयहख़ान-ए-दौराँ
हम शुशदरो-हैराँ-ओ-परीशाँ-ओ-हिआसाँ
इक दिल था लरज़ता-सा चराग़े-तहे-दामाँ
क्योंकर हम असीराने-सितम सुब्ह करेंगे
हम ज़िन्दा थे, हम ज़िन्दा हैं, हम ज़िन्दा रहेंगे।

जो शाख़ लचकती हैं कड़कती-सी कमाँ है
जो चीज़ चमक जाती है इक नोके-सिनाँ है
एक-एक किरन तारों की नागन की ज़बाँ है
हर लहज़ा यही ख़ौफ़ कि अबके न बचेंगे
हम ज़िन्दा थे, हम ज़िन्दा हैं, हम ज़िन्दा रहेंगे।

इनसान है और चार तरफ़ वादी-ए-पुरख़ार
पुरहौल मनाज़िर का वो माहौल-शररबार
वो बोलते सन्नाटे वो ज़िन्दाने-शबे-तार
कमज़ोर हैं पर जब्रे-मशीय्यत से लड़ेंगे
हम ज़िन्दा थे, हम ज़िन्दा हैं, हम ज़िन्दा रहेंगे।

इक अजनबी संसार के ये कोहो-बियाबाँ
दरया-ए-शबे-तार के उठते हुए तूफ़ाँ
वो उड़ते हुए अज़दहे वो शामे-ग़रीबाँ
जुलमतकद-ए-ग़ैर को मानूस करेंगे
हम ज़िन्दा थे, हम ज़िन्दा हैं, हम ज़िन्दा रहेंगे।

फ़ीलों[14] की वो चिंघाड़ वो शेरों की दहाड़ें
पड़ती थीं घटाटोप अँधेरे में दराड़ें
रोती थीं शबे-तार कहीं मार के धाड़ें
इनसान तो क्या होश फ़रिशतों के उड़ेंगे
हम ज़िन्दा थे, हम ज़िन्दा हैं, हम ज़िन्दा रहेंगे।

झक्कड़ वो हवा के वो फ़ज़ाओं की डकारें
सहरा-ए-शब और काँपते सायों की क़तारें
सहमे हुए इनसाँ की वो चीखें वो पुकारें
अफ़लाक जिस इनसान के क़दमों प झुकेंगे
हम ज़िन्दा थे, हम ज़िन्दा हैं, हम ज़िन्दा रहेंगे।

---

1. हाथियों।

वो घोर अँधेरा जो ज़माने को निगल जाय
वो रात भयानक दिले-अर्जुन भी दहल जाय
वो शेर की महवर[1] से ज़मीं चीख़ के टल जाय
जल-थल चल-अचल दश्तो-जबल काँप उठेंगे
हम ज़िन्दा थे, हम ज़िन्दा हैं, हम ज़िन्दा रहेंगे।

कुछ पूछो न फ़ितरत का जो बर्ताव था हमसे
हर लमहा फटे पड़ते थे सौ कोह-अलम से
दिल की न बुझी शमा कभी दामने-ग़म से
हस्ती के निशात अपनी मुरादों से पलेंगे
हम ज़िन्दा थे, हम ज़िन्दा हैं, हम ज़िन्दा रहेंगे।

रौशन था इसी शमा से रातों का अँधेरा
जाग उठते थे जब ग़ारों में हँसता था सवेरा
अफ़सुर्द दिल अफ़सुर्द कुनद अंजुमने रा[2]
क़ुदरत के हर-इक ज़ोर प हम खूब हँसेंगे
हम ज़िन्दा थे, हम ज़िन्दा हैं, हम ज़िन्दा रहेंगे।

ऐ रूहे-ज़मीं रूहे-ज़माँ रूहे-मकाँ-ख़ेज़[3]
ऐ जाने-जहाँ-जाने जहाँ जाने-जहाँ ख़ेज़
अज़ ख़ाबे-गराँ ख़ाबे-गराँ ख़्वाबे-गराँ ख़ेज़
हम शाहिदे-तारीख़ को बेदार करेंगे
हम ज़िन्दा थे, हम ज़िन्दा हैं, हम ज़िन्दा रहेंगे।

जब दश्त-नवरदी के मनाज़िल से बढ़ आये
गुर ख़ाना-बदोशी को ज़िराअत[4] के सिखाये

1. धुरी, 2. दुःखी हृदय सारी सभा को दुखित कर देता है, 3. उठो, उठ, 4. खेती।

पुरअम्न सुकूनत के लिए गाँव बसाये
कल अपने ही क़दमों के तले शह्र उगेंगे
हम ज़िन्दा थे, हम ज़िन्दा हैं, हम ज़िन्दा रहेंगे।

खेतों को सँवारा तो सँवरते गये ख़ुद भी
फ़सलों को उभारा तो उभरते गये ख़ुद भी
फ़ितरत को निखारा तो निखरते गये ख़ुद भी
नित अपने बनाये हुए साँचों में ढलेंगे,
हम ज़िन्दा थे, हम ज़िन्दा हैं, हम ज़िन्दा रहेंगे।

बे फ़ैज़ीए-फ़ितरत का न रोना है न धोना
मिट्टी की ज़मीं भी तो उगलने लगी सोना
सोई हुई धरती को है कुछ और ही होना
मंज़िल को जगा देंगे जहाँ पाँव धरेंगे,
हम ज़िन्दा थे, हम ज़िन्दा हैं, हम ज़िन्दा रहेंगे।

उन वादियों को जिनमें नहीं बारिशे–रहमत
उन घाटियों को जिनमें उड़े गर्दे–कुदूरत
उन खाड़ियों को जिनमें नहीं बू–ए–लताफ़त
हम अह्ले-ज़मीं रूकशे-फ़िरदौस[1] करेंगे,
हम ज़िन्दा थे, हम ज़िन्दा हैं, हम ज़िन्दा रहेंगे

अब वक़्त के सीने में चटकने लगीं कलियाँ
अब रंग पर आये हैं फ़िज़ाओं के गुलिस्ताँ
शबनम की खनक, गुल की दमक सौते–हज़ाराँ[2]
हम ख़ुद ही गुलो–बुलबुलो सय्याद बनेंगे
हम ज़िन्दा थे, हम ज़िन्दा हैं, हम ज़िन्दा रहेंगे।

---

1. स्वर्ग समान, 2. चिड़ियों की सुरीली आवाज़ें।

अलक़िस्सा जमाने को पड़ी इसकी ज़रूरत
बट जाये कई तब्क़ों में इनसान की भिल्लत
तहज़ीब बढ़े, इसलिए वो जिनकी है कसरत
गर्दन प जुवा बारे-ग़ुलामी का धरेंगे
हम ज़िन्दा थे, हम ज़िन्दा हैं, हम ज़िन्दा रहेंगे।

तब्क़ों का वो टकराव, मफ़ादों का तसादुम
वो शाहिदे-तारीख[1] के सीने का तलातुम
आँखों में वो कुछ अश्क वो होंटों प तबस्सुम
तफ़रीक़ो-तफ़ावुत से बहुत काम बनेंगे
हम ज़िन्दा थे, हम ज़िन्दा हैं, हम ज़िन्दा रहेंगे।

तहज़ीब को परवान चढ़ाया है हमीं ने
तारीख़ को हर दर्स पढ़ाया है हमीं ने
सय्यारों की गरदिश को बढ़ाया है हमीं ने
अब शम्सो-क़मर अपने इशारों प चलेंगे
हम ज़िन्दा थे, हम ज़िन्दा हैं, हम ज़िन्दा रहेंगे।

वीरान को ज़ीशान बनाया है हमीं ने
धरती को परस्तान बनाया है हमीं ने
इन्सान को इन्सान बनाया है हमीं ने
क्या-क्या न किया इश्क़ में क्या-क्या न करेंगे
हम ज़िन्दा थे, हम ज़िन्दा हैं, हम ज़िन्दा रहेंगे।

सौ रंग से दुनिया को हम आबाद करेंगे
हर गाम प दुनिया नयी ईजाद करेंगे
हम इसको सुहागन की तरह शाद करेंगे
धरती की हमीं उजड़ी हुई माँग भरेंगे
हम ज़िन्दा थे, हम ज़िन्दा हैं, हम ज़िन्दा रहेंगे।

---

1. इतिहास के गवाह, समय को देखनेवाले।

'साँची' के वो फ़नकार 'अजन्ता' के क़लमकार
वो 'ताज महल' हुस्न का वो जादू-ए-बेदार
अह्दे कुतुबुद्दीं का फ़लकबोस वो मीनार
दुनिया को इक आईना-ए तहज़ीब करेंगे
हम ज़िन्दा थे, हम ज़िन्दा हैं, हम ज़िन्दा रहेंगे।

अजदाद हमारे थे सिधारे जो अदम को
हैं अब भी बनाये हुए माज़ी के भरम को
अफ़रीक़ा में ईरान में या चीन में हमको
ढूँढ़ोगे तो उजड़े हुए खँडरों में मिलेंगे
हक ज़िन्दा थे, हम ज़िन्दा हैं, हम ज़िन्दा रहेंगे।

जब मिस्र की तहज़ीब प मँडलायेगी जुलमत
साथ अपने चली जायेगी एहराम की हुर्मत
हम इब्ने-बिराहीम बसद कुलफ़तो-हसरत
जब नील की वादी की ज़मीं छोड़ चलेंगे
हक ज़िन्दा थे, हम ज़िन्दा हैं, हम ज़िन्दा रहेंगे।

दुनिया में हैं कंगाल भी और अह्ले-दवल[22] भी
है ताक में दोनों ही के सय्यादे-अजल भी
दुनिया का है ये रंग तो क्या राजमहल भी
रातों को कपिलवस्तु से मुँह मोड़ चलेंगे
हम ज़िन्दा थे, हम ज़िन्दा हैं, हम ज़िन्दा रहेंगे।

यूनान की मिटटी हुई अज़मत का ज़माना
कुछ रोज़ों में हो जायेगा इक ख़ाबे-शबाना
जब मौत का वो ढूँढ रही होगी बहाना
एथेन्स के ज़िंदान में हम ज़ह्र पियेंगे-
हम ज़िन्दा थे, हम ज़िन्दा हैं, हम ज़िन्दा रहेंगे।

---

1. पूँजीपति।

जब रोम की तहज़ीब ज़माने में तपेगी
जब सीन-ए-जमहूर में इक आग लगेगी
जब देखेंगे इस आग से दुनिया न बचेगी
कोहों से पुकारेंगे सलीबों प चढ़ेंगे
हम ज़िन्दा थे, हम ज़िन्दा हैं, हम ज़िन्दा रहेंगे।

पलटेंगे अरब में भी तमद्दुन के क़रीने
सुन कर नयी आवाज़ धड़कते हुए सीने
ताब इसकी न लायेंगे तो मक्के से मदीने
इक मसलहते-ग़ैब[1] से हिजरत हैं, हम ज़िन्दा रहेंगे।
हम ज़िन्दा थे, हम ज़िन्दा हैं, हम ज़िन्दा रहेंगे।

आँधी की तरह उट्ठेंगे सासानियो-तातार
तो घोड़ों की टापों से उड़ा देंगे वो कुहसार
लग जायेंगे हर चार तरफ़ लाशों के अंबार
सौ रंग से हम क़ातिलो-मक़तूल बनेंगे
हम ज़िन्दा थे, हम ज़िन्दा हैं, हम ज़िन्दा रहेंगे।

जागीर के ये दौर थे गहवार-ए-तहज़ीब
सावन्ती ज़माने के वो आइनो-असालीब
हिकमत हुकमा की उलमा की भी वो तादीब
ये बाबे-अहम ज़ीनते-तारीख बनेंगे
हम ज़िन्दा थे, हम ज़िन्दा हैं, हम ज़िन्दा रहेंगे।

अदवारे-ग़ुलामी थे ये किस शान के ऐ दोस्त
सौ तरह से मिटते रहे बनते रहे ऐ दोस्त
सावन्त भी कमज़ोर से अब पड़ चले ऐ दोस्त
सरमाया के दुनिया में अलमदार बढ़ेंगे
हम ज़िन्दा थे, हम ज़िन्दा हैं, हम ज़िन्दा रहेंगे।

---

1. भगवान् की कामना।

निकला जो ये बेड़ा तो मुमालिक, बर्रे-आज़म
आते गये सब ज़द में मचा हर तरफ़ ऊधम
ये साहबे-सरमाया हैं वो फ़ातहे-आलम
आज़ादी-ए-अक़वाम की 'सीता' जो हरेंगे
हम ज़िन्दा थे, हम ज़िन्दा हैं, हम ज़िन्दा रहेंगे।

अब चीन, अरब, हिन्द, हबश, ख़ित्ताए-ईराँ
तपते हुए अफ़रीक़ा के वो शह्‌रो-बयाबाँ
जौलांगहे-सरमाया बनेंगे ये रजज़खाँ
सालारी-ए-अक़वाम का दावा भी करेंगे
हम ज़िन्दा थे, हम ज़िन्दा हैं, हम ज़िन्दा रहेंगे।

फ़ितने ये जगा देंगे जहाँ पाँव धरेंगे
ये सब्ज़ क़दम बाग़े-जहाँ रौंद चलेंगे
आये तो ये जाने का कभी नाम न लेंगे
ये मान न मान आप के मेहमान बनेंगे
हम ज़िन्दा थे, हम ज़िन्दा हैं, हम ज़िन्दा रहेंगे।

लेकिन अदबो-इल्म नयी करवटें लेंगे
अब ज़ेरे-नगीं बहरो-बरों-चर्ख़ करेंगे
फ़ितरत के अब असरार[1] प असरार खुलेंगे
क़ुदरत प फ़ुतूहाते-बशर और बढ़ेंगे
हम ज़िन्दा थे, हम ज़िन्दा हैं, हम ज़िन्दा रहेंगे।

सावन्ती ज़माने से बढ़ कर ये ज़माना
खुलता है निहाखान-ए-फ़ितरत का ख़ज़ाना
अब गेसू-ए-दौराँ नहीं मिन्नतकशे-शाना
माज़ी की निगाहों की ये दिल ख़ीरा करेंगे
हम ज़िन्दा थे, हम ज़िन्दा हैं, हम ज़िन्दा रहेंगे।

---

1. आकाश के कंगूरे।

साइन्स के ये मोजिज़े ईजादों के ये दौर
दुनिया के सब आईन तमद्दुन के सभी तौर
बदलेंगे अभी और, अभी और, अभी और
तारीख़ की रफ़्तार बहुत तेज़ करेंगे
हम ज़िन्दा थे, हम ज़िन्दा हैं, हम ज़िन्दा रहेंगे।

पहियों की धमक लाखों मशीनों का वो चलना
वो इंजनों का चीख़ के अंगारे उगलना
वो भट्ठियों से आग के फ़व्वारे उछलना
दहलेगी ज़मीं कंगूर-ए-चर्ख़[1] हिलेंगे
हम ज़िन्दा थे, हम ज़िन्दा हैं, हम ज़िन्दा रहेंगे।

सरमाया परस्तों के सर अब ऊँचे उठेंगे
अब इनकी सलामी को महो-मेह्र झुकेंगे
ये नश्शए-दौलत में सदा चूर रहेंगे
इन साहबों के पाँव ज़मीं पर न पड़ेंगे
हम ज़िन्दा थे, हम ज़िन्दा हैं, हम ज़िन्दा रहेंगे।

कर देंगे हम एक उनके लिए ख़ून पसीना
हम काम किये जायेंगे मारे हुए पित्ता
आसार बताते हैं पलटने को है पासा
घूरे के भी दिन कहते हैं इक रोज़ फिरेंगे
हम ज़िन्दा थे, हम ज़िन्दा हैं, हम ज़िन्दा रहेंगे।

कल-पुर्ज़ों की रफ़्तार में है बर्क़ की सुरअत
अब देखते ही देखते आयेगी ये नौबत

---

1. आकाश के कंगूरे।

सामान की इफ़रात ख़रीदार की क़िल्लत
बाज़ार नये ढूँढने से भी न मिलेंगे
हम ज़िन्दा थे, हम ज़िन्दा हैं, हम ज़िन्दा रहेंगे।

बाज़ारों की ख़ातिर वो बड़ी जंग छिड़ेगी
दुनिया के कई हिस्सों में इक आग लगेगी
इस जंग में मज़दूरों की तक़दीर खुलेगी
सरमायापरस्त इक आफ़त में पड़ेंगे
हम ज़िन्दा थे, हम ज़िन्दा हैं, हम ज़िन्दा रहेंगे।

जब सुस्त-सा पड़ जायेगा तोपों का धमाका
साहिल के क़रीं आयेगा जब जंग का बेड़ा
लेनिन के हाथों से पलट जायेगी काया
अब नामो-निशाँ ज़ार के मिट्टी में मिलेंगे
हम ज़िन्दा थे, हम ज़िन्दा हैं, हम ज़िन्दा रहेंगे।

हम अब उफ़ुक़े-रूस से होते हैं नुमायाँ
दुनिया के लिए है ये नयी सुब्हे-बहाराँ
अब इक नयी तहज़ीब है मलवा-दहे-दौराँ
तारीख़ों-तमद्दुन के नये बाब खुलेंगे
हम ज़िन्दा थे, हम ज़िन्दा हैं, हम ज़िन्दा रहेंगे।

इन्सान की वहदत कभी तब्क़ों में बँटी थी
तादेर ये तक़सीम रही शर्ते-तरक़्क़ी
साइन्स ने अब इसकी ज़रूरत ही मिटा दी
इस दौर में सब छोटे बड़े एक बनेंगे
हम ज़िन्दा थे, हम ज़िन्दा हैं, हम ज़िन्दा रहेंगे।

जब रूस के मतला से हुआ नर का तड़का
सरमायापरस्ती का चराग़ और भी भड़का
हिटलर का गरजना है कि बिजली का है कड़का
सुनकर बरे-आज़म भी जिसे काँप उठेंगे
हम ज़िन्दा थे, हम ज़िन्दा हैं, हम ज़िन्दा रहेंगे।

वो जंग फिर इस दौर में हो जायेगी बरपा
तारीखे-बशर याद न आ जाये तो कहना
अय्यामे-जवानी में तुझे दूध छटी का
ये कहते हुए आग में हम कूद पड़ेंगे
हम ज़िन्दा थे, हम ज़िन्दा हैं, हम ज़िन्दा रहेंगे।

अफ़लाक की तदबीर उन्हें मार चुकी है
दीवार की तहरीर उन्हें मार चुकी है
जमहूर की तक़दीर उन्हें मार चुकी है
अब अम्न हो या जंग ये जीते न बचेंगे
हम ज़िन्दा थे हम ज़िन्दा हैं, हम ज़िन्दा रहेंगे।

अब ज़ुल्म के ऐवान की बुनियाद हिलेगी
इस ज़लज़ले में ईंट से यूँ ईंट बजेगी
कानों पड़ी आवाज़ सुनायी नहीं देगी
धर्राते हुए कंगूरे इस घर के गिरेंगे
हम ज़िन्दा थे, हम ज़िन्दा हैं, हम ज़िन्दा रहेंगे।

हम वारिसे-मुस्तक़बिलो-तक़दीरे-ज़माँ हैं
हम मंज़िले-मक़सूदे-जहाने-गुज़राँ हैं
हम अपनी कहानी बहदीसे-दिगराँ हैं
कुछ करके दिखा जायेंगे क्या याद करेंगे
हम ज़िन्दा थे, हम ज़िन्दा हैं, हम ज़िन्दा रहेंगे।

रन जीत के छोड़ेंगे ये पैमान है अपना
इस अस्त्र का हमज़ाद निगहबान अपना
तसख़ीरे-क़जा-ओ-क़दर ईमान है अपना
हम हैं वो मुजाहिद की मसीय्यत से लड़ेंगे
हम ज़िन्दा थे, हम ज़िन्दा हैं, हम ज़िन्दा रहेंगे।

लो जंगे-दोयम ख़त्म हुई अब वो ज़माना
आता है जिसे अपने ही हाथों है बनाना
इस जंग के वो तल्ख़ सबक़ भूल न जाना
भूलेंगे अगर उनको तो जोखों में पड़ेंगे
हम ज़िन्दा थे, हम ज़िन्दा हैं, हम ज़िन्दा रहेंगे।

वो हिन्द की तहज़ीबो-तमद्दुन के ज़माने
अफ़साना दर अफ़साना हैं यारों ये फ़साने
सुलतानी-ए-जमहूर के गा-गा के तराने
फिर हिन्द के क़ाबिल में नयी रूह भरेंगे
हम ज़िन्दा थे, हम ज़िन्दा हैं, हम ज़िन्दा रहेंगे।

हम-अस्त्र[1] को हैं तेरे पयाम ऐ नयी दुनिया
रौशन हुए तेरे दरों-बाम ऐ नयी दुनिया
ये सुर्ख़ सबेरा है सलाम ऐ नयी दुनिया
जब देखेंगे तुझको तो हमें याद करेंगे
हम ज़िन्दा थे, हम ज़िन्दा हैं, हम ज़िन्दा रहेंगे।

---

1. समय, ज़माना, युग।

धरती की करवट

सूरज चाँद अँगड़ाई लेंगे
तारे अपनी गति बदलेंगे
पर्वत सागर लहरायेंगे
जब ये धरती करवट लेगी
हल, कुदाल, फावड़े बसूले
उठे हथौड़े बोल उठेंगे
नया जनम है आज़ादी का
देख के राजा देश-निवासी
परजा ही है देश का राजा
घर की चटाई राज-सिंहासन
सब की टोपी राजमुकुट है
फूस का घर भी राजमहल है
जनम-जनम का पाप कटेगा
अब तक किसका राज़ रहा है?
राजे, बाबू, सेठ, महाजन
ज़मींदार, दोवान, दरोग़ा
पंडित, ठाकुर, शैख़ और सैय्यद
साहब, मिस्टर, हाकिम, अफ़सर
सोना वाले, चाँदी वाले
आढ़त वाले, मण्डी वाले
कोट, महल और कोठी वाले
गद्दी वाले, कुर्सी वाले
मसनद वाले, फ़रशी वाले
परमिट वाले, लाइसेन्स वाले

घिस्से वाले, ठस्से वाले
पट्टे वाले, सट्टे वाले
इनके चट्टे - बट्टे वाले
अब तक इनका राज़ रहा है
देश पर अत्याचार रहा है
अब ये धरती करवट लेगी
अब ये दुनिया पलटा लेगी
भारत की काया पलटेगी
सबकी क़िस्मत चमक जायेगी
कारीगर, मज़दूर, किसान
भारत के बेचैन जवान
दबे दबे बेनामो - निशान
उभरेंगे बेशानो - गुमान
मान न मान तेरा मेहमान
हमको जान हमें पहचान
यही सँभालेंगे सब काम
राजपाट के मालिक होंगे
राज के करता-धरता होंगे
सतजुग से भी बढ़ कर होगा
राम-राज से बढ़ कर होगा
हर-इक जुग से बढ़ कर होगा
ब्राह्मन-राज से बढ़ कर होगा
छत्री-राज से बढ़ कर होगा
वैश्य-राज़ से बढ़ कर होगा
हिन्दू-राज से बढ़ कर होगा
बौद्ध-राज से बढ़ कर होगा
मुसलिम-राज से बढ़ कर होगा
मेहनत करने वालों का राज

खेती करने वालों का राज
माल बनाने वालों का राज
धन उपजाने वालों का राज
हुन बरसाने वालों का राज

इस ऊसर-बंजर धरती को
इस जलती-तपती परती को
स्वर्ग बनाने वालों का राज

किसानों की पुकार

नये नियम से नये रूप से
नये रंग से नये ढंग से
खेती होगी
खेत और खलयान का रोना
बीज, खाद, पानी का रोना
गाय की हाय, बैल का रोना
घास, खली, भूसे का रोना
ज़मींदार की मार का रोना
गाली और फटकार का रोना
धर-पकड़ और बेगार का रोना
क़रज़े और ब्याज का रोना
बनिये और बज़ाज़ का रोना
इज़्ज़त और लाज का रोना
पटवारी की चाल का रोना
दंड राज परताल का रोना
साथी लाल बाल का रोना
आये दिन के काल का रोना
हर चीज़ और हर बात का रोना

जुग-जुग से दिन-रात का रोना
नहीं रहेगा, नहीं रहेगा
दिन बदलेगा पाप कटेगा
साथी सब संताप कटेगा
अन्न खलयान से घर में आये
इसकी नौबत कब आती है

अब तक छाती फाड़ परिश्रम
करके जो कुछ फ़स्ल उगायी
वो गाढ़ी भरपूर कमायी
दो दिन अपने काम न आयी
ऊपर-ऊपर उड़ जाती थी
रह जाते भूके के भूके
रह जाते नंग के नंगे
रह जाते क़रज़े में डूबे
जीवन कटता ब्याज चुकाते
जीवन अब कुछ होने को है
खेती, बाड़ी, बाग़ और जंगल
दूध, दही, घी, नाज़ और फल
गाँव में जो दौलत उपजेगी
वो सब की सब अपनी होगी
अब ये दुर्व्यवहार मिटेगा
अब ये अत्याचार मिटेगा
चालाकी में धौंस-धाँस में
दल्लालों की फोड़-फाँस में
फुसलाने में बहकाने में
डरवाने में धमकाने में
लट्टस-पिट्टस की हलचल में
धन्ना सेठ के छल, बल, कल में

चतुर किसान नहीं आयेगा
वो अपचा हिस्सा, अपना हक़
लेके रहेगा, लेके रहेगा
जीके रहेगा, मरके रहेगा
लेकिन अब कुछ करके रहेगा

हर बीघा में हर एकड़ में
पैदावार आठ गुनी होगी
भूक मिटेगी और घर-घर में
अन्नपूर्णा बास करेगी

शिक्षा में गोल-माल

ज़ात-पात का भेद मिटेगा
ऊँच-नीच का भेद मिटेगा
हिन्दू-मुस्लिम भेद मिटेगा
ब्रह्मन-शूद्र बराबर होंगे
औरत - मर्द बराबर होंगे
छोटे-बड़े बराबर होंगे
बल, विद्या, धन, मान और पद
उहदा, कुर्सी, इज़्ज़त, शुहरत

जान, माल, धन और हुकूमत
बड़ी-बड़ी जागीर रियासत
पढ़ना लिखना सनद लियाक़त
बैठकबाज़ों की थी दौलत

पाकर क़िस्मत के पत्तों को
चव्वे, पंजे, सत्ते, अट्ठे
क्या ख़ुश थे उल्लू के पट्ठे
लगे हैं जब धक्के पर धक्के
छूटे तिड़ीबाज़ों के छक्के

सब जगहें यूँ ले बैठे थे
सब कुछ यूँ हथिया बैठे थे
यूँ दुनिया पर छाये हुए थे
जैसे उनकी हो ये बपौती
अब देता है समय चुनौती
कारीगर, मजदूर, किसान
उनकी बदनसीब संतान

पढ़ते-लिखने का हक़ इनसे
छल, बल, कल से छीन लिया था
इक धोका फैला रक्खा था
नीची ज़ात-पात वालों के
बच्चों को मनुष्य कब जाना
पढ़ने-लिखने की उमंग को
निरधिकार चेष्टा माना
इनके इतनी अक़्ल नहीं है
इनके पास दिमाग़ नहीं है
सूझ नहीं है बूझ नहीं है
माँ की कोख से ये जनमें हैं
जनम लंडूरे, जनम गँवार
इन्हें अँधेरे में ही रक्खो
रैन बसेरे ही में रक्खो
कभी न उभरे इनकी ज़ात
कभी न चमके इनकी बात
कभी न दिन हो इनकी रात
चकड़ चतुर दुनिया में इनको
अंधा, बहरा, गूँगा रक्खो
घामड़, अनपढ़, डग्गा रक्खो
मैला और कुचैला रक्खो

हेटा रक्खो, नीचा रक्खो
इनको चोंगा-पोंगा रक्खो
क़लम न इनके हाथ में आये
फिर तलवार भी छिन जायेगी

राज की लंगरदार नाव की
फिर पत्वार भी छिन जायेगी
अपना भरम बनाये रक्खो
जनता को भरमाये रक्खो

अब तक ये साज़िश थी लेकिन
अब ये जादू टूट चुका है
अब ये भाँडा फूट चुका
ह

पूरा ढोंग रचा रक्खा था
क्या अँधेर मचा रक्खा था
विद्या को दफ़्ना रक्खा था
उसका रूप छिपा रक्खा था
दिन को रात बना रक्खा था

शब्दों का आडम्बर रच कर
मन गढ़ंत से एक बात का
सौ विस्तार बना रक्खा था
इक व्यापार जमा रक्खा था
कारोबार चला रक्खा था
ब्रह्मानन्द सहोदर कविता
को बेकार बना रक्खा था

सीधी-सादी बातों में भी
झूठी ऐंठन दे रक्खी थी
सहज को कठिन बना रक्खा था
सीध में टेढ़ लगा रक्खी थी

अड़-बड़ शब्द गढ़े कुछ ऐसे
जिनको जनता समझ न पाये
जिनको जनता बोल न पाये
जिनको जनता सीख न पाये
जिनको जनता सुन डर जाये

कोश घोंट लेने वालों का
सतरें पढ़ लेने वालों का
क़लम पकड़ लेने वालों का
काग़ज़ रंग देने वालों का

गिट-पिट कर लेने वालों का
एक दरबार सजा रक्खा था
ज्ञान सुभीता का अपने को
ठेकेदार बना रक्खा था

यारों ने हड़बोंग मचाकर
ढोंग रचाकर स्वाँग रचाकर
तंतर जंतर छूमंतर से
हवा बना दिया विद्या को

सरस्वती के मन्दिर को भी
बना दिया मछली बाज़ार
विद्या के पवित्र मंडप में
जब हम हाथ जोड़ कर जाते

पंडित हमको धता बताते
हम मुँह देखते रह जाते थे
यही सोचते रह जाते थे
हम निर्धन कंगालों से

सिर्फ़ लक्ष्मी नहीं खफ़ा है
सरस्वती भी रूठ गयी है
हमसे सब करते हैं छूत
अब तक यही रवाज़ रहा है

ऊँची ज़ात, ऊँचे घर वाले
पैसे वाले, ऊपर वाले
विद्या हासिल कर सकते थे
लिख सकते थे, पढ़ सकते थे
उनके बच्चे हो सकते थे
चाचा भतीजे हो सकते थे
भाई भांजे हो सकते थे
जज, कलक्टर और कमिश्नर

राज-सभा के चौकस मेम्बर
डाक्टर और वकील-बैरिस्टर
इंजिनियर, टीचर, प्रोफ़ेसर
वाइस-चांस्लर और चांस्लर
फ़ौज के नायक, फ़ौज के अफ़सर
बैंक डायरेक्टर बैंक मनीजर
कम्पनियों के शेयर होल्डर
एम.ए., बी.ए., बी.टी., सी.टी.
बागी रागी, रतन पारखी
कलाकार, ज्ञानी, विज्ञानी
पत्रकार, लेखक, लासानी
चित्रकार, शाएर, सैलानी

वीर, सूरमा, धर्मी दानी
आठों गाँठ, कुमैत जवानी
जिसकी छबि नहिं जाय बख़ानी
"गिरा अनयन नयन बिनु बानी"
लेकिन कब तक ये मन-मानी
यारो दुनिया आनी-जानी
किस बिरते पर तत्ता-पानी
अब न चलेगी आना-कानी

"का बरखा जब कृषी सुखानी
समय चूंकि पुनि का पछतानी"
अब ये सब दुनिया बदलेगी
अब ये सब काया पलटेगी
अब ये धरती करवट लेगी
अब किसान मज़दूर के बच्चे
जिनको तुमने सड़ा रक्खा था
जिनको गधा बना रक्खा था
सब कुछ पढ़-लिखकर निकलेंगे
यही सजायेंगे हर कुर्सी
यही सँभालेंगे सब उहदे
तलवार और क़लम दोनों को
अपने हाथों में ले लेंगे
कलावन्त भी, कलाकार भी
अब होगी इनकी संतान
अब किसान, मज़दूर और अफ़सर
सेनापति, जरनैल, मिनिस्टर
बड़े वज़ीर, गवर्नर-जनरल
ये सब एक वर्ग के होंगे
भेद-भाव सब मिट जायेंगे
एक अछेद, अभेद, अखण्ड
एक सजीव, सुयोग्य समाज
भारत में आँखें खोलेगा
नयी सभ्यता क़ायम होगी

मज़दूरों, कारीगरों, शिल्पकारों की ललकार

तोड़ा धरती का सन्नाटा
किसने ? हम मज़दूरों ने

डंका बजा दिया आदम का
किसने? हम मज़दूरों ने
दुनिया की अंधी नगरी में
जगमग दीप जलाया किसने?
जग में रंगारंग चमाचम
ये बाज़ार सजाया किसने
ओट में छिपी हुई तहज़ीबों
का घूँघट सरकाया किसने
शर्मीली तक़दीर की देवी
का आँचल ढलकाया किसने

कामचोर सपनों की काया
में शोला भड़काया किसने
बदन चूर इस प्रकृति-कामनी
का सीना धड़काया किसने
परत-परत को इस धरती के
साथी खोल दिया है किसने
छिपे दफ़ीनों पर क़ुदरत के
धावा बोल दिया है किसने
जीवन के समुद्र नबथन में
हमने भँवर क्या डाले हैं
भूसागर से इन हाथों ने
क्या-क्या रत्न निकाले हैं

वन-उपवन के हर काँटे से
हँसता फूल खिलाया किसने
पत्थर के पथरीले दिल को
तप-तप कर पिघलाया किसने
इस ऊसर बंजर धरती पर
धन का ढेर लगाया किसने

इस भू की प्यासी दुनिया में
हुन पर हुन बरसाया किसने
हर आफ़त से हर मुश्किल से
मजदूरों की जोड़ रही है
उलटी - पुलटी आड़ी - टेढ़ी
तक़दीरों से होड़ रही है
क्या ये वही दुनिया है साथी
जल जो फटे हालों फिरती थी
क्या ये वही बेचारी है जो
बार-बार उठकर गिरती थी
साथी बोल लहू खौला कर
जीवन रूप रचाया किसने
इस नंगी, उजड़ी दुनिया को
सजा कर दुल्हन बनाया किसने
नभ-चुम्बी शिखरों पर साथी
हम बेखटके चढ़ जाते थे
जहाँ मौत जाते हुए झिजके
ताल ठोंक कर बढ़ आते थे
आकाशों के पातालों के
दिल का चोर निकाला किसने
ख़ाली था भर कर छलकाया
इस जीवन का प्याला किसने
अपनी कमर के बूते से हम
पेंग चढ़ाते हैं जीवन की
दो झटकों में हिला कर रख दें
साथी चूलें इन्द्रासन की
सरकश पंचभूत का गट्टा
हमने झटक कर तोड़ दिया है

जिस क़िस्मत की मार ग़ज़ब थी
उसका पंजा मोड़ दिया है

दह्र की हर तख़रीबी क़ूवत
को साँचे में ढाल लिया है
क़ुदरत के चैलेंज का हमने
कल्ला तोड़ जवाब दिया है

ख़ून पसीने के हिल्लोर में
तदबीरें मुँह देख रही हैं
इक लहराते आईने में
तक़दीरें मुँह देख रही हैं

अपने कसबल से सीनों में
तूफ़ानों को बन्द किया है
सधे हुए सौ-सौ हाथों से
भूचालों को थाम लिया है

लाख जतन से जीवन खेती
मुरझाने से किसने रोका
सूरज की इस अग्नि-गेंद को
किसने उछाला ? लोका किसने

कई बार रहती दुनिया की
आयी को हम टाल चुके हैं
कई बार तक़दीरें-जहाँ की
आँखों में आँखें डाल चुके हैं

जब फ़ाक़ों पर फ़ाक़ें थे
जब कोई उम्मीद नहीं थी
हमने जहाँ उँगलियाँ रख दीं
नब्ज़ें चलने लगीं दुनिया की

इस अधमरी दलित दुनिया को
अपने लहू से अमर किया

सुन लेना रन बोल उठेगा
मौत को अपने जीत लिया!

जिस दम हल्ला बोल दिया है
दरया, सहरा काँप उठे हैं
हमसे टक्कर लेकर साथी
पर्वत सागर हाँप उठे हैं

चाँद और सूरज की किरनों से
चादर बुन कर रख देते हैं
इसी हथौड़े की ज़र्बों से
लोहा धुन कर रख देते हैं

करके बराबर रख देते हैं
ऊबड़-खाबड़ पेचो-ख़म
कड़े कोस नर्मा देते हैं
अपने धरती तोड़ क़दम

ज़रा ठेस लगते ही साथी
नींद की दुनिया जाग उठती है
ठुकरा दें जिस पड़ी शिला को
बन के अहल्या जाग उठती है

यूँ गुदगुदा दिया है हमने
संग का पहलू फड़क रहा है
यूँ उकसाया है जड़ता को
पत्थर का दिल धड़क रहा है

जान डाल दी तस्वीरों में
यूँ हर खत चमकाया हमने
लौ दे उठते हैं वो नुक़्ते
चूम लिया है जिनको क़लम ने

नाम उभरने का न कभी ले
पेचो-खम में निगाह जो डूबे

नक़्क़ाशी के अमर मोजिज़े[1]
मीनाकारी के वो अजूबे
इन हाथों की गुलकारी मे
सुब्हे-बहार साँस लेती है
हमने दबा दी हैं वो आँचें
मिट्टी लौ पर लौ देती है
चौड़ी बुर्जों को जो देखे
शक़्क़ुल-क़मर[2] याद आ जाये
बुतख़ानों के रूपनगर में
सेह्‍रे-सामरी[3] ग़श खा जाये
यँ जगमगा दिया धातों को
हो ठहराव प चाल का धोका
साफ़ आँखों को हो जाता है
जामिद[4] पर सय्याल[5] का धोका
इन्हीं खुरदुरे हाथों का जस है
या सन्नाई[6] बोल उठी है
देख ज़रा बच्चों के खिलौने
साथी मिट्टी बोल उठी है
बेल और बूटों के पर्दे में
हमने क्या-क्या काम किये हैं
मुँहबँधी कलियों की गिरहों में
हमने शोले बाँध दिये हैं
महरमे - आबे - रवाँ छनती है
सात तहों से बदन की ज्योति

---

1. चमत्कार, 2. मोहम्मद साहब ने एक बार इशारे से चाँद के दो टुकड़े कर दिये थे, 3. जादूगर का जादू, 4. जड़, ठहराव, 5. तरल, 6. शिल्प-कला।

पर्दे-पर्दे में रह-रह कर
जैसे जागे मन की ज्योति
बारह अबरंग सोलह सिंगार
गोकुल की राधा सजती है
इस दुनिया के बृन्दाबन में
किसकी बंसी बजती है
कोख उजड़ जाये धतरी की
फूट जाये मानव का भाग
याद रहे हम उठ जायें तो
लुट जाय दुनिया का सुहाग
हाथ हमारा ही घर-घर में
लेके चिराग़े-शाम आया है
बुनियादों से रद्दा-रद्दा
ख़ून हमारा काम आया है
कड़ी चटानों के तेशे से
हमने सीने फाड़ दिये हैं
चार खूँट रहती दुनिया में
हमने झंडे गाड़ दिये हैं
इस धरती को छू कर हमने
चाँद सितारों को छेड़ा है
कर के बसर काँटों पर साथी
हमने बहारों को छेड़ा है
अक्सर इस धरती की छूटें
देवलोक पर पड़ जाती हैं
आज उसी दुनिया की आँखें
इन्द्रपुरी से लड़ जाती हैं
अपने इरादों के उठान में
रूहे-तमद्दुन की बरनायी

इन्हीं हथौड़ों के सर्गम में
तारीख़ों ने ली अँगड़ाई

मोहनजोदाड़ो और हड़प्पा
लाल क़िला और ताज महल
देख इलोरा और अजन्ता
कपिलवस्तु का राजमहल

रोमो, यूनान की वो फ़नकारी
मिस्र - देश के वो एहराम
क़ुस्तुंतंया के कंगूरे
क़स्र के क़स्रे - बहराम

काशी, दिल्ली, एलयम[1], पीसा
के वो धरहरे मीनार
उज्जैन और शीराज़ और ग़ज़नी
अलहमरा के दरो-दीवार

नीले सपनों की झिलमिल में
अटलांटिस[2] का वो जल सेज
जुग-जुगांतर के वरसे को
पीढ़ी-पीढ़ी दिया सहेज

मार्शिस, कीन्या, टंगानीका
लंका - बंका, सिंगापुर
ये किसने लहलहा दिया है
जल थल को नज़दीक और दूर

---

1. ट्राय नगर का एक नाम एलयम भी है। पीसा नगर इटली में है जहा का तिरछा मीनार प्रसिद्ध है। 2. कहा जाता है कि अब से कई हज़ार वर्ष पूर्व इटली में रोम सागर के तट पर अटलाण्टिक नामक एक बहुत बड़ा नगर बसा हुआ था जो अचानक रोम सागर में डूब गया। ('फिराक़')

झलक रहा है नगर, मास्को
न्वेग का वो जर्वे-सलीम
वो जादू निर्मान-कला के
लेनिनग्राड और नेपर डोन

भू-मंडल पर जग का जग से
रिश्ता-नाता जोड़ आये हैं
क़दम-क़दम पर इस दुनिया में
अपनी निशानी छोड़ आये हैं

सहरा को जो चमन बना दें
ऐसे दीवाने कम होंगे
आँख उठा कर हद्दे-नज़र तक
देखोगे तो हमीं हम होंगे

"पत्ता पत्ता बूटा बूटा
हाल हमारा जाने है
जाने न जाने गुल ही न जाने
बाग़ तो सारा जाने है" (मीर)

घन-घन-घन अनगिनत मशीनों
के पहियों का चक्कर खाना
ये घड़-घड़-घड़ ये ज़ीरो-बम
सय्यारों का मिलकर गाना

धड़-धड़ जलते फ़र्नस से
सूरज मंडल झपक गया है
अंधकार के सीने में भी
अक्सर कौंदा लपक गया है

लाख करवटें लेता शोला
बज्र को भी पिघला देता है
ब्वायलर हौंक रहा है गोया
ज्वालामुखी साँस लेता है

बरसाती हैं फूल इंजन के
लाल अंगारों की बौछारें
सुनो खनकते कल-पुर्ज़ों में
सौते-सरमदी की झंकारें
ये मशीन की गड़गड़ाहटें
धरती की छाती हिल जाये
धुआँ चिम्नियों से उठता है
गत पर जैसे नाग लहराये

जीवन की काली रातों का
धरती जहाँ पता देती है
गाती हुई मशीनों की लय
वहाँ चराग़ जला देती है

रेलों की घनगरज, जहाज़ों
का वो सागर फाड़ बहाव
साफ़ मंडलाकार फ़ज़ा में
तय्यारों का निडर चढ़ाव

नदियों का मुँह मोड़ दिया है
वीराना लहराता है
रेगिस्तानों में अब पानी
गगन खेलता जाता है

मज़दूरों के करामात हैं
मज़दूरों के पस्तो-बलंद
किस करवट से चन्द्रलोक पर
फेंकी है बेलाग कमन्द

कर्मयोग की महाशक्ति को
हमने अपने साथ लिया है
इस जीवन के शेषनाग को
इन हाथों से नाथ लिया है

हम दुनिया को चलाने वाले
और हमीं पामाल? ये क्या है
हम दुनिया को बचाने वाले
और इतने बदहाल? ये क्या है

हमको भूका रख कर हमसे
धन कुबेर का काम लिया है
अपनी दशा सोचकर अक्सर
हमने कलेजा थाम लिया है

साथी मरता क्या नहीं करता
किस किस पर इल्ज़ाम धरे
जम-जम जिये ये प्यारी दुनिया
लेकिन हम बेमौत मरे

अपने पसीने का जम जाना
धन, पूँजी, सरमायादारी
सब अपने ही लहू से पले हैं
सेठ महाजन राजअधिकारी

सब अपनी ही घमा-घमी है
आये दिन जो माल उड़ते है
सब अपनी ही लहर-बहर हैं
अपने लहू से गुलाल उड़ता है

हमको निर्धन रख के इन्होंने
पाट लिये हैं अपने ख़ज़ाने
हमें उजाड़ के इन सेठों ने
सज़ा लिये अपने काशाने

बाग़ में बस इनको ज़हरीले
काँटे बोना आता है
इनके अनर्थ को देख-देख कर
साथी रोना आता है

कैसा अपना देस अपना घर
साथी अपना बस है इतना
फटे नाखुनों में जितना है
टुकड़ा भारत की मिट्टी का

पानी में ये आग लगा दें
सेठ महाजन एक काइयाँ
जंग की घातें सुल्ह की बातें
धमाचौकड़ी उड़न घाइयाँ

जब-जब जंग छिड़ी देशों में
जो भी पड़ी हम पर ही पड़ी
भुस में चिंगी देकर, साथी
देख जमालो दूर खड़ी

अरबों के हैं वारे-न्यारे
दाँव भी हैं दोहरे-दोहरे
चालें इनकी बाज़ी इनकी
हम हैं बस शतरंज के मोहरे

ये हमसे इन्साफ़ करेंगे
क्या बकते हो ? राम कहो
इनके बहीखाते से हमें क्या
लेना इक न देना दो

ये और उगलें अपना मुनाफ़ा
कह सुन कर सब हार गये
नोटों के सोने चाँदी के
ये तो पहाड़ डकार गये

नर्म भी पड़ के गर्म भी पड़ के
दुनिया को देते हैं भरें
ये जीवन का रथ खींचेंगे?
राह के अड़यल थान के टर्रे

काले रुपयों से बेखटके
भरते गये ये अपनी तिजोरी
सब भौचक्के रह जाते थे
करता कौन इनसे बरजोरी

ये सब मर्दुमख़ोर हैं साथी
इनके साथ मुरव्वत कैसी
ये दुनिया है मिलकियत इनकी
इस दुनिया की ऐसी-तैसी

निपटो अब बिफरी जनता से
करनी-धरनी लेकर चाटो
गुट्ठी भर-भर के दुनिया में
बोयी हवा बवंडर काटो

संगीनों से बन्दूकों से
तुमने हज़ारों वार किये
बारी है अब मजदूरों की
'इक कचलोहिया आड़ो हमार'

दबसठ से सब काम चला है
लोहा ही लोहा को काटे
साथी सुना नहीं क्या तूने
सीधे का मुँह कुत्ता चाटे

खेतौनी में सड़क खम्ब में
सब में ब्यापे हम हुश्यार
इन्हीं ड्यौढ़ियों के खम्बों से
लेंगे हम नरसिंह औतार

बेकारी, भुखमरी, लड़ाई
रिशवत और चोर - बाज़ारी
बेबस जनता की ये दुर्गत
सबकी जड़ सरमायादारी

ठोकर पर ठोकर खाकर भी
अपनी मंज़िल से बेगाने
आँख के अंधे नाम नयनसुख
हमको चले हैं राह बताने

आज बहीखाते वालों से
सदियों का लेखा हम लेंगे
आटे दाल का भाव खुलेगा
जिस दम जमा ख़र्च समझेंगे

लाल, जवाहर, सोना, चाँदी
कोमंटाँग पर किया निछावर
क्यों न हो डालर साम्राज्य का
नाच रहा था भूत जो सर पर

इस दौलत से अमरीका का
जोबन और सँवारा होता
आज अमरीका एक ज़माने की
आँखों का तारा होता

बैंकों, मिलों, कारख़ानों को
हम जो हाथों में ले लेते
हुन बरसा देते साथी हम
देश को सोने में मढ़ देते

यू-एन-ओ में, यूनिस्को में
रूस प दोष लगाते जाओ
करके बेहया तक़रीरें तुम
अपनी झेंप मिटाते जाओ

जापान और पश्चिमी जर्मनी
यूनान, इटली, यूगोसलाविया
कशमीर और नेपाल और तिब्बत
साउथ कोरिया और मलाया

तोड़ – फोड़ में हरज नहीं है
कुछ तो करें जब जी ललचाये
चोर अगर चोरी न करे तो
हेरा फेरी से भी जाये

चीन को मत तसलीम करो
यारों ने ढब क्या-क्या सोचे
ठीक तो है खिस्यानी बिल्ली
कुछ न बने तो खम्बा नोचे

अब फ़ारमूसा पर नज़रें हैं
गो ये जगह है निहायत छोटी
लेकिन अब इस को क्या कीजे
भागे भूत की बहुत लँगोटी

चीन से जब निकले तो तुमने
हिन्द-चीन में टाँग अड़ायी
डट गये नये अखाड़े में तुम
और जो यहाँ भी मुँह की खायी

मारशल-एड, अटलांटिक-पैक्ट
ख़ाने तड़-पड़ भरते जाओ
इसी तरह दुनिया भर में तुम
गड़बड़-सड़बड़ करते जाओ

वाल स्ट्रीट के सट्टेबाजो
काँप जाओ इस लशकर से
हिटलर, च्यांग के उड़ा दिये सर
जिसने अपनी ठोकर से

जंग से तुमको लाभ हुआ जो
उसको जोड़ो और शर्माओ
कंठ में अटके जीत के दावे
गिनो अगर तुम रूस के घाव

तुमने हिटलर को शिकस्त दी
कहते शर्म नहीं आती
इतने दाँत तुम्हारे मुँह में
झूठ की आँखें हैं झुक जाती

ज़बरदस्त जर्मन फ़ौजों से
लड़े अकेले तुम या रूस
जीते हुए दुश्मन को भगाते
बर्लिन पहुँचे तुम या रूस?

निगल लिये जाने पर किसने
पेट अजगर का फाड़ दिया है
सबसे पहले रायचिस टाग पर
किसने झंडा गाड़ दिया है

आज रूस फुँक जाने पर भी
पनप उठा है, चमक उठा है
तुम पर आँच न आयी लेकिन
बाग़ तुम्हारा सूख चला है

दुनिया भर बाज़ार है जिसका
इक मंडी हेराफेरी की
इस अमरीका की ये हालत
ये बेकारी धत तेरी की

ठंडी लड़ाई आख़िर कब तक
इस दुनिया में रहेगी जारी
अम्न के सच्चे दिलदारों से
बात न की तुमने झकमारी

दुम में रस्सा बाँध चुके हैं
ठोकर देंगे, धक्का देंगे
उसी घड़ी हम दम लेंगे जब
चोर को घर तक पहुँचा देंगे।

अब क्यों देर लगायें साथी
अब तो कमर दुश्मन की खम है
आधी दुनिया जीत चुके हैं
अब तो मंज़िल चार क़दम है

दुनिया नयी बसायेंगे हम
सुन्दर साज सजा देंगे
धन्ना सेठों के महलों की
ईंट से ईंट बजा देंगे

दुनिया हाथ नहीं आती है
दुनिया ले ली जाती है
क़िस्मत नहीं बदलती साथी
क़िस्मत बदली जाती है

मजदूरों की दुनिया जागी
कटते - कटते रात कटी
वो आकाश कलस हिलते हैं
धरती ने करवट बदली

दुनिया जिसे आज कहती है
संगम कई जुगों का है
बीता हुआ 'कल' औरों का था
आने वाला 'कल' अपना है

सर्वोदय के सुख सपने में
कौन पुकार रहा है साथी?
जीवन सागर नयी दिया में
ठाठें मार रहा है साथी

कोई दिन की बात है साथी
मज़दूर अब मजदूर नहीं है
जब हो ज़मीं पर अपनी ख़ुदाई
साथी वो दिन दूर नहीं है

नयी दुनिया

रूस, चीन की कम्पित किरनें
नव प्रभात की आभा लायीं
नव जुग का संदेशा लायीं

उत्तर दक्खिन, पूरब पश्चिम
आगे, पीछे, ऊपर, नीचे
देश-देश में दुनिया भर में
तोड़ रही है दम तारीकी
सुर्ख़ सवेरा होने को है

भारत के आकाश में साथी
उदयाचल की ओट से साथी
वो रक्तिम पव फूट रही है

अँगड़ाई तोड़ता एशिया
बन्द आँखें मलता अफ़रीका
दमन दलित हबशी अमरीका
गहरी नींद से चौंक उठे हैं

देश-देश में महक्रांति की
रनचंडी हुंकार रही है
सौ बल खाती हुई क्रुचलकर
या नागन फुफकार रही है

कारीगर, मज़दूर, किसान
कड़ियल और बिगड़ैल जवान
काँधे से काँधा जोड़ेंगे
दुनिया पर धावा बोलेंगे

धरती का तख़्ता उलटेंगे
दुनिया में सर्वोदय होगा
नया समाज आँखें खोलेगा
नयी सभ्यता क़ायम होगी

ज़र्रा-ज़र्रा जाग उठेगा
क़तरा-क़तरा जाग उठेगा
पत्ता-पत्ता जाग उठेगा
बूटा-बूटा जाग उठेगा

कोना-कोना जाग उठेगा
चप्पा-चप्पा जाग उठेगा
तप्ता-तप्ता जाग उठेगा
क़सबा-क़सबा जाग उठेगा

सूबा-सूबा जाग उठेगा
दरया-दरया जाग उठेगा
सहरा-सहरा जाग उठेगा
जीवन-सपना जाग उठेगा

दुकाने-सुख़न

ख़रीदो मकाँ लामकाँ बेचता हूँ शहनशाही दो जहाँ बेचता हूँ
हक़ायक़ अयाँ और निहाँ बेचता हूँ यूँहीं चन्द बहमो-गुमाँ बेचता हूँ।
मैं नग़मों की जिन्से - गराँ बेचता हूँ तेरे हुस्न की दास्ताँ
इशाराते-क़ल्बे-पताँ बेचता हूँ यक़ीं बेचता हूँ गुमा बेचता हूँ।
जो आसूद-ए-ख़ाब है इन लबों पर वो रंगीनी-ए-दास्ताँ बेचता हूँ।
झपकने लगीं आफ़ताबों की आँखें तेरे रुख की ताबानियाँ बेचता हूँ।
जो लिपटी हैं उस गेसू-ए-अंबरी से मैं उन नकहतों का धुआँ बेचता हूँ।
दिले-बत्ल[1] को चीरती जा रही है सदाक़त की नोके-सिनाँ बेचता हूँ।
जो चश्मो-चराग़े-शबे-ज़िन्दगी है मैं अश्कों की वो कहकशाँ बेचता हूँ।
कभी वक़्त-बेवक़्त काम आ रहेगा ख़रीदो ग़मे-रायगाँ बेचता हूँ।
कोई निर्ख़ उठाये मताए-सुख़न के मैं दिल बेचता हूँ ज़बाँ बेचता हूँ।
ज़मीने सुख़न बेचने के बहाने ख़यालात के आसमाँ बेचता हूँ।
ख़याबाँ-ख़याबाँ चमन भी फ़रोशम मैं हर वर्ग के गुलसिताँ बेचता हूँ।
जो छेड़ूँ तो लव दे उठे साज़े-हस्ती मैं वो सोज़े दिल सोज़े-जाँ बेचता हूँ।
ज़माने में जो ग़म मिले दोस्तों से उन्हीं को मैं ऐ मेह्रबाँ बेचता हूँ।
जो हैं ग़ुंचा-ओ-गुल के पर्दों में पिनहाँ मैं वो नग़म-ए बुलबुलाँ बेचता हूँ।
इन्हीं में हैं आसानियों के भी लटके मुहब्बत की दुशवारियाँ बेचता हूँ।
बराबर करें जो हिसाबे-ज़माना मैं कुछ ऐसे सूदो-ज़ियाँ बेचता हूँ।
झपक जाये मेह्रे-क़यामत की आँखें वो क़ामत की बर्क़े-दमाँ[2] बेचता हूँ।
अज़ल से जो पिनहाँ है राज़े-बहाराँ वही गुलसिताँ-गुलसिताँ बेचता हूँ।
बएज़ाज़े-फ़न क़दरो-क़ीमत बढ़ाकर निशातो-ग़मे-दीगराँ बेचता हूँ।
जो आये नहीं हैं किताबों में अब तक उन अबवाब की सुरख़ियाँ बेचता हूँ।

---

1. मिथ्या का हृदय, 2. चिंघाड़नेवाली बिजली।

दो आलम भी देकर मिलें तो हैं सस्ते हक़ायक़ के गंजे-निहा[1] बेचता हूँ।
जो इस दौर के फ़ितन-ए-बे अमाँ को सुला दे वो ख़ाबे-गराँ बेचता हूँ।
जहाँ बाल जलते हैं रूहुल-अमीं के मैं उस दिल के सोज़े-निहाँ बेचता हूँ।
मफ़र[2] हो न जिससे क़ज़ाओ-क़दर[3] को ख़रीदो कि वो इम्तिहाँ बेचता हूँ।
जो बेचैन दुनिया में जाने-सुकूँ है मैं-वो दर्द आरामे-जाँ बेचता हूँ।
वजूदो-अदम[4] तंग गोशे हैं जिसके मैं वो वुस्अते-बेकराँ[5] बेचता हूँ।
मेरे शेरे तर हैं गुलिस्ताँ के आँसू ग़मे-ख़ातिरे-शादमाँ बेचता हूँ।
जुनूँ ख़ेज़ है तार-तार-गरीबाँ मैं उस जेब की धज्जियाँ बेचता हूँ।
शिफ़ा हो न जिसको मसीहा-दमों से अज़ीज़ो वो ज़ख़्मे-निहाँ बेचता हूँ।
सफ़े रंगो-बू की ग़ज़ल में सजा के गुलों की दुकाँ की दुकाँ बेचता हूँ।
फ़ज़ा-ए-जिनाँ दर्द है जिनके आगे इन अशआर में वो समाँ बेचता हूँ।
वजूद एक सोज़े-मुसलसल है जिससे मैं उस इश्क़ की गर्मियाँ बेचता हूँ।
मेरे साज़े-दिल में सदा-ए-जरस[6] है जिसे कारवाँ कारवाँ बेचता हूँ।
चराग़े-सुखन हैं कि कुछ नक़्शे पा हैं तेरी रहगुज़र के निशाँ बेचता हूँ।
बने शौक़े-दीदार शौक़े-शहादत मैं वो जल्व-ए-जँसितयाँ बेचता हूँ।
एक एक लम्स[7] जिसका शुआओं से नाज़ुक मैं वो फ़न्ने-शीशागराँ बेचता हूँ।
वो दोस्त उसकी जोक़दरो-क़ीमत न जानें उन्हीं को ग़मे-दोस्ताँ बेचता हूँ।
हक़ायक़ हैं कुछ ख़ामुशी-ओ-सुख़न के जिन्हें दरमियाँ दरमियाँ बेचता हूँ।
मेरे एक फ़साने में लाख़ों फ़साने जिन्हें दास्ताँ-दास्ताँ बेचता हूँ।
सभी बर्क़वश जिनकी चिनगारियाँ हैं मैं वो आग ऐ जाने-जाँ बेचता हूँ।
इसे मोल लेकर ख़ुदाई करोगे ख़रीदो ज़मीनो ज़माँ बेचता हूँ।
सरासर तेरे हुस्न का पर्दा रख लें मैं वो चाकदामनियाँ बेचता हूँ।
कई राज़ हैं जो यक़ीं दर यक़ीं हैं उन्हीं को गुमाँ - दरगुमाँ बेचता हूँ।
जिसे चाँदनी रात भी ढूँढती है मैं वो जल्व-ए-महवशाँ बेचता हूँ।

---

1 छिपा ख़ज़ाना, 2. जिब्रील फ़रिश्ता, 3. छुटकारा, 4. तक़दीर व क़िस्मत, 5. जीवन-मृत्यु, 6. असीमित विस्तार, 7. घण्टी की आवाज़।

जो हैं कारफ़रमा ज़मीरे-बशर में वो रहमान[1] वो क़हरमा[2] बेचता हूँ।
जो हैजानो-ईमाँ से भी बढ़के मुझको मैं उस दिल के टुकड़ों को, हाँ, बेचता हूँ।
हयाते-बशर के हैं कुछ रम्ज़ जिनको शरो-खैर के दरम्याँ बेचता हूँ।
ज़मीं को बनाती है जो रश्के-जन्नत ख़रीदो वो सरगर्मियाँ बेचता हूँ।
जो आनी है फ़रसूदा नज़्मे-जहाँ पर मैं वो आफ़ते-नागहाँ बेचता हूँ।
पयाम इन्क़िलाबों का झंकार जिसकी वो ज़ंजीरे-ज़िन्दानियाँ बेचता हूँ।
मिले थे ये ग़म मुझको ऐ दोस्त तुझसे जिन्हें शादमाँ-शादमाँ बेचता हूँ।
बहुत-सी मुहब्बत की नाकामियाँ हैं जिन्हें कामराँ-कामराँ बेचता हूँ।
ये हैं ख़ते-रौशन जबीने-वतन के मैं तक़दीरे-हिन्दोस्ताँ बेचता हूँ।
मेरे दिल प लहरा के जो टूटती हैं अदाओं की वो बिजलियाँ बेचता हूँ।
पड़ें लम्हा-लम्हा प मुहरें अबद की मैं वो वक़्फ़ाहा-ए-निहाँ बेचता हूँ।
कमन्दे चमन है लचक ख़ुशबुओं की ख़मे-ज़ुल्फ़े-अंबरफ़िशाँ बेचता हूँ।
ज़मीने-सुख़न गुल खिलाती है क्या-क्या जिन्हें आसमाँ-आसमाँ बेचता हूँ।

'फ़िराक़' इक ख़रीदार पर हैं निगाहें
मैं यकमुश्त दोनों जहाँ बेचता हूँ।

1. कृपानिधान, ईश्वर, 2. कोप।

बाँट रहा हूँ!

ऐ अह्ले-तरब रंजो-अलम बाँट रहा हूँ
ख़ुशिया भी हों क़ुर्बान वो ग़म बाँट रहा हूँ।
इक शोल-ए-एजाज़-रक़म बाँट रहा हूँ
है नोक प जादू वो क़लम बाँट रहा हूँ।
है मौत से भी साज़ वो हूँ ज़िन्द-ए-जावेद[1]
अमृत के उड़े होश वो सम बाँट रहा हूँ।
छेड़ी वो ग़ज़ल मैंने कि हैं वज्द में कौनैन
और यूँ तो कोई कैफ़ न कम बाँट रहा हूँ।
है मस्कने-आहू-ए-खुतन हर दिल-पुरकैफ़
जादू भरी आँखों का भरम बाँट रहा हूँ।
पड़ती हैं सरे-आलम-असरार कमन्दे
लहरायी हुई ज़ुल्फ़ के ख़म बाँट रहा हूँ।
अफ़कार मेरे चीर गये सीन-ए-आफ़ाक़[2]
अशआर हैं या तेग़े-दवे दम बाँट रहा हूँ।
इस पर्द-ए-आवाज़ से पव फूट रही है
फ़र्दा[3] के जुलूसों के अलम बाँट रहा हूँ।
ये मेह्रो-वफ़ा के जो सुनाता हूँ तराने
ऐ दोस्त तेरे लुत्फ़ो-करम बाँट रहा हूँ।
कर्वट नयी लेते हैं ज़माने के इरादे
दुनिया में नये क़ौलो-क़सम बाँट रहा हूँ।

---

1. अमर, 2. समय, 3. आनेवाला कल, भविष्य।

खाता हूँ शहनशाही-ए-जमहूर की सौगंद
मैं सलतनते-क़ैसरो-जम बाँट रहा हूँ।
चौंका न दें ईमान को ये कुफ़्र के तुहफ़े
बोल उठने को हैं जो वो सनम बाँट रहा हूँ।
लेती है मेरी बात को कुछ यूँ नयी दुनिया
जैसे कोई अनमोल रक़म बाँट रहा हूँ।
अशआर की ये चुस्ती-ए-बंदिश है बहाना
ऐ दोस्त तेरी शोख़ी-ए-रम बाँट रहा हूँ।
ये नग़मा सरायी है कि दौलत की है तक़सीम
इनसान को इनसान का ग़म बाँट रहा हूँ।
जिससे मेरे विज्दान में पलते हैं ख़यालात
जमहूर में वो नाज़ो-निअम बाँट रहा हूँ
अन्फ़ासे-ख़िज़ाँ-दे दा को शोलों में बसा के
वीरानों को गुलज़ार-इरम बाँट रहा हूँ।
पेशानी-ए-मुस्तक़बिले-इनसाँ है मुनव्वर
वो शोले सरे दौरे-हरम बाँट रहा हूँ।
ऐ अह्ले-अरब आओ इन अशआर को परखो
कुछ सोच के मीरासे अजम बाँट रहा हूँ।
मेयारे-सुख़न इससे चमक जाये तो है बात
जिस दौलते-अफ़कार को कम बाँट रहा हूँ।
हर दीद-ए-मुशताक़ में शबनम की झलक है
आँखों में जो पिनहाँ है वो नम बाँट रहा हूँ।
ख़ल्लाक़े-तमद्दुन है यही नेस्ती-ए-इश्क़
हस्ती को मैं पैग़ामे-अदम बाँट रहा हूँ।
अशआर हैं या गंजे गराँमायाए-फ़ितरत
नग़मों के वो दीनारो-दिरम बाँट रहा हूँ।
ये तल्ख़ नवाई मेरी ज़ामिन है बक़ा की
जो जाने-करम है वो सितम बाँट रहा हूँ।

तामीर करेंगे नयी दुनिया नयी दुनिया
कमज़ोरों में वो ज़ोरे-हुमम बाँट रहा हूँ।

हर चीज़ का चोला ही बदल दूँगा सिरे से
संसार को एक और जनम बाँट रहा हूँ।

दुनिया को नये दौर की देता हूँ बशारत[1]
या इक नयी तक़दीरे-उमम[2] बाँट रहा हूँ।

कल जिनसे बदलने को है तक़दीर बशर की
मैं आज वो अफ़कारे-अहम बाँट रहा हूँ।

ऐ अह्ले-अदब आओ ये जागीर सँभालो
मैं ममलिकते-लौहो-क़लम बाँट रहा हूँ।

खुलता ही नहीं मुझ प 'फ़िराक़' अपनी सदा से
क्या-क्या असरे-शादियो-ग़म बाँट रहा हूँ।

---

1. शुभ सूचना, 2. क़ौम का भाग्य।

जुदाई

शजर-हजर प हैं ग़म की घटाएँ छायी हुई
सुबुक-ख़राम[1] हवाओं को नींद आयी हुई।
रगें ज़मीं के मनाज़िर की पड़ चली ढीली
लवें फ़लक के चराग़ों की झिलमिलायी हुई।
ये ख़स्ताहाली, ये दर्मान्दगी, ये सन्नाटा
फ़ज़ा-ए-नीमशबी भी है सनसनायी हुई।
धुआँ-धुआँ से मनाज़िर हैं शबनमिस्ताँ के
सियाह रात की ज़ुल्फ़ें हैं रसमसायी हुई।
ये रंग तारों भरी रात के तनफ़्फ़ुस[2] का
कि बू-ए दर्द में हर साँस है बसायी हुई।
ख़ुनुक़ उदास फ़ज़ाओं की आँखों में आँसू
तेरे फ़िराक़ की ये टीस है उठायी हुई।
सूकूते-नीमशबी गहरा होता जाता है
रगें हैं सीन-ए-हस्ती की तिलमिलायी हुई।
है आज साज़े नवाह-ए-ख़ूँचकाँ[3] ऐ दोस्त
हयात तेरी जुदाई की चोट खायी हुई।
मेरी इन आँखों से अब नींद पर्दा करती है
जो तेरे पंज-ए-रंगीं की थीं जगायी हुई।
सिरिश्क[4] पाले हुए तेरे नर्म दामन के
निशात तेरे तबस्सुम से जगमगायी हुई।

---

1. हल्की, सुन्दर चाल, 2. साँस का आना-जाना, 3. रक्तमय आवाज़ें, 4. आँसू।

लटक वा गेसुओं की जैसे पेचो-ताबे कमन्द
लचक भवों की जैसे कमाँ झुकायी हुई।
सहर का जैसे तबस्सुम दमक वो माथे की
किरन सुहाग की बेंदी की लहलहायी हुई।
वो अँखड़ियों का फ़ुसूँ रूप की वो देवीय्यत
वो सीना रूहे-नुमूँ जिसमें कुनमुनायी हुई।
वो सेज साँस की ख़ुशबू को जिस प नींद आये
वो क़द गुलाब की इक शाख़ लहलहायी हुई।
वो झिलमिलाते सितारे तेरे पसीने के
जबीने-शामे जवानी थी जगमगायी हुई।
हो जैसे बुतकदा आज़र का बोल उठने को
वो कोई बात सी गोया लबों तक आयी हुई।
वो धज वो दिलबरी, वो कामरूप आँखों का
सजल अदाओं में वो रागनी रचायी हुई।
वो खाबगाह में शोलों की करवटें दमे-सुब्ह
वो भैरवी तेरी बेदारियों की गायी हुई।
वो मुस्कुराती हुई लुत्फ़ें दीद की सुब्हें
तेरी नज़र की शुआओं की गुदगुदायी हुई।
लगी जो तेरे तसव्वुर के नर्म शोलों से
हयाते-इश्क़ है उस आँच की तपायी हुई।
हनोज़ वक़्त के कानों में छमछमाहट है
वो चाप तेरे क़दम को सुनी-सुनायी हुई।
हनोज़ सीन-ए-माज़ी में जगमगाहट है
दमकते रूप की दीपावली जलायी हुई।
लहू में डूबी उमंगों की मौत रोक ज़रा
हरीमे-दिल में चली आती है ढिटायी हुई।
रहेगी याद जवाँ बेबगी मुहब्बत की
सुहाग राग की वो चड़ियाँ बढ़ायी हुई।

ये मेरी पहली मुहब्बत न थी मगर ऐ दोस्त
उभर गयी हैं वो चोटें दबी-दबायी हुई।
सिपुर्दगी-ओ-ख़ुलूसे-निहाँ के पर्दे में
जो तेरी नर्मनिगाही की थीं बिठायी हुई।
उठा चुका हूँ मैं पहले भी हिज्र के सदमे
वो साँस दुखती हुई आँख डबडबायी हुई।
ये हादिसा है अजब तुझको पा के खो देना
ये सानिहा है ग़ज़ब तेरी याद आयी हुई।
अजीब दर्द से कोई पुकारता है तुझे
गला रुँधा हुआ आवाज़ थरथरायी हुई।
कहाँ है आज तू ऐ रंगो-नूर की देवी
अँधेरी है मेरी दुनिया लुटी-लुटायी हुई।
पहुँच सकेगी भी तुझ तक मेरी नवा-ए-'फ़िराक़'
जो कायनात के अश्कों में है नहायी हुई।

हाँ ऐ दिले-अफ़सुर्दा

ईरानी नगर मदायन पर फारसी-शाएर 'ख़ाक़ानी' के उस क़सीदे से मुतास्सिर होकर जो यूँ शुरू होता है:

हाँ ये दिले-दबरतवीं अज़दीदा निगह-कनहाँ।
ऐवाने-मदायन रा आईना-ए-इबरत दाँ।

हाँ ऐ दिले-अफ़सुर्दा दुनिया प नज़र कर हाँ
ये जलवागहे-फ़ितरत ये कारगहे-इनसाँ
हर दर्द तेरे ग़म का तारीख़ का इक उनवाँ
किस दर्जा है पुरअज़मत तेरा ये ग़मे पिनहाँ।
हर नेमते-हस्ती है तेरे लिए ओ नादाँ
तेरे लिए फ़ितरत का हर एक सरो-सामाँ।
दम से तेरे रौनक़ है इस महफ़िले-हस्ती की
मेह्रो-क़मरो-अंजुम तेरे लिए आवेज़ाँ[1]।
है राज गुलिस्ताँ पर फ़र्मान बियाबाँ[2] पर
अहकाम से तेरे ही खुलते हैं दरे-ज़िंदाँ।
हर खत्ते-मुसव्वर में हैं धड़कनें तेरी ही
हर नग़म-ए-शाएर में तू ही तो है गुलअफ़शाँ।
महके हुए गुलशन में दहके हुए सहरा में
है जोशे-नुमूँ तेरा तेरी ही तपिश पिनहाँ।
तू आग भी पानी भी, तू क़हर भी रहमत भी
इस गुलशने-आलम में तू बर्क़ तू ही बाराँ।
तेरे ही लहू से है गुलशन की हिना बंदी
भीगे हुए तिनकों को शोले का दिया दाँमाँ।
पिनहायी-ए-हरआलम तेरी ही वरासत है
जागीर तेरी ही है हर बेशा-ओ-हर मैदाँ।

---

1. लटकी हुई, टँगी हुई, 2. जंगल, कछार।

हाथों में तेरे जस है आँखों में तेरी रस है
धरती को किया गुलशन बंजर को किया बुस्ताँ।
हर बर्ग प एहसाँ है हर नख़्ल तेरा मम्नूँ
तू मीरे-चमनबन्दाँ तू नाज़िशे-गुलकाराँ।
फ़ितरत के नविश्तों की इस्लाह भी की यूँ तो
हर भूल हुई तुझसे हर सह्वे-ख़ताकाराँ।
फ़ितरत का अमल तुझपर फ़ितरत प अमल तेरा
तहज़ीबो-तमद्दुन के इस उम्र में सब इम्काँ।
इस बाहभी रिश्ते के बढ़ने से लगी आने
इनसाँ से बू-ए-फ़ितरत, फ़ितरत से बू-ए-इनसाँ।
शागिर्द भी फ़ितरत का उस्ताद भी फ़ितरत का
तू तिफ़्ल अबद का है और तू ही अबुद्दौराँ[1]।
दुनिया को बदलने में तू भी है बदल जाता
इस दुहरे अमल का है हर रद्दे-अमल पिनहाँ।
ज़ंजीरे-अमल की ही कौनैन में हैं झंकार
महदूद नहीं कड़याँ, ये सिलसिला बेपायाँ।
राहिल है अज़ल का तू सय्याह अबद का तू
कुछ तुझको ख़बर भी है तू कब से है सरगर्दां।
तनहा न समझ ख़ुद को हमराह तेरे ऐ दिल
है गर्दे-सवाबित भी सय्यारे भी हैं रक़्साँ।
मेह्‌रो महो-अंजुम में है अक़्सफ़िगन तू ही
इस आईनाख़ाने में इस दरज न हो हैराँ।
दुनिया है वतन तेरा दुनिया का वतन तू है
गुमकर्दा वतन होकर अज़ यादे-वतन नालाँ।
हर दौर के ग़ुंचों की तुझसे ही खुलीं गिरहें
हर अस्त्र के दामन में तू ही है बहारआफ़शाँ।

---

1. समय का पिता, नायक।

तेरे लिए दुनिया है, दुनिया के लिए तू है
हाँ ख़ुद प नज़र करके दुनिया प नज़र कर हाँ।

आईना-ए-दौराँ है ये तेरी उदासी भी
हर चीने-जबीं तेरी तारीख़ का इक उनवाँ।

हर एक झिझक तेरी सदा जा-ए-तअम्मुल है
हर वह्मो-गुमाँ तेरा है रूकशे-सदईमाँ[1]।

क़िसमत में तेरी ऐ दिल राहत न सुकूँ लेकिन
हर दुख का मदावा तू, हर दर्द का तू दरमाँ।

हर दौरे-सियह का है तू मतला-ए-सुब्हे-नौ
ऐ मामने-ग़म-ज़दगाँ ऐ मूनिसे-मज़लूमाँ[2]।

तेरा ही जलाल ऐ दिल आता है नज़र मुझको
जब ठोकरें खाती है सरताबी-ए-सरताबाँ।

मरदूदे-ख़लायक़ भी, मस्जूदे-मलायक भी
अज़दाद का मजमूआ, गह नादिमो-गह नादाँ।

तारीख़े-तमद्दुन का तू राज़ है सरबस्ता
एख़लाक़ का पैग़म्बर सरदारे-गुनहगाराँ।

मासूम है तू फिर भी गो तुझ से हुआ सर्ज़द
नशे में मुहब्बत के हर ज़ुर्मे-सियहकाराँ।

तपते हुए माथे पर है मुह्रे-उलूहीयत[3]
दुखते हुए सीने में सद कबी-अज़ाबे-जाँ।

है वख़्त के चेहरे का ग़ाज़ा तेरा ख़ूने-गर्म
सोज़े-दिले-इनसाँ है जलवा-देहे हर उनवाँ।

क़तरे तेरे आँसू के आईना-ए-मुस्तक़बिल
तक़दीरे-बनी आदम है ग़म में तेरे पिनहाँ।

---

1. शान्ति की जगह, 2. जिन पर अत्याचार हुआ हो उनसे हमदर्दी रखनेवाला, 3. खुदाई की मुहर

है तेरी सियहमस्ती जीलाँ-गहे-वर्क़े-अक़्ल
है अक़्ल में भी तेरी अंदाज़े-वलानोशाँ।

गूँजी हुई दुनिया में हैं तेरी ही आवाज़ें
ऐ नग़मासराए-जाँ, ऐ तायरे-ख़ुशइल्हाँ।

ए जाने-जहाँ दुनिया अनवार की दुनिया है
हर रोज़ है ज़र-अफ़शाँ हर शब है गुहररेजाँ।

हर मंज़रे-फ़ितरत को है तुझ से हमआहंगी
ये मजमाए हमदर्दां, वो महफ़िले-ग़मख़ोरां।

हाँ माँग लिया तू ने फिर बाँट दिया तू ने
फ़ितरत से ग़मे-फ़ितरत, इनसाँ को ग़मे-इनसाँ।

पाया है तुझे मुज़तर गह सेज प फूलों की
गह दारो-रसन पर भी पाया है तुझे ख़न्दाँ।

आज़ादी तेरी फ़ितरत, हर क़ैद तेरी क़िसमत
आवारा-ए-हर गुलशन, शाइस्ता-ए-हर ज़िन्दाँ।

इस गुलशने-हस्ती का पुरकैफ़ है हर मंज़र
फूलों प नज़र करके काँटों प नज़र कर, हाँ।

नग़मों में तेरे ऐ दिल देखी है ज़माने ने
तसवीरे-ग़मे-दौराँ तासीरे-ग़मे-जानाँ।

हर चीज़ निशाना है वह तीर तराजू है
इस आलमे-हस्ती के ऐ फ़ातहे-आलीशाँ।

तेरा ही तसर्रुफ़ है तेरा ही तकल्लुफ़ है
वो बज़्मे-फ़रीदूँ हो या अंजुमने-कैवाँ।

रन बोलते हैं ऐ दिल या तू ही धड़कता है
हैं तेरी ही ज़द में सब क्या खैबरो-क्या-फाराँ।

दुनिया में हुए ऐ दिल कितने ही महाभारत
अर्जुन की कमाँ था तू, तू भीष्म का था पैकाँ।

है कृष्ण के घुँघरू की झनकार तेरे ख़ूँ में
गेती की है राधा का हाथों में तेरे दामाँ।
जिस बाँसुरी की लय पर मधुबन को भी वज्द आया
था उसके भी पर्दे में हाँ तू ही तो नग़माखाँ।
उठी है तेरे ग़म में तप कर कई तहज़ीबें
ताबिंदा तेरे ख़ूँ से तारीख़ का हर उनवाँ।
इन मुल्कों की तहज़ीबें तेरे ही करिश्मे थीं
हो चीन कि हिन्दुस्ताँ वो मिस्र हो या ईराँ।
ज़ुलमातचकाँ भी तू अनवार फ़िशाँ भी तू
तू-बानी-ए-ख़ैरो-शर तू बीमो-रिजा की जाँ।
वे वज्ह नहीं तुझको तरजीह मलायक पर
एक-एक अदा तेरी तस्खीर-कुने-यज़दाँ।
जिब्रील की भी हिम्मत छुट जाये जहाँ ऐ दिल
ऐसी भी फ़ज़ाओं में पाया तुझे परआफ़शाँ।
क़ायम तेरी हिम्मत से है नज़्मे-जहाँ ऐ दिल
बे तेरे बिखर जाये शीराज़ा-ए-जिस्मो-जाँ।
है कारे-अहम तेरा तहज़ीब को दिल देना
हासिल है तमद्दुन का तेरा अमले-पिनहाँ।
एहसाने-गराँ ऐ दिल शाएर प भी हैं तेरे
मिलती ये कहाँ मुझको शाइस्तगी-ए-विज्दाँ।
जो ग़म के दरीचों से जन्नत में पहुँचती हैं
वो ठंडी हवाएँ भी हैं तेरी नसीमे-जाँ।
ये बज़्मे-जहाँ तुझसे एक बज़्मे-मुहब्बत है
ऐ इश्क़ के सोज़े-जाँ ऐ जल्वाहदे-खूबाँ।
अबरू में चलक तेरी, तेवर में दमक तेरी
तू हुस्ने-तरहदाराँ तू नीज़िशे कजकुलहाँ।
तेज़ी-ए-सिनाँ तेरी तख़लीके-बुताँ तेरी
मतलूबे-जिगरदाराँ महबूबे-नज़रबाज़ाँ।

काशी-ए-अज़ल है तू रुमा-ए-अवद है तू
तू काबा-ए-दौराँ है तू क़िबला-ए-आलमियाँ।

दुनिया ने नये युग का वो शह्र बसाया है
सद रश्क़े-मदायन है जिस शह्र का हर ऐवाँ।

इस हिन्द की मिट्‌टी से तख़लीक़ हुई तेरी
क़रनों से रही है जो सेराब जू-ए-हैवाँ।

तुझमें वो घुलावट है तुझमें वो हलावत है
आबो-गिले-जन्नत भी इस चाश्नी की ख़ाहाँ।

ग़म में तेरे पलता है इनसान का मुस्तक़बिल
अहम्मियते-ग़म तुझको मालूम नहीं नादाँ।

एक आया-ए-रहमत है हर ख़ते-ख़राशे-ग़म
हर ज़ख्म के साथ उतरा सीने में नमा-क़ुरआँ।

दुनिया में तेरी ऐ दिल हर रोज़ है रोज़े-ग़म
दुनिया में तेरी ऐ दिल हर रात शवे-हिजराँ।

ख़ामोश फ़ज़ा लेकिन देती है बशारत भी
फिर बज़्म सजायेगा तेरा ये ग़मे-पिनहाँ।

दुशमन को भी कर लेगा इक रोज़ वोदोस्त अपना
साये से भी अपने है गो आज बशर तरसाँ।

माना कि है दुनिया का ये दौर बहुत नाज़ुक
गो मौत के साये हैं बररूए-ज़मीं-रक़्साँ।

मायूस नहीं होते अफ़सुर्दा नहीं होते
हर जुर्मो-गुनह करके इनसान है फिर इनसाँ।

तारीख़ हटाती है गर एक क़दम पीछे
दो गाम बढ़ आने का कर लेते हैं ये सामाँ।

कुछ देर न आये जो फ़ितरत से बू-ए-फ़ितरत
कुछ देर न आये जो इनसाँ से बू-ए-इनसाँ।

तो ऐ दिले-ग़मदीदा ये दौरे-उबूरी है
'ख़ुद-ग़ैरियत, इस जुग का है इक असरे-पिनहाँ।

मंसूख़ भी करती है तारीख कुछ अपने बाब
अपने लिए करती है क़ायम वो नये उनवाँ।
ऐ दिल ये नये उनवाँ भी देन है तेरी ही
तेरे ही तो अश्के-खँ होते हैं चमनअफ़शाँ।

है बादे-ख़िजाँ में भी बू ताज़ा बहारों की
मिटती है सियत-बख़्ती कटती है शबेहिज्राँ।
बेनाम-सी एक काविश तक़दीर तेरी ऐ दिल
अज़ सुब्हे-अज़ल को शाँता शामे-अबद कोशाँ।

पाने के लिए जिसको गर्दिश में हैं सय्यारे
है तेरे ही पर्दों में वो राज़े ग़मे-दौराँ।
तेरी ये कहानी तो दुनिया की कहानी है
हाँ ख़ुद प नज़र करके दुनिया प नज़र कर हाँ।

नग़मा-ए-हक़ीक़त

बे नुमूद और नुमूदार कहीं देखा है?
इस क़दर सादा-ओ-पुरकार कहीं देखा है? (सौदा)

बे हिजाबी ये कि हर सूरत में जल्वा-आश्कार
उस प घूँघट ये कि सूरत आज तक ना-दीदा है।
('आसी'-ग़ाज़ीपुरी)

मेरा राज़े-निहाँ हरगिज़ समझ में आ नहीं सकता
जहाँ की सरहदे-इदराको-अन्दाज़ा में कब मैं हूँ।
सबब मेरा पयम्बर हो कि आरिफ़ पा नहीं सकता
कि इन सबका सबब है एक ही और वो सबब मैं हूँ।

मैं इस दुनिया की हर हस्ती का हूँ सरमाया-ए-हस्ती
मेरी ही ज़ात से सब हैं यहाँ नश्श-वो-नुमा पाते।
मैं हूँ अह्ले-फ़लक अह्ले-ज़मीं की रिफ़अतो-पस्ती
जो आख़िरकार मेरी ज़ात में है मह्व हो जाते।

जिसे मालूम है मैं ला-सबब हूँ और ना-पैदा
मेरे ज़ेरे-नगीं जो सारे-आलम को समझता है।
कभी अवहामे-बातिल से वो धोका खा नहीं सकता
कि दाग़े-मासियत से उसका दामन पाक होता है।

बसीरत, अक़्ल, हमदर्दी सदाक़त और ख़ुदातरसी
शुजाअत, ख़ौफ़, हस्ती, नेस्ती, नेकी, रियाकारी।
सुकूने-क़ल्ब, दुख-सुख, नेकनामी और बदनामी
मेरे ही नूर की किरनें हैं ये कैफ़िय्यतें सारी।

निरालापन हूँ मैं ही दह्र की हर फ़र्दे-हस्ती का
दिले-हर ज़र्रा-ए-नाचीज़ में साज़े-'अनलकुल' हूँ।
हूँ मैं ही कुफ्र में अन्दाज़ शाने-हक़ परस्ती का
कि हर बिखरे हुए शीराज़े का मैं ही तसलसुल हूँ।

मुरक्कब[1] में हूँ मैं तरकीब, मुफ़रद[2] में हूँ यकतायी
हूँ पस्ती का सहारा और बलन्दी की मैं रिफ़अत हूँ।
दिले-आशिक़ में हूँ दर्द और हसीनों में हूँ रानाई
मैं यानी दह्र की हर इक हक़ीक़त की हक़ीक़त हूँ।

जुनूँ दीवानों में वहशत हूँ अच्छी आँख वालों में
हूँ दम ख़म ख़ुशक़दों में आन हूँ मैं कजकुलाहों में।
रुखे-रंगों में ताबिश बरहमी हूँ बिखरे बालों में
मुहब्बत मैं हूँ बेवा की हया नीची निगाहों में।

मैं हूँ वो सम्मे-क़ातिल जिसने लाखों को सुला रक्खा
हयाते ख़िज्र जिस पर तोड़ दे दम वो ज़मीं मैं हूँ।
मेरे काटे हुओं ने हिल के भी पानी नहीं माँगा
जो डस ले पल झपकने में वो मारे-आस्ती[3] मैं हूँ।

वो बेज़ारी हूँ जो अफ़सुर्दा-ख़ातिर हुस्न को कर दे
जो बेख़ुद कर दे मैं वो बादा-ए-सरजोशे-हस्ती हूँ।
वो बर्क़े हुस्न हूँ रग-रग में जो चिंगारियाँ भर दे
नये सर से जो लाये होश में वो कैफ़े मस्ती हूँ।

मैं हूँ वो ज़ब्त जिसमें इज़्तिराबे-बर्क़ पिनहाँ है
वो बेताबी हूँ जिसकी हर तड़प है ज़ब्त की मंज़िल।
वो नाकामी हूँ जो सद मक़सदों से गुलबदामाँ है
मैं वो मक़सद हूँ जो मतलब-बरारी को नहीं हासिल!

---

1. कई चीजों से मिलकर बना हुआ, 2. अकेला, 3. आस्तीन का साँप।

वो आजादी हूँ ज़िन्दाने-बला में जिसका मसकन है
मैं हूँ वो क़ैद, हैं आज़ादियाँ तौक़े-गुलू जिसकी।
मैं हूँ वो बादे-सरसर जिसके हर झोंके में गुलशन है
मैं वो फूला चमन हूँ पा नहीं सकते हैं बू जिसकी।

तपड़ वो हूँ सुकूने-इन्तिहाई जिसमें पिन्हाँ है
सुकूँ वो हूँ मैं जो अफ़लाक की गरदिश का हामिल है।
वो मंज़िल हूँ जहाँ कैफ़िय्यते-शामे-ग़रीबाँ है
गुबारे-रहगुज़र हूँ जिसके हर ज़र्रे में मंज़िल है।

सरे-शामे-जवानी रू-ए-ताबाँ की सबाहत हूँ
मैं हर दुखते हुए दिल में जलन हूँ सोज़े-पिनहाँ की।
शबिस्ताने-जमाले-गेसू-ए-पुरख़म की ज़ीनत हूँ
लबे जाँबख्श में मैं ही झलक हूँ सेहे-लरज़ाँ की।

वो बेहोशी हूँ मैं जो होश वालों का पता रक्खे
न जीती जा सकी जो आज तक मैं ही वो बाज़ी हूँ।
वो उर्यानी हूँ मैं जो सारे राज़ों को छिपा रक्खे
जो ठोकर दर-बदर खाये वो शाने-बेनयाज़ी हूँ।

है जिसमें सरबसर वहदत का आलम मैं वो कसरत हूँ
मेरी वहदत में कर्वट ले रही हैं कसरतें लाखों।
सँभल जाते हैं सबके होश जिसमें मैं वो वहशत हूँ
वो मैं हूँ होश जिसमें जोशज़न हैं वहशते लाखों।

हूँ वो गुमगश्तगी हर जुस्तुजू में जो रहे पिनहाँ
मैं हूँ वो ज़िन्दादिल जिसकी उदासी की नहीं हद है।
मैं हूँ वो उक़्द-ए-मुश्किल जो आसाँ-तरसे है आसाँ
वो दाना हूँ मैं जिसमें सब दलीलों की छिपी रूह है।

जो कर दे शोर आलम में बपा वो बेज़बानी हूँ
वो वहशी हूँ दमे-हंगाम-ए-महशर जो सो जाये।
'अनलहक़' बोल उठे जो इश्क़ की वो बदगुमानी हूँ
वो ग़ाफ़िल हूँ सरे-दार आके जिसकी सुब्ह हो जाये।

हूँ मैं ही सब्र पाँचों 'पांडवों' का दश्तगर्दी में
मैं जाँबाजी हूँ जंगे-बद्र में सर खोने वालों की।
हूँ इस्तेक़्लान मैं ही 'राम' का सहरानवर्दी में
हूँ गहरी नींद खाके-करबला में सोने वालों की।

ग़मे-उलफ़त में हूँ मैं नाउमीदी शामे-हिज्राँ की
ख़रामे-नाज़ वालों के दबे पाँवों की आहट हूँ।
मैं हर दुखते हुए दिल में चमक हूँ दर्द पिनहाँ की
हसीनों के लबों पर चोट खायी मुस्कुराहट हूँ।

मुहब्बत वालों में अफ़साना हूँ मैं शामे-हिज्राँ का
हूँ बेख़बरी सरे-शामे-जवानी सोने वालों की।
दिलों में ज़ख्म हूँ मैं ही तबस्सुमहा-ए-पिनहाँ का
हूँ मैं ही बेख़ुदी में, सर झुकाके रोने वालों की।

सरिश्के-ख़ूँ में हैं रंगीनियाँ मेरे ही जल्वों की
मेरी बर्क़े-नज़र चश्मो-चराग़े-अह्ले-महफ़िल है।
मेरा ख़ूने-तमन्ना है रगों में हुस्न वालों की
रुख़े-रंगीं का आईना मेरा दुखता हुआ दिल है।

मैं हूँ मज़लूम की फ़र्याद ज़ालिम की सितम कोशी
हूँ ज़र मुनइम का मुफ़्लिस का ग़मे-फ़ाक़ाकशी मैं हूँ।
मैं हूँ ज़ाहिद का परहेज और रिंदों की बलानोशी
हलीमों में हूँ हिल्म और सरकशों की शरकशी मैं हूँ।

शफ़क़ में हूँ सुर्ख़ी चश्मे-अंजुम में हूँ बेदारी
शुआ-ए-मेह्रे-आलमताब में मैं थरथराहट हूँ।
मैं हूँ पिछले पहर मयख़ान-ए-आलम की सरशारी
तुलू-ए-सुब्ह में मैं ही फ़ज़ा की कपकपाहट हूँ।

वो दर्दे-हिज्र हूँ कैफ़े-विसाले-दोस्त है जिसमें
मैं हूँ वो वस्ल बेताबी है जिसमें कर्बे-हिज्राँ की।
दिले-अफ़सुर्दा हूँ जो शमा बन जाता है मजलिस में
हूँ वो उम्मीद मैं ही जान है जो यासो-हिरमाँ की।

वो सन्नाटा हूँ ख़्वाबीदा हैं जिसमें लाखों आवाज़ें
वो तारीकी हूँ जिसमें सैकड़ों ख़ुरशीद पिनहाँ हैं।
मैं हूँ वो सुल्हे-कुल चलती हैं जिसमें लाखों तलवारें
वो दिलजमई हूँ जिसमें सैकड़ों ख़ातिर-परीशाँ हैं।

वो लब-तश्ना हूँ जिसके हल्क़ में सैलाब जारी है
मैं वो दरया हूँ जिसमें तशनालब लाखों तड़पते हैं।
हूँ वो जोशे-मुहब्बत मैं जिसे नफ़रत भी प्यारी है
हूँ वो पयकार डंके सुल्हे-कुल के जिसमें बजते हैं।

वो बेदारी हूँ दुनिया जिसमें गहरी नींद सोती है
हूँ वो ख़्वाबें-गराँ बेदार जिसमें रहता है आलम।
हूँ वो दारुलमेहन[1] जिसमें ख़ुशी दिन रात होती है
हूँ वो इशरतकदा रहता है जिसमें रोज़ो-शब मातम।

मैं हूँ वो चाँदनी-ए-माह जिसका एक पारा है
बक़ा जिसका फ़क़त इक लमहा है वो उम्रें-फ़ानी हूँ।
मैं हूँ वो धूप ये ख़ुरशीद जिसका इक शरारा है
समुन्दर लह्र मारे जिसमें वो इक बूँद पानी हूँ।

---

1. दुःख की जगह।

वो नुक़्ता हूँ हज़ारों शक्लें जिसमें रहती हैं पिनहाँ
वो वीरता हूँ आबादी जहाँ दुनिया की बसती है।
नवा-ए-राज़ हूँ जिसमें हैं लाखों साज़ के सामाँ
वो मुहताजी हूँ जिसको दौलते-दुनिया तरसती है।

अदा जिसमें शनासाई की है वो कमनिगाही हूँ
उठे बेंगानावश जो वो निगाहे-आशना हूँ मैं।
जो आये खूबी-ए-क़िसमत के हाथों वो तबाही हूँ।
जहाँ सोती हैं तक़दीरें वहाँ बख़्त आज़मा हूँ मैं।

मैं हूँ वो राज़े-सरबस्ता रहे जो सरबसर उरयाँ
शफ़ा है हर मरज़ की जो वो दर्दे-लादवा मैं हूँ।
शिकस्ते-फ़ाश हूँ वो जिसमें हैं फ़त्हो-ज़फ़र पिनहाँ
मचलती है फ़ना की गोद में जो वो बक़ा मैं हूँ।

मैं ऐसी नेस्ती हूँ दर्दे-हस्ती जिसमें पिनहाँ है
जो सुर्मा चश्मे-मेह्रो-माह में है मैं वो जुलमत हूँ।
वो दोज़ख़ हूँ मैं हर शोला जहाँ जन्नत-बनामाँ है
रहे जो नारें-दोज़ख़ दर गरीबाँ मैं वो जन्नत हूँ।

अजल का राज़ है जो वो हयाते-जाविदानी हूँ।
बँधे जो टूटने से वो तिलिस्मे-रंगो-बू हूँ मैं।
जो चश्मकज़न बक़ा से है मैं वो दुनिया-ए-फ़ानी हूँ
जिसे ख़ुद खा गया हूँ वो फ़रेबें-आरज़ू हूँ मैं।

नमूदे-हुस्ने-दुनिया है मेरी जाती हुई दुनिया
निगाहे-हुस्न-आलम है निगाहे-वापसी मेरी।
ये ख़िलक़त है मेरे दर्दे-मुहब्बत का चमक जाना
दो आलम को मिटा कर रख दे इक चीने-जबीं मेरी!

ये नज़्मे-आलमे-हस्ती मेरे ही दम से क़ायम है
उलट दूँ मैं ज़मीं को एक अबरू के इशारे से।
तलातुम जिससे है हर वक़्त बर्पा वो मेरा दम है
मैं चाहूँ तो समुन्दर दूर हट जाये किनारे से।

वो इक लम्हा हूँ मैं जिसका कभी काटना नहीं मुम्किन
वो दिन हूँ आके जो शह्रे-ख़मोशाँ को जगा जाये।
मैं ऐसा वक़्त हूँ जिसका कभी घटना नहीं मुम्किन
वो शब हूँ मैं सितारों को भी जिसमें नींद आ जाये।

ग़रज़ बज़्मे-जहाँ में हुस्न और रौनक़ है जो कुछ भी
ज़हूर उसका यहाँ ऐ दोस्त मेरी ही बदौलत है।
मगर दुनिया की हस्ती तो फ़क़त इक शान है मेरी
भला वो कब अयाँ है जो मेरा राज़े-हक़ीक़त है।

तराना-ए-इश्क़

हिन्दी के एक मशहूर गीत से प्रभावित होकर ये नज़्म कही गयी है।

जल्वा चमके उजरी मछरिया रन चमके तर्वार
सभवा में चमके मोरे सय्याँ की पगड़िया सेजवा प बिंदिया हमार

इसी लय में नज़्म कही गयी है

जल्वा-ए-गुल को बुलबुल बहुत है शम्आ को गिराया-ए-शाम
वादे-बहारी गुल को बहुत है मुझको तेरा नाम

बिजली चमके काली घटा में जाम में आतशे-सर्द
चमके राख जोगी की जटा में मुझमें तेरा दर्द

बल न छुटे तेरे बालों से और नय से फ़रियाद
पल भर मन न छुटे कालों से मुझसे तेरी याद

शाख़ प शोल-ए-गुल की लपक हो चर्ख़ प अंजुमो-माह
दुनिया पर सूरज की चमक हो मुझ पर तेरी निगाह

तराना-ए-ख़िज़ाँ

(एक बार रेल के सफ़र में अपने मुख़लिस दोस्त क़ाज़ी अदील अब्बासी साहब का साथ हो गया। उन्होंने एक ख़ास धुन में 'इक़बाल' का तराना 'ऐ ख़ाबे-गराँ, ख़ाबे-गराँ, ख़ाबे-गराँ खेज़, सुनाया। उस तराने की लय और शैली की अंग्रेज़ी नज़्म इस नज़्म की मुहरिक हुई।—'फ़िराक़')

यक लख़्त बदलती हुई आलम का समाँ चल
इक आग लगाती हुई लर्ज़ां-ओ-तपाँ चल।
जाती हुई दुनिया-ए-चमन की निगराँ चल।
आती हुई रंगीनियों से जल्वा-फ़िशाँ चल
ऐ बादे-ख़िज़ाँ बादे-खिज़ाँ बादे ख़िज़ाँ चल।
ऐ बादे-ख़िज़ाँ चल।

ग़ुंचे को चमन में जो चटकना हो चटक ले
जिस रंग को गुलशन में चमकना हो चमक ले।
गर हुस्ने-गुलिस्ताँ को दमकना हो दमक ले
कुछ दिन कमरे-बादे-बहारी भी लचक ले।
ऐ बादे-ख़िज़ा बादे-ख़िज़ाँ बादे-ख़िज़ाँ चल
ऐ बादे-ख़िज़ाँ चल।

बदमस्तियों का दौर गुज़र जाय, गुज़र जाय
बर्गो-गुलो-सब्ज़ा का चढ़ा नश्शा उतर जाय।
ये बज़्मे-चमन सू-ए-अदम ख़ाक-बसर जाय
शीराज़-ए-गुलज़ार बिखर जाय बिखर जाय।
ऐ बादे-ख़िज़ाँ बादे-ख़िज़ाँ बादे-ख़िज़ाँ चल
ऐ बादे-ख़िज़ाँ चल।

फूलों के चराग़ाँ को बुझा दे तो बुझा दे

आते ही गुलिस्ताँ में इक अँधेर मचा दे।
हर बाग़ को इक नकहते-बर्बाद बना दे
गुलज़ार का गुलज़ार लुटा दे तो लुटा दे।
ऐ बादे-ख़िज़ाँ बादे-ख़िज़ाँ बादे-ख़िज़ाँ चल
ऐ बादे-ख़िज़ाँ चल।

अर्बाबे-चमन को कफ़ने-ख़ाक उढ़ाती
बालीदगी हर ज़र्रे में आती है छिपाती।
तू मरगे-नबातात है तू रूहे-नबाती
या जाने-नुमू मौजे-फ़ना बन के है आती।
ऐ बादे-ख़िज़ाँ बादे-ख़िज़ाँ बादे-ख़िज़ाँ चल
ऐ बादे-ख़िज़ाँ चल।

फूले हुए गुलज़ार को वीरान किया है
ताऊस को उड़ती हुई नागन ने डसा है।
इक क़हृ है, आफ़त है, क़यामत है, बला है
या बाग़ में लहरायी हुई बर्क़े-फ़ना है।
ऐ बादे-ख़िज़ाँ बादे-ख़िज़ाँ बादे-ख़िज़ाँ चल
ऐ बादे-ख़िज़ाँ चल।

सूखा जो चमन और हुई शाने-गुलिस्ताँ
क्या जानिये क्यों हुस्न बना सोख़्तासामाँ
हर ज़र्रा से अब वुस्अते-सहरा है नुमायाँ
आलम है नया बाग़ का ये मँज़रे-वीराँ।
ऐ बादे-ख़िज़ाँ बादे-ख़िज़ाँ बादे-ख़िज़ाँ चल
ऐ बादे-ख़िज़ाँ चल।

गो सौ तरह आबाद हैं आबादवतन भी
बहलाते हैं इन्सान को उजड़े हुए बन भी
बेकैफ़ नहीं बे-गुलो-बे-वर्ग चमन भी।
है देखने की चीज़ ये उरयानी-ए-तन भी।
ऐ बादे-ख़िज़ाँ बादे-ख़िज़ाँ बादे-ख़िज़ाँ चल

ऐ बादे-ख़िज़ाँ चल।

वीरानियों से ख़ित्ता-ए-गुलज़ार कर आबाद
आबादियों से अरसा-ए-गुलज़ार कर आज़ाद।
आये नज़र इक आलमे-हू हर दिले-नाशाद
ये कहने लगे, अब 'गुलो-गुलज़ार नहीं याद!'
ऐ बादे-ख़िज़ाँ बादे-ख़िज़ाँ बादे-ख़िज़ाँ चल
ऐ बादे-ख़िज़ाँ चल।

हर नक़्हतो-हर रंगे-गुलिस्ताँ को मिटा दे
हर तफ़रिक़ा हर तरह की तमीज़ उठा दे।
गुलज़ार को हर क़ैद-तअय्युन से छुड़ा दे।
इक जल्व-ए-बेक़ैफ़ गुलिस्ताँ को बना दे।
ऐ बादे-ख़िज़ाँ बादे-ख़िज़ाँ बादे-ख़िज़ाँ चल
ऐ बादे-ख़िज़ाँ चल।

फूलों को भरा जाम शहादत का पिला दे
सरमस्ती-ए-गुलज़ार को तू कैफ़े-फ़ना दे।
'है मौत हसीं' राज़ ये दुनिया को बता दे
रंगे-चमनिस्ताने-ख़िज़ाँदीदा दिखा दे।
ऐ बादे-ख़िज़ाँ बादे-ख़िजाँ बादे-ख़िज़ाँ चल
ऐ बादे-ख़िज़ाँ चल।

जाँदादा - ए - हस्ती - ए - परीशाने - चमन तू
तनहा दमे-तनहाई निगहबाने-चमन तू।
ख़लवतकदा-ए-राज़ में मेहमाने-चमन तू
ख़म्याज़ा कशे-बाद-ए इर्फ़ान-चमन तू।
ऐ बादे-ख़िज़ाँ बादे-ख़िजाँ बादे-ख़िज़ाँ चल
ऐ बादे-ख़िज़ाँ चल।

तू रहज़ने-सरमायाओ-सामाने गुलिस्ताँ

तू रहबरे-सरमंज़िले-इर्फ़ाने गुलिस्ताँ।
अज़ सिम्ते-अदम सिलसिला जुंबाने-गुलिस्ताँ
जाने - दिगरे - क़ालिबे - बेजाने - गुलिस्ताँ।
ऐ बादे-ख़िज़ाँ बादे-ख़िज़ाँ बादे-ख़िज़ाँ चल
ऐ बादे-ख़िज़ाँ चल।

वीरान चमन में भी है इक शाने-नज़ाक़त
इक मानवियत इसमें है इक शाने-लताफ़त।
इक रंगे-कसाफ़त[1] है गुलो-लाला की कसरत
तू आ कि गुलिस्ताँ बने आइन-ए-वहदत।
ऐ बादे-ख़िज़ाँ बादे-ख़िज़ाँ बादे-ख़िज़ाँ चल
ऐ बादे-ख़िज़ाँ चल।

जल्वे हैं समाये हुए वीरान फ़ज़ा में
हैं राज़ बसाये हुए सुनसान फ़ज़ा में।
हर आन नयी होती है इक शान फ़ज़ा में
इक जान-सी पड़ जाती है हर आन फ़ज़ा में।
ऐ बादे-ख़िज़ाँ बादे-ख़िज़ाँ बादे-ख़िज़ाँ चल
ऐ बादे-ख़िज़ाँ चल।

ये फ़स्ले-ख़िज़ाँ मौत का अफ़साना सुना जाय
हर बर्ग चमनज़ार पर इक नशा-सा छा जाय।
हर फूल को ख़ाबे-अदम आबाद दिखा जाय।
जागे हुए गुलज़ार को इक नींद-सी आ जाय।
ऐ बादे-ख़िज़ाँ बादे-ख़िज़ाँ बादे-ख़िज़ाँ चल
ऐ बादे-ख़िज़ाँ चल।

तू है वो हवा शोल-ए-गुल को जो बुझा दे
वो आग है जो बाग़े-तरो-ताज़ा जला दे।

---

1. ज़िन्दगी।

हर नक़्श के हर रंग के आसार मिटा दे
गुलज़ार को तू दामने-ख़ंजर की हवा दे।
ऐ बादे-ख़िज़ाँ बादे-ख़िज़ाँ बादे-ख़िज़ाँ चल
ऐ बादे-ख़िज़ाँ चल।

झोंके वो चलें ग़ुंचा-ए-सरबस्ता बिकस जाय
सौसन की ज़बाँ क़तरा-ए-शबनम को तरस जाय।
हाँ बू-ए-क़फ़न पैरहने-बाग़ में बस जाय
गुलज़ार में हर चार तरफ़ आग बरस जाय।
ऐ बादे-ख़िज़ाँ बादे-ख़िज़ाँ बादे-ख़िज़ाँ चल
ऐ बादे-ख़िज़ाँ चल।

हर ज़र्रे में रख दी है जो इक आतशे-पिनहाँ
भड़केगी वही बनके गुलो-लाला-ओ-रयहाँ।
ऐ मर्गे-मफ़ाजाते-चमन जाने-गुलिस्ताँ
हैं कितनी बहारें तेरी शर्मिन्दा-ए-एहसाँ।
ऐ बादे-ख़िज़ाँ बादे-ख़िज़ाँ बादे-ख़िज़ाँ चल
ऐ बादे-ख़िज़ाँ चल।

आते हुए गुलज़ार का गुलज़ार लुटा दे
जाते हुए गुलज़ार का गुलज़ार खिला दे।
तू हस्ती-ए-गुलज़ारे-अदम करके दिखा दे
फिर इस अदम आबाद को गुलज़ार बना दे।
ऐ बादे-ख़िज़ाँ बादे-ख़िज़ाँ बादे-ख़िज़ाँ चल
ऐ बादे-ख़िज़ाँ चल।

शामे-अयादत

अगस्त, 1943 ई.

(सिविल अस्पताल इलाहाबाद में बिस्तरे-अलालत से)

ये कौन मुस्कुराहटों का कारवाँ लिये हुए
शबाबो-शेरो-रंगो-नूर का धुआँ लिये हुए।
धुआँ कि बर्क़े-हुस्न का महकता शोला है कोई
चटीली ज़िन्दगी की शादमानियाँ लिये हुए।
लबों से पंखड़ी गुलाब की हयात माँगे है
कंबल-सी आँख सौ निगाहे-ह्रबाँ लिये हुए।
क़दम-क़दम प दे उठी है लव ज़मीने-रहगुज़ार
अदा-अदा में बेशुमार बिजलियाँ लिये हुए।
निकलते बैठते दिनों की आहटें निगाह में
रसीले होंट फ़स्ले-गुल की दास्ताँ लिये हुए।
खुतूते-रुख़ में जलवागर वफ़ा के नक़्श सर-बसर
दिले-ग़नी में कुल 'हिसाबे-दोस्ताँ' लिये हुए।
वो मुस्कुराती आँखें जिनमें रक़्स करती है बहार
शफ़क़ की गुल की बिजलियों की शोख़िया लिये हुए।
अदा-ए-हुस्न बर्क़पाश शोलाज़न नज़ारासोज़
फ़ज़ा-ए-हुस्न ऊदी-ऊदी बिजलियाँ लिये हुए।
जगाने वाले नग़्म-ए-सहर लबों प मौजज़न
निगाहें नींद लाने वाली लोरिया लिये हुए।
वो नर्गिसे-सियाह, नीमबाज़, मयकदा बदोश
हज़ार मस्त रातों की जवानियाँ लिये हुए।

तग़ाफ़ुलो-ख़ुमार और बेख़ुदी के ओट में
निगाहें इक जहाँ भी होशियारियाँ लिये हुए।

हरी-भरी रगों में वो चहकता बोलता लहू
वो सोचता हुआ बदन ख़ुद इक जहाँ लिये हुए।

ज़े फ़र्क़ ता क़दम तमाम चेहरा जिस्मे-नाज़नीं
लतीफ़ जगमगाहटों का कारवाँ लिये हुए।

'तबस्सुमश तकल्लुमे, तकल्लुमश तरन्नुमें'
नफ़स-नफ़स में थरथराता साज़े-जाँ लिये हुए।

जबीने-नूर जिस प पड़ रही है नर्म छूट-सी
ख़ुद अपनी जगमगाहटों की कहकशाँ लिये हुए।

सितारा बारो-महचकाँ-ओ-ख़ुरफ़िशाँ जमाले-यार
जहाने-नूर कारवाँ ब कारवाँ लिये हुए।

वो ज़ुल्फ़े-ख़म बख़ शमीमे-मस्त से धुआँ-धुआँ
वो रुख़ चमन-चमन बहारे-जाविदाँ लिये हुए।

ब मीस्त-ए-जमाले-कायनात ख़ाबे-कायनात
ब गरदिशे-निगाह दौरे-आसमाँ लिये हुए।

ये कौन आ गया मेरे क़रीब अज़्व-अज़्व में
जवानियाँ जवानियों की आँधियाँ लिये हुए।

ये कौन आँख पड़ रही है मुझ प इतने प्यार से
वो भूली-सी वो याद-सी कहानियाँ लिये हुए।

ये किसकी महकी-महकी साँसें ताज़ा कर गयीं दिमाग़
शबों के राज़ नूरे-मह की नर्मियाँ लिये हुए।

ये किन निगाहों ने मेरे गले में बाँहें डाल दीं
जहान भर के दुख से दर्द से अमाँ लिये हुए।

निगाहे-यार दे गयी मुझे सुकूने-बेकराँ
वो बेकही वफ़ाओं की गवाहियाँ लिये हुए।

मुझे जगा रहा है मौत की ग़ुनूदगी से कौन
निगाहों में सुहाग-रात का समाँ लिये हुए।

मेरी फ़सुर्दा और बूझी हुई जबीं को छू लिया
ये किस निगाह की किरन ने साज़े-जाँ लिये हुए।

सुते से चेहरे पर हयात रसमसायी मुस्करायी
न जाने कब के आँसुओं की दास्ताँ लिये हुए।

तबस्सुमे-सहर है अस्पताल की उदास शाम
ये कौन आ गया निशाते-बेकराँ लिये हुए।

तेरे न आने तक अगरचे मेह्रबाँ था इक जहाँ
मैं रोके रह गया हूँ सौ ग़मे-निहाँ लिये हुए।

ज़मीन मुस्कुरा उठी ये शाम जगमगा उठी
बहार लहलहा उठी शमीमे-जाँ लिये हुए।

फ़ज़ा-ए-अस्पताल है कि रंगों-बू की कर्वट
तेरे जमाले-लालागूँ की दास्ताँ लिये हुए।

'फ़िराक़' आज पिछली रात क्यों न मर रहूँ कि अब
हयात ऐसी शामें होंगी फिर कहाँ लिये हुए।

(2)

मगर नहीं कुछ और मसलहत थी उसक आने में
जमालो-दीदे-यार थे नया जहाँ लिये हुए

उसी नये जहाँ में आदमी बनेंगे आदमी
जबीं प शाहकारे-दह्र का निशाँ लिये हुए।

उसी नये जहाँ में आदमी बनेंगे देवता
तहारतों का फ़र्क़े-पाक पर निशाँ लिये हुए।

ख़ुदायी आदमी की होगी उस नये जहान पर
सितारों के हैं दिल ये पेशगोइयाँ लिये हुए।

सुलगते दिल शरर फ़िशाँ-ओ-शोलाबार बर्क़पाश
गुज़रते दिन हयाते-नौ की सुर्खियाँ लिये हुए।

तमाम क़ौल और क़सम निगाहे-नाज़े-यार थी
तुलू-ए-ज़िन्दगी-ए-नौ की दास्ताँ लिये हुए।

नया जनम हुआ मेरा कि ज़िन्दगी नयी मिली
जियूँगा शामे-दीद की निशानियाँ लिये हुए।

न देखा आँख उठा के अहदे-नौ के पर्दादारों ने
गुज़र गया ज़माना यादे-रफ़्तगाँ लिये हुए।

हम इंक़्लाबियों ने ये जहाँ बचा लिया मगर
अभी है इक जहाँ वो बदगुमानियाँ लिये हुए।

(3)

नये ज़माने में अगर उदास ख़ुद को पाऊँगा
ये शाम याद करके अपने ग़म को भूल जाऊँगा।

अयादते-हबीब से वो आज ज़िन्दगी मिली
ख़ुशी भी चौंक-चौंक उठी तो ग़म की आँख-खुल गयी।

अगरचे डाक्टर ने मुझको मौत से बचा लिया
पर उसके बाद उस निगाह ने मुझे जिला लिया।

निगाहे-यार तुझ से अपनी मंज़िलें मैं पाऊँगा
तुझे जो भूल जाऊँगा तो राह भूल जाऊँगा।

(4)

क़रीब-तर मैं हो चला हूँ दुख की कायनात से
मैं अजनबी नहीं रहा हयात से ममात से।

बो दुख सहे कि मुझ प खुल गया है दर्दे-कायनात
है आने आँसुओं से मुझ प आइना ग़मे हयात।
ये बेकुसूर जानदार दर्द झेलते हुए
ये ख़ाको-खू के पुतले अपनी जाँ प खेलते हुए।
वो ज़ीस्त की कराह जिससे बेक़रार है फ़ज़ा
वो ज़िन्दगी की आह जिससे काँप उठती है फ़ज़ा।
कफ़न है आँसुओं का दुख की मारी कायनात पर
हयात क्या, इन्हीं हक़ीक़तों से होना बेख़बर।
जो आँख जागती रही है आदमी की मौत पर
वो अब्रे-रंग रंग को भी देखती है सादा तर।
सिखा गया है दुख मेरा परायी पीर जानना
निगाहे-यार थी यहाँ भी आज मेरी रहनुमा।
यही नहीं कि आज मुझको ज़िन्दगी नयी मिली
हक़ीक़ते-हयात मुझ प सौ तरह से खुल गयी।
गवाह है ये शाम, और निगाहे-यार है गवाह
खयाले-मौत को मैं अपने दिल में अब न दूँगा राह।
जियूँगा हा जियूँगा ऐ निगाहे-आश्ना-ए-यार
सदा सुहाग ज़िन्दगी है और जहाँ सदा बहार।

(5)

अभी तो कितने नाशनीदा[1] नग़म-ए-हयात हैं
अभी निहाँ दिलों से कितने राज़े-कायनात हैं।
अभी तो ज़िन्दगी के नाचशीदा[2] रस हैं सैकड़ों
अभी तो हाथ में हम अह्ले-ग़म के जस हैं सैकड़ों
अभी वो ले रही हैं मेरी शाएरी में कर्वटें
अभी चमकने वाली हैं छिपी हुई हक़ीक़तें।

---

1. बिना सुने हुए, जो सुने न गये हों, 2. बिना चखे हुए, जो चखे न गये हों।

अभी तो बहरो-बर प सो रही हैं मेरी वो सदायें
समेट लूँ उन्हें तो फिर वो कायनात को जगायें।
अभी तो रूह बन के ज़र्रे-ज़र्रे में समाऊँगा
अभी तो सुब्ह बन के मैं उफ़ुक़ प थरथराऊँगा।
अभी तो मेरी शाएरी हक़ीक़तें लुटायेगी
अभी मेरी सदा-ए-दर्द एक जहाँ प छायेगी।
अभी तो आदमी असीरे-दाम है ग़ुलाम है
अभी तो ज़िन्दगी सद इंक़्लाब का पयाम है।
अभी तमाम ज़ख़्मो-दाग़ है तमद्दुने-जहाँ
अभी रुख़े-बशर प हैं बहीमियत[1] की झाइयाँ।
अभी मशीय्यतों[2] प फ़त्ह पा नहीं सका बशर
अभी मुक़द्दरों को बस में ला नहीं सका बशर।
अभी तो इस दुखी जहाँ में मौत ही का दौर है
अभी तो जिसको ज़िन्दगी कहें वो चीज़ और है।
अभी तो ख़ून थूकती है ज़िन्दगी बहार में
अभी तो रोने की सदा है नग़्म-ए-सितार में।
अभी तो उड़ती हैं रुख़े-बहार पर हवाइयाँ
अभी तो दीदनी हैं हर चमन की बे-फ़िज़ाइयाँ।
अभी फ़िज़ा-ए दह्र लेगी कर्वटों प कर्वटें
अभी तो सोती हैं हवाओं की वो सनसनाहटें।
कि जिनको सुनते ही हुकूमतों के रंग-रुख उड़ें
चपेटें जिनकी सर्कशों की गर्दनें मिरोड़ दें।
अभी तो सीन-ए-बशर में सोते हैं वो ज़लज़ले
कि जिनके जागते ही मौत का भी दिल दहल उठे।
अभी तो बत्ने-ग़ैब[3] में है उस सवाल का जवाब
ख़ुदा-ए-ख़ैरो-शर भी ला नहीं सका था जिसकी ताब।

---

1. जंगलीपन, बर्बरता, 2. ईश्वर की इच्छा, 3. भेद के पेट में, छिपी हुई।

अभी तो गोद में हैं देवताओं की वो माहो-साल
जो देंगे बढ़ के बर्क़े-तूर से हयात को जलाल।
अभी रगे-जहाँ में ज़िन्दगी मचलने वाली है
अभी हयात की नयी शराब ढलने वाली है।
अभी छुरी सितम की डूब कर उछलने वाली है
अभी तो हसरत इक जहान की निकलने वाली है।
अभी तो घन-गरज सुनायी देगी इंक़्लाब की
अभी तो गोशबर सदा है बज़्म आफ़ताब की।
अभी तो पूँजीवाद को जहान से मिटाना है
अभी तो साम्राजों को सज़ा-ए-मौत पाना है।
अभी तो दाँत पीसती है मौत शह्रयारों की।
अभी तो ख़ूँ उतर रहा है आँखों में सितारों की।
अभी तो इश्तिराकियत के झंड़े गड़ने वाले हैं
अभी तो जड़ से कुश्तो-खूँ के नज़्म उखड़ने वाले हैं।
अभी किसानो-कामगार राज होने वाला है।
अभी बहुत जहाँ में कामराज होने वाला है।
मगर अभी तो ज़िन्दगी मुसीबतों का नाम है
अभी तो नींद मौत की मेरे लिए हराम है।
ये सब पयाम एक निगाह में वो आँख दे गयी
बयक नज़र कहाँ-कहाँ मुझे वो आँख ले गयी।

हुस्न की देवी से

ये रंग-रंग जवानी चमन-चमन पैकर
ये ग़ुंचा-ग़ुंचा तबस्सुम क़दह-क़दह गुफ़्तार
निगह फूल, लबे-नाज़ शोल-ए-अनबी
शबाब मयकदा बरदोशो-गुलसिताँ बकनार

ये है सदा की खनक या तरन्नुमे-सहरी
ये गाम-गाम चराग़ाँ ये गर्मी-ए-रफ़्तार
जमाही लेते हुए भी पियालाज़न हर अज़्व
तमाम नश्शा ज़े-सर-ता-क़दम तमाम ख़ुमार

बरों में आइना-दर-आइना बहारे-जिनाँ
रगों में रागिनियों की मिली-जुली झंकार
तनाव मद भरे सीने का ये कमर का कटाव
ख़ुतूते-जिस्म सरंगी के है खिंचे हुए तार

इनप अँखड़ियों में जलें जुर्मे-अव्वलीं के चराग़
लपक गुनाह के शोलों की अबरू-ए-ख़मदार
ये सब सही मगर अल्लाह रे ये मासूमी
गुनह को भी करें पाकीज़ा हुस्न के अतवार

ये अंग-अंग में रस जस नज़र-नज़र में दुआयें
ये बात-बात में अमृत की हलकी-हलकी फुआर
फ़राज़े-सीना प रख़शिंदा दो महे-कालिम
वो जिस्म चाँदनी में जैसे छुटता हो अनार

क़दे-जमील है या कामदेव की है कमाँ
नज़र के फूले-गुँधे, तीर करते हैं तार

खिला-खिला शफ़क़स्ताने-सुब्ह पैकरे-नाज़
ये तह-बतह मू-ए-ज़ुल्फ़े-सियाह अब्रे-बहार
ख़मे-ज़क़न[1] है कि तर्शा हुआ कोई कौंदा
अज़ल के खिलते हुए गुलसिताँ गुले-रुख़सार
उफ़ुक़ से कनपटियों के पर्वें-सी फटती हुई
दमकती लौहे-जबीं साफ़ मतला-ए-अनवार
सुडौलपन है ग़ज़ब साअदे-बिलूरीं[2] में
कि ढल के साँचे में शोले को जैसे आये क़रार
लक़ा-ए-नाज़[3] प परछाइयाँ-सी पड़ती हुई
ज़हे ये जलवों की तज्दीद सूरते-तकरार
हर एक अज़्व है आईना-ए-रुख़े-यज़दाँ
बदन है शीशागराने-ग़याब[4] का शहकार
ख़रामे-नाज़ वो ऊँची करे जो सत्हे-हयात
निगाहे-नाज़ बढ़ाये जो ज़िन्दगी का बक़ार
ये चेहरा सुब्हे-बनारस ये ज़ुल्फ़ शामे-अवध
कमन्दे-पैकरे-नाज़ुक फ़िज़ा-ए-खुल्दशिकार
ज़े-फ़र्क़-ता-बक़दम ये तनासुबे-आज़ा[5]
जि बुत तराशी-ए-यूनानो-पारसो-हिन्द निसार
लताफ़ते-क़दे-राना रियाज़ते-तख़लीक़
सफ़ा-ए-आरिज़े-तर[6] ज़िन्दगी की आइनादार
वहीं वो खा के पछाड़ें चमन में तोड़ दे दम
बदन के लोच को देखे अगर नसीमे-बहार
नज़र के सामने है हुस्न आँख ओझल भी
तमाम लज़्ज़ते - दीदारी - हसरतें - दीदार

1. ठोढ़ी, 2. काँच-जैसी बाहें, 3. कोमल शरीर, 4. न दिखायी देनेवाले शिल्पी, 5. अंग, 6. भीगे हुए गालों की सुन्दरता।

जो सुन सके कोई हर अज़्व बात करता है
नज़र-नज़र है तकल्लुम अदा-अदा गुफ़्तार
इन उँगलियों के इशारों से जल उठे हैं कंवल
है इश्वा-इश्वो ज़ियापाश अदा-अदा गुलबार
गवाहे-दीद-ए-मुश्ताक़ चेहरा है हर अज़्व
जहाँ से देखिये पैकर तमाम रू-ए-निगार
कशिश है हुस्न की या मर्ज-ए-हुजूमे-निगाह
हर अंग अरस-ए-तंगस्तो-मर्दुमाँ बिस्यार[1]
शबाब रंग प है बोलता है तूती-ए-नाज़
सदा फड़कती रगों में लहू की ये चहकार
बदन में सर से क़दम तक चटकती हैं कलियाँ
ज़हे तबस्सुमे-हर अज़्व रश्के-सुब्हे-बहार
नज़ाक़ते-ख़ते गर्दन-सुनहरी हल्क़-ए-नूर
लताफ़ते-तने राना फ़ुनून का मेयार
न आइने की ज़रूरत न चश्मे-हैराँ की
बजाये-ख़ुद तने-रंगी है जन्नते-दीदार
बसी किरन है वो आँखों में जिसकी ताब न लाय
फ़रिश्ते, इश्क़ से जिनको नहीं ज़रा सरो-कार
जमाल है कि मुजस्सम खिंची हुई इक अलाप
निशाने-नग़मा है इक-इक ख़ते-जिस्मे-निगार
हिला-मिला के भी जिसको कोई न जान सका
निगाहे-नाज़ वो मानूसे-आलमे-असरार
निगाहे-शोख़ में सदहा मतालिबे-रंगीं
सुकूते-नाज़ में सदहा मआनी-ए-तहदार
ख़ुदा भी सोचे जो शकलों की इस्तिलाहों में
यही नुक़ूशे-बदन होंगे सर्मदी[2] अफ़कार

---

1. आदमियों की तादाद ज्यादा है और जगह तंग है, 2. सुरीली।

ख़याल के भी तो लफ़्जों में अर्ज़ो-तूल[80] नहीं
इन्हीं के मिलने से पैदा हुआ ये जिस्मे-निगार
शबे-विसाल कटे फिर भी ये कुँवारापन
तमाम ग़ुंचा सिफ़त है खिला हुआ गुलज़ार

ये बेख़ुदी-ए-नज़र ऐ फ़ुसुँकारी-ए-हुस्न
ये ख़ाबनाकी, ये जलवा, ये जादू-ए-बेदार
सदा-ए-नाज़ में जैसे चमक सितारों की
वो बात करने में आवाज़ का चढ़ाव-उतार

कनार[81] में भी उसे ले के ढूँढ़ते रहिये
सिपुर्दगी के भी पहलू में सद अदा-ए-फ़रार
फ़ज़ाएँ चौंक उठें उसकी जुंबिशे-लब पर
पयामे-सरसरी-ए-हुस्न ज़िन्दगी की पुकार

पयामे-वहदते-इनसानियत वो आँखों में
कि कुफ़्रो दीन भुला बैठे काफिरो-दींदार
ये दीदे-हुस्न के लम्हे बरस-बरस के हैं दिन
मनाये जायें बयक वक़्त जैसे कुल त्योहार

हर एक निगाह में अन्देशाहा-ए-दूरो-दराज़
चे ख़ुशबुवद कि बर आयद बयक करिश्मा-दो-कार
मियाने-दारे-फ़ना हुस्न के तसव्वुर का
है नीम लम्हा भी एक वक़्फ़ा-ए-बक़ा आसार

वही है हुस्न जो तारीख़ को मआनी दे
वही है इश्क़ जो बन जाये ज़ेवरे-किर्दार
उसी के ज़ेरे-मिज़ह पल रही हैं तहज़ीबें
रिदा-ए-नाज़ तमद्दुन की है अलम बर्दार

जो दस्ते-नाज़ छुये मर्द की जबीने ग़मीं
करे वो हर शिकने कर्ब ज़िन्दगी हमवार

---

1. लम्बाई, चौड़ाई, 2. पहलू।

करें न अज़मते औरत का इन से अन्दाज़ा
तमाम इल्मो-अमल उसकी मामता प निसार

वही तो मानी-ए-मेराज है जो क़दमों पर
झुकाये सर को तो ऊँचा हो मर्द का पिन्दार
ख़ुदा गवाह कि औरत है मलक-ए-आफ़ाक़
ये मेह्रो-माह, कवाकिब सब उसके बाज गुज़ार

उसी को हम तो ख़ुदा की सँवार कहते हैं
वे दिलनवाज़ अदा से नज़र की इक फटकार
जबीं से ताकफ़े-पा रूप युसूफ़िस्ताँ है
वो चेहरे आये नज़र जिस्म है कि शह्रे-निगार

जमाल पलता रहा है शऊरे-यज़दाँ में
नसीबे-इश्क़ की सूरत पकड़ गये अफ़कार
डरा-डरा सा हूँ मैं अपनी ख़ुशनसीबी पर
कि उसको छीन न ले मुझसे गुंबदे दव्वार।

सुनाऊँ क्या मैं नदीम अपनी दास्ताने-हयात
कि शहे-दोज़खों-जन्नत रहे हैं लैलो-नहार
'फ़िराक़' हम तो कहेंगे हयात पर ईमाँ
अभी जो ला न सके उसको देख लें एक बार

हिंडोला

दयारे-हिन्द था गहवारा, याद है हमदम?
बहुत ज़माना हुआ, किसके-किसके बचपन का
इसी ज़मीन प खेला है राम का बचपन
इसी ज़मीन प उन नन्हें-नन्हें हाथों ने
किसी समय में धनुष-बाण को सँभाला था
इसी दयार ने देखी है कृष्ण की लीला
यही घिरौंदो में सीता, सुलोचना, राधा
किसी ज़माने में गुड़ियों से खेलती होंगी
यही ज़मीं, यही दरिया, पहाड़, जंगल, बाग़
यही हवाएँ, यही सुब्हो-शाम, सूरज, चाँद
यही घटाएँ, यही बर्क़ो-रादो-क़ौस-ए-क़ुजह
यही के गीत, रवायात, मौसमों के जुलूस
हुआ ज़माना कि सिद्धार्थ के थे गहवारे
इन्हीं में आँख खुली थी अशोके-आज़म की
इन्हीं नज़ारों में बचपन कटा था विक्रम का
सुना है भरतरहरी भी इन्हीं से खेला था
भरत, अगस्त, कपिल, व्यास, पानिनी, कौटिल्य
जनक, वशिष्ठ, मनू, वाल्मीकि, विश्वामित्र
कनाद, गौतमो-रामानुज, कुमारिल भट्ट
मोहन-जोडारो, हड़प्पा के और अजन्ता के
बनाने वाले यहीं बल्लमों से खेले थे
इसी हिंडोले में भवभूति-कालिदास कभी
हुमक-हुमक के जो तुतलाये, गुनगुनाये थे

सरस्वती ने ज़बानों को उनकी चूमा था
यहीं के चाँद व सूरज खिलौने थे उनके
इन्हीं फ़ज़ाओं में बचपन पला था ख़ुसरौ का
इसी ज़मीं से उट्ठे तानसेन और अकबर
रहीमो-नानको-चैतन्य और चिश्ती ने
इन्हीं फ़ज़ाओं में बचपन के दिन गुज़ारे थे
इसी ज़मीं प कभी शाहज़ाद-ए-ख़ुर्रम
ज़रा-सी दिल-शिकनी पर जो रो दिया होगा
भर आयी थी दिले-नाज़ुक तो क्या अजब उसने
उन आँसुओं में झलक ताज की भी देखी हो
अहल्याबाई, दमन, पद्मनी-ओ-रज़िया ने
यहीं के पेड़ों की शाख़ों में डाले थे झूले
इसी फ़ज़ा में बढ़ायी थी पेंग बचपन की
इन्हीं नज़ारों में सावन के गीत गाये थे
इसी ज़मीन प घुटनों के बल चले होंगे
मलिक मुहम्मदो-रसखान और तुलसीदास
इन्हीं फ़ज़ाओं में गूँजी थी तोतली बोली
कबीरदास, तुकाराम, सूरो-मीरा की
इसी हिंडोले में विद्यावती का कंठ खुला
इसी ज़मीन के थे लाल मीरो-ग़ालिब भी
ठुमक-ठुमक के चले थे घरों के आँगन में,
अनीसो-हाली-ओ-इक़बाल और वारिसशाह
यहीं की ख़ाक से उभरे .थे प्रेमचन्दो-टैगोर
यहीं से उट्ठे थे तक़ज़ीबे-हिन्द के मेमार
इसी ज़मीन ने देखा था बालपन उनका
यहीं दिखायीं थीं इन सबने बाल-लीलाएँ
यहीं हर-एक के बचपन ने तरबियत पायी
यहीं हर-एक के जीवन का बालकांड खुला

यहीं से उठते बगूलों के साथ दौड़े हैं
यहीं की मस्त घटाओं के साथ झूमे हैं
यहीं की मदभरी बरसात में नहाये हैं
लिपट के कीचड़ो-पानी से बचपने उनके
इसी जमीन से उट्ठे वो देश के सावन्त
उड़ा दिया था जिन्हें कम्पनी ने तोपों से
इसी ज़मीन से उट्ठी हैं अनगिनत नस्लें
पले हैं हिन्द हिंडोले में अनगिनत बच्चे
मुझ ऐसे कितने ही गुमनाम बच्चे खेले हैं
मुझ ऐसे कितने ही गुमनाम मर्दो-ज़न उट्ठे
इसी ज़मीं से इसी में सिपुर्द ख़ाक हुए
ज़मीने-हिन्द अब आरामगाह है उनकी
इस अर्ज़े-पाक से उट्ठो बहुत-सी तहज़ीबें
यहीं तुलूअ हुईं और यहीं ग़ुरूब हुईं
इसी ज़मीन से उभरे कई उलूमो-फ़ुनून
फ़राज़े - कोहे-हिमाला, ये रौदे - गंगो - जमन
और इनकी गोद में परवर्द: कारवानों ने
यहीं रुमूज़े - ख़रामे - सुकूँ - नुमा सीखे
नसीमे-सुब्हे-तमद्दुन ने भैरवी छेड़ी
यहीं वतन के तरानों की वो पवें फूटीं
वो बेक़रार - ए - सुकूँ - ज़ा तरन्नुमे - सहरी
वो कँपकँपाते हुए सोज़ो-साज़ के शोले
इन्हीं फ़ज़ाओं में अँगड़ाइयाँ जो लेके उठे
लवों से जिनके चराग़ाँ हुई थी बज़्मे-हयात
जिन्होंने हिन्द की तहज़ीब को ज़माना हुआ
बहुत से ज़ावियों से आइना दिखाया था!

इसी ज़मीं प ढली है मेरी हयात की शाम
इसी ज़मीन प वो सुब्ह मुस्कुरायी है

तमाम शोले-ओ-शबनम मेरी हयात की सुब्ह
सुनाऊँ आज कहानी मैं अपने बचपन की
दिलो-दिमाग़ की कलियाँ अभी न चटकी थीं
हमेशा खेलता रहता था भाई-बहनों में
हमारे साथ मुहल्ले की लड़कियाँ-लड़के
मचाये रखते थे बालक उधम हर-एक घड़ी
लहूतरंग उछल-फाँद का ये आलम था
मुहल्ले सर प उठाये फिरे जिधर गुज़रे
हमारे चहचहे और शोर गूँजते रहते
चहार सम्त मुहल्ले के गोश-गोशे में
आवाज़ कभी फ़ना नहीं होती 'फिराक़'
फ़ज़ा में आज भी, लारैब! गूँजते होंगे
अगरचे दूसरे बच्चों की तरह था मैं भी
बज़ाहिर औरों के बचपन-सा था मेरा बचपन
ये सब सही मेरे बचपन की शख़्सियत भी थी एक
वो शख़शियत कि बहुत शोख़ जिसके थे ख़द-ओ् ख़ाल
अदा-अदा में कोई शाने-इन्फ़िरादी थी
ग़रज़ कुछ और ही लच्छन थे मेरे बचपन के
मुझे था छोटे-बड़ों से बहुत शदीद लगाव
हर एक पर मैं छिड़कता था अपनी नन्हीं-सी जाँ
दिल उमड़ा आता था ऐसा कि जी ये चाहता था
उठा के रख लूँ कलेजे में अपनी दुनिया को
मुझे है याद अभी तक कि खेल-कूद में भी
कुछ ऐसे वक़्फ़े पुरअसरार आ ही जाते थे
कि जिनमें सोचने लगता था कुछ मेरा बचपन
कई मआनी-ए-बेलफ़्ज छूने लगते थे
बुतूने - ग़ैब से मेरे शऊरे - असग़र को
हर-एक मंज़रे - मानूस, घर का हर गोशा
किसी तरह की हो घर में सजी हुई हर चीज़

मेरे मुहल्ले की गलियाँ, मकाँ, दरो-दीवार
चबूतरे, कुएँ, कुछ पेड़, झाड़ियाँ, बेलें
वो फेरी वाले कई उनके भाँति-भाँति के बोल
वो जाने बूझे मनाज़िर वो आसमानो-ज़मीं
बदलते वक़्त का आईना गर्मी-ओ-ख़ुन्की
गुरूबे मेह्र में रंगों का जागता जादू
शफ़क़ के शीशमहल में गुदाज़े-पिनहाँ से
जवाहरों की चटानें-सी कुछ पिघलती हुई
शजर-हजर की वो कुछ सोचती हुई दुनिया
सुहानी रात की मानूस रम्ज़ियत का फ़ुसूँ
अलस्सबाह उफ़ुक़ की वो थरथराती भवें
किसी का झाँकना आहिस्ता फूटती पव से
वो दोपहर का समय दरज-ए-तपिश का चढ़ाव
थकी-थकी-सी फ़ज़ा में वो ज़िन्दगी का उतार
हवा की बंसियाँ बँसवाड़ियों में बजती हुई
वो दिन कि बढ़ते हुए साये सह-पहर का सुकूँ
सुकूत शाम का जब दोनों वक़्त मिलते हैं
ग़रज़ झलकते हुए सरसरी मनाज़िर पर
मुझे गुमान परस्तानियत का होता था
हर-एक चीज़ की वो ख़ाबनाक असलीयत
मेरे शऊर के चिल्मन से झाँकता था कोई
लिये रबूबिय्यते-कायनात का एहसास
हर-एक जल्वे में ग़ैबो-शहूद का वो मिलाप
हर-इक नज़ारा एक आईनाख़ाना-ए-हैरत
हर-इक मंज़रे-मानूस एक हैरत-ज़ार
कहीं रहूँ, कहीं खेलूँ, कहीं पढ़ूँ लिक्खूँ
मेरे शऊर प मँडलाते थे मनाज़िरे-दह्र
मैं अक्सर उनके तसव्वुर में डूब जाता था

वफ़ूरे-जज़्बा से हो जाती थी मिज़ह पुरनम
मुझे यक़ीन है उन उनसुरी मनाज़िर से
कि आम बच्चों से लेता था मैं ज़्यादा असर
किसी समय मेरी तिफ़ली रही न बेपर्वा
न छू सकी मेरी तिफ़ली को ग़फ़लते-तिफ़ली
ये खेल-कूद के लम्हों में होता था एहसास
दुआएँ देता हो जैसे मुझे सुकूने-दवाम
कि जैसे हाथ अबद रख दे दोशे-तिफ़ली पर
हर-एक लम्हा के रख़नों[82] से झाँकती सदियाँ
कहानियाँ जो सुनूँ उनमें डूब जाता था
कि आदमी के लिए आदमी की जग-बीती
से बढ़ के कौन-सी शय और हो ही सकती है
इन्हीं फ़सानों में पिनहाँ थे ज़िन्दगी के रुमूज़
इन्हीं फ़सानों में खुलते थे राज़हा-ए-हयात
उन्हीं फ़सानों में मिलती थीं ज़ीस्त की क़दरें
रुमूज़े-बेशबहा ठेठ आदमिय्यत के
कहानियाँ थीं कि सद दर्सगाहे-रिक़्क़ते-क़ल्ब
हर-इक कहानी में शाइस्तगी-ए-ग़म का सबक़
वो उनसुर आँसुओं का दास्ताने-इनसाँ में
वो नल-दमन की कथा, सरगुज़श्ते-सावित्री
शकुन्तला की कहानी, भरत की क़ुर्बानी
वो मर्गे-भीष्म पितामह वो सेज तीरों की
वो पाँचों पाण्डवो की स्वर्गयात्रा की कथा
वतन से रुख़सते-सिद्धार्थ, राम का बनवास
वफ़ा के बाद भी सीता की वो जिलावतनी
वो रातों-रात श्रीकृष्ण को उठाये हुए

1. दराड़।

बला की क़ैद से बसुदेव का निकल जाना
वो अंधकार, वो बारिश, बढ़ी हुई यमुना
ग़म आफ़रीन कहानी वो हीर राँझा की
शऊरे-हिन्द के बचपन की यादगारे-अज़ीम
कि ऐसे वैसे तख़य्युल की साँस उखड़ जाये
कई मुहय्यरे - इदराक देवमालाएँ
हितोपदेश के क़िस्से, कथा सरित्-सागर
करोड़ों सीनों में वो गूँजता हुआ आल्हा
मैं पूछता हूँ किसी और मुल्क वालों से
कहानियों की ये दौलत ये बेबहा दौलत
फ़साने देख लो उनके नज़र भी आती है
मैं पूछता हूँ कि गहवारे और क़ौमों के
बसे हुए हैं कहीं ऐसी दास्तानों से?
कहानियाँ जो मैं सुनता था अपने बचपन में
मेरे लिए वो न थीं महज़ बाइसे-तफ़रीह
फ़सानों से मेरे बचपन ने सोचना सीखा
फ़सानों से मुझे संजीदगी के दर्स मिले
फ़सानों में नज़र आती थी मुझको ये दुनिया
ग़मो-ख़ुशी में रची प्यार में बसायी हुई
फ़सानों से मेरे दिल ने घुलावटें पायीं
यही नहीं कि मशाहीर ही के अफ़साने
ज़रा-सी उम्र में कहते हों मुझको मुतअस्सिर
मुहल्ले-टोले के गुमनाम आदमियों के
कुछ ऐसे सुनने में आते थे वाक़िआते-हयात
जो यूँ तो होते थे फ़र्सूदा और मामूली
मगर थे आईने एख़लास और शराफ़त के
ये चन्द आयी गयी बातें ऐसी बातें थीं
कि जिनकी ओट चमकता था दर्दे-इन्सानी
ये वारदात नहीं रज़्मिये-हयात के थे

ग़रज़ कि ये हैं मेरे बचपने की तस्वीरें
नदीम और भी कुछ ख़त्तो-ख़ाल हैं इनके
ये मेरी माँ का है कहना कि जब मैं बच्चा था
मैं ऐसे आदमी की गोद में न जाता था
जो बद-क़वारा हो, ऐबी हो या हो बद-सूरत
मुझे भी याद है नौ दस बरस ही का मैं था
तो मुझ प करता था जादू-सा हुस्ने-इन्सानी
कुछ ऐसा होता था महसूस जब मैं देखता था
शगुफ़्ता रंग तरो-ताज़ा रूप वालों का
कि उनकी आँच मेरी हड्डियाँ गला देगी
इक आज़माइशे-जाँ थी कि था शऊरे-जमाल
और उसकी नशतरियत, उसकी उस्तुख़ाँ-सोज़ी
ग़मो - निशात, लगावट - मुहब्बतो - नफ़रत
एक इन्तिशार, सुकूँ, इज़तिराब, प्यार, इताब
वो बेपनाह ज़कीउलहिसी, वो हिल्मो-ग़ुरूर
कभी-कभी वो भरे घर में हिस्से-तनहाई
वो वहशतें मेरी माहौले-ख़ुशगवार में भी
मेरी सरिश्त में ज़िद्दैन के कई जोड़े
शुरू ही से थे मौजूद आबो-ताब के साथ
मेरे मिज़ाज में पिनहाँ थी एक जदलियत
रगों में छूटते रहते थे बेशुमार अनार
नदीम ये हैं मेरे बालपन के कुछ आसार
वफ़ूरो-शिद्दते-जज़बात का ये आलम था
कि कौंदे जस्त करें दिल के आबगीने में
वो बचपना जिसे बर्दाश्त अपनी मुश्किल हो
वो बचपना जो ख़ुद अपने प त्योरियाँ-सी चढ़ाये

नदीम ज़िक्रे-जवानी से काँप जाता हूँ
जवानी आयी दबे पाँव और यूँ आयी
कि उसके आते ही बिगड़ा बना-बनाया खेल
तो ख़्वाहिशात के, जज़्बात के उमड़ते हुए

वो हौंकते हुए बेनाम आग के तूफ़ाँ
वो फूटता हुआ ज्वालामुखी जवानी का
रगों में उठती हुई आँधियों के वो झटके
कि जो तवाज़ुने-हस्ती झिंझोड़ कर रख दें
वो ज़लज़ले कि पहाड़ों के पैर उखड़ जायें
बुलूग़ियत की वो टीसें वो कर्बे-नश्वो-नुमा
और ऐसे में मुझे ब्याहा गया भला किससे
जो हो न सकती थी हरगिज़ मेरी शरीके-हयात
हम-एक दूसरे के वास्ते बने ही न थे
सियाह हो गयी दुनिया मेरी निगाहों में
वो जिसको कहते हैं शादी-ए-ख़ाना-आबादी
मेरे लिए हुई शादी-ए-ख़ाना-बर्वादी
मेरे लिए वो बनी बेवगी जवानी की
लुटा मुहाग मेरे ज़िन्दगी का मांडव में
नदीम! खा गयी मुझको नज़र जवानी की
बला-ए-जान मुझे हो गया शऊरे-जमाल
तलाशे-शोला-ए-उलफ़त से ये हुआ हासिल
कि नफ़रतों का अगन-कुण्ड बन गयी हस्ती
वो हल्क़ो-सीना-ओ-रग-रग में बेपनाह चुभा
नदीम! जैसे निगल ली हो मैंने नागफनी
ज़े इश्क़ जादम-ओ-इश्क़म बकिश्त ज़ार-ओ-दरेग़
ख़बर न बुर्द ब रुस्तम कसे कि सुहराबम
न पूछ आलमे-कामो-दहन नदीम मेरे
समर हयात का जब राख बन गया मुँह में
मैं चलती-फिरती चिता बन गया जवानी की
मैं काँधा देता रहा अपने जीते मुर्दे को
ये सोचता था कि अब क्या करूँ, कहाँ जाऊँ
बहुत से और मसायब भी मुझपे टूट पड़े
मैं ढूँढने लगा हर सम्त सच्ची झूठी पनाह
तलाशे-हुस्न में, शेरो-अदब में, दोस्ती में

रुँधी सदा से मुहब्बत की भीक माँगी है
नये सिरे से समझना पड़ा है दुनिया को
बड़े जतन से सँभाला है ख़ुद को मैंने नदीम
मुझे सँभलने में चालीस साल गुज़रे हैं

मेरी हयात तो विषपान की कथा है, नदीम!
मैं ज़ह्र पी के ज़माने को दे सका अमृत
न पूछ मैंने जो ज़हराब-ए-हयात पिया
कोई उतार ले उसको तो हड्डियाँ उड़ जायें
मगर हूँ दिल से मैं इसके लिए सिपास-गुज़ार
लरज़ते हाथों से दामन ख़ुलूस का न छुटा
बचा के रक्खी थी मैंने अमानते-तिफ़ली
उसे न छीन सकी मुझसे दस्ते-बुर्दे-शबाब
बक़ौल-शायरे-मुल्के-फरंग, हर बच्चा
ख़ुद अपने अह्दे-जवानी का बाप होता है
ये कम नहीं है कि तिफ़ली-ए-रफ़्ता छोड़ गयी
दिले-हज़ीं में कई छोटे-छोटे नक़्शे-क़दम
मेरी अना की रगों में पड़े हुए हैं अभी
न जाने कितने बहुत नर्म उँगलियों के निशाँ
हनोज़ वक़्त के बेदर्द हाथ कर न सके
हयाते-रफ़्ता की ज़िन्दा निशानियों को फ़ना
ज़माना छीन सकेगा न मेरी फ़ितरत से
मेरी सफ़ा मेरे तहतश्शऊर की इस्मत
तख़य्युलात की दोशीज़गी-ये-रद्दे-अलम
जवान होके भी बेलौस तिफ़्लवश जज़बात
सियाना होने पे भी ये जिबिल्लतें मेरी
ये सरख़ुशी व ग़मे-बे-रिया, ये क़ल्बे-गुदाज़
बग़ैर बैर के अनबन, ग़रज से पाक तपाक
ग़रज़ से पाक से आँसू, ग़रज़ से पाक हँसी
ये दश्ते-दह्र में हमदर्दियों का सर-चश्मा
क़ुबूलियत का ये जज़बा ये कायनातो-हयात

इस अर्ज़े-पाक प ईमान, ये हम-आहंगी
हर आदमी से हर-इक ख़ूबो-ज़िस्त से ये लगाव
ये माँ की गोद का एहसास सब मनाज़िर में
क़रीबो-दूर ज़मीं में ये बू-ए-वतनीयत
निज़ामे-शम्सो-क़मर में पयामे-हिफ़्ज़े-हयात
बचश्मे-शामो-सहर मामता की शबनम-सी
ये साज़े दिल में मेरे नग़म-ए-अनलकौनैन
हर इज़्तिराब में रूहे-सुकूने-बे-पायाँ
ज़मान-ए-गुज़राँ में दवाम का सरगम
ये बज़्मे-जश्ने-हयातो-ममात सजती हुई
किसी की याद की शहनाइयाँ-सी बजती हुई
ये रम्ज़ियत के अनासिर, शऊरे-पुख़्ता में
फ़लक प वज्द में लाती है जो फ़रिश्तों को
वो शायरी भी बुलूग़े-मिज़ाजे-तिफ़ली है
के नशतरिय्यते-हस्ती ये उसकी शेरीयत
ये पत्ती-पत्ती प गुलज़ारे-ज़िन्दगी के किसी
लतीफ़ नूर की परछाइयाँ-सी पड़ती हुई
बहम ये हैरतो-मानूसियत की सरगोशी
बशर की ज़ात की मुहरे-उलूहियत-बजबीं
अबद के दिल में जड़ें मारता हुआ सब्ज़ा
ग़मे-जहाँ मुझे आँखें-दिखा नहीं सकता
कि आँखें देखे हुए हूँ मैं अपने बचपन की
मेरे लहू में अभी तक सुनायी देती हैं
सुकूते-हज़्न में भी घुँघरुओं की झनकारें
ये और बात कि मैं उस प कान दे न सकूँ
इसी वदीअते-तिफ़ली का अब सहारा है
यही हैं मरहमे-काफ़ूर दिल के ज़ख़्मों पर
इन्हीं को रखना है महफ़ूज़ ता-दमे-आख़िर

ज़मीने-हिन्द है गहवारा आज भी हमदम
अगर हिसाब करें दस करोड़ बच्चों का

ये बच्चे हिन्द की सबसे बड़ी अमानत हैं
हर एक बच्चे में हैं सद जहाने-इम्कानात
मगर वतन का हल-ओ-अक़्द जिनके हाथ में है
निज़ामे-ज़िन्दगी-ए-हिन्द जिनके बस में है
रवैया देख के उनका ये कहना पड़ता है
किसे पड़ी है कि समझे वो इस अमानत को
किसे पड़ी है कि बच्चों की ज़िन्दगी को बचाये
ख़राब होने से, मिटने से, सूख जाने से
बचाये कौन इन आज़ुर्दा होनहारों को
वो ज़िन्दगी जिसे ये दे रहे हैं भारत को
करोड़ों बच्चों के मिटने का एक अलमिया है
चुराये जाते हैं बच्चे अभी घरों से यहाँ
कि जिस्म तोड़ दिये जायें उनके, ताकि मिले
चुराने वालों को ख़ैरात माघ मेले की
जो इस अज़ाब से बच जायें उनके गले पड़ जायें
वो लानतें कि हमारे करोड़ों बच्चों की
नदीम! ख़ैर से मिट्टी ख़राब हो जाये
वो मुफ़लिसी की ख़ुशी छीन ले वो बे-बरगी
उदासियों से भरी ज़िन्दगी की बे-रंगी
वो यासियात न जिसको छुए शुआये उमीद
वो आँखें देखती हैं हर तरफ़ जो बे-नूरी
वो टकटकी कि जो पथरा के रह गयी हो नदीम
वो बे-दिली कि हँसी छीन ले जो होटों से
वो दुख कि जिस से सितारों की आँख भर आये
वो गंदगी वो कसाफ़त, मरज़ जदा-पैयकर
वो बच्चे छिन गये हों जिनसे बचपने उनके
हमीं ने घूँट दिया जिनके बचपने का गला
जो खाते-पीते घरों के हैं बच्चे उनको भी क्या
समाज फूलने-फलने - दे सकी साधन
वो साँस लेते हैं तहज़ीब-कुश फ़ज़ाओं में

हम उनको देते हैं बेजान और ग़लत तालीम
मिलेगा इल्मे-जहालत-नुमा से क्या उनको
निकल के मदरसों और यूनिवर्सिटियों से
ये बदनसीब न घर के न घाट के होंगे
मैं पूछता हूँ ये तालीम है कि मक्कारी
करोड़ों ज़िंदगियों से ये बे-पनाह दग़ा
निसाब ऐसा कि मिहनत करें अगर उस पर
बजाय इल्म जहालत का इकतिसाब करें
ये उलटा दर्स, अदब ये सड़ी हुई तालीम
दिमाग़ की हो ग़िज़ा या ग़िज़ा-ए-जिस्मानी
हर एक तरह की ग़िज़ा में यहाँ मिलावट है
वो जिसको बच्चों को तालीम कहके देते हैं
वो दर्स उलटी छुरी है, गले प बचपन के
ज़मीने-हिन्द हिंडोला नहीं है बच्चों का
करोड़ों बच्चों का ये देश अब जनाज़ा है
हम इन्क़िलाब के ख़तरों से ख़ूब वाक़िफ़ हैं
कुछ और रोज़ यही रह गये जो लैलो-निहार
तो मोल लेना पड़ेगा हमें ये ख़तरा भी
कि बच्चे क़ौम की सबसे बड़ी अमानत हैं

रुबाइयात

हर जलवे से इक दर्से-नुमू लेता हूँ
लबरेज़ कई जामो-सुबू लेता हूँ
पड़ती है जब आँख तुझ प ऐ जाने-बहार
संगीत की सरहदों को छू लेता हूँ

ढलका आँचल, दमकते सीने प अलक
पलकों की ओटे मुस्कुराहट की झलक
वो माथे की कहकशाँ, वो मोती भरी माँग
वो गोद में चाँद-सा हुमकता बालक

आँगन में लिये चाँद के टुकड़े को खड़ी
हाथों प झुलाती है उसे गोद-भरी
रह-रह के हवा में जो लुका देती है
गूँज उठती है खिलखिलाते बच्चे की हँसी

नहला के छलके-छलके निर्मल जल से
उलझे हुए गेसुओं में कंघी करके
किस प्यार से देखता है बच्चा मुँह को
जब घुटनों में लेके है पिन्हाती कपड़े

दीवाली की शाम पर पुते और सजे
चीनी के खिलौन, जगमगाते लावे
वो रूपवती मुखड़े प एक नर्म दमक
बच्चे के घिरौंदे में जलाती है दिये

गुल हैं कि रुख़े-गर्म के हैं अंगारे
बालक के नयन से टूटते हैं तारे
रहमत का फ़रिश्ता बनके देती है सज़ा
माँ ही को पुकारे और माँ ही मारे

किस प्यार से दे रही है मीठी लोरी
हिलती है सुडौल बाँह गोरी गोरी
माथे पे सुहाग, आँखों में रस हाथों में
बच्चे के हिंडोले की चमकती डोरी

आँगन में ठिनक रहा है ज़िदियाया है
बालक तो हुआ चाँद प ललचाया है
दर्पन उसे देके कह रही है ये माँ
देख आइने में चाँद उतर आया है

किस प्यार से होती है ख़फ़ा बच्चे से
कुछ त्योरी चढ़ाये हुए मुँह फेरे हुए
इस रूठने पर प्रेम का संसार निसार
कहती है कि जा तुझसे नहीं बोलेंगे

रक्षा-बन्धन की सुब्ह रस की पुतली
छायी है घटा गगन प हलकी-हलकी
बिजली की तरह चमक रहे हैं लच्छे
भाई के हैं बाँधती चमकती राखी

दोशीज़ा[83] फ़िज़ा में लहलहाया हुआ रूप
आईना-ये-सुब्ह में झलकता हुआ रूप
ये नर्म निखार ये सजलधज ये सुगंध
रस में है कुँवारेपन के डूबा हुआ रूप

---

1. कुँवारी।

मंडप के तले खड़ी है रस की पुतली
जीवन साथी से प्रेम की गाँठ बँधी
महके शोलों के गिर्द भाँवर के समय
मुखड़े प नर्म छूट-सी पड़ती हुई

आँखों में सरिश्क[1] जगमगाता मुखड़ा
वो जश्ने-रुख़सती सुहाना तड़का
झुर्मुट में सहेलियों के उठते हैं क़दम
वो घर की औरतों का बाबुल गाना

तकियों के आस-पास अलकों की लटक
आँचल के तले कुचों के जलते दीपक
वो सेज प जगमगाती किरनों की छूट
वो माथे पर सुहाग तारे की झलक

ये राज़ो-नयाज़[2] और ये समय ख़लवत का
ये आँख में आँख डाल देना तेरा
हिरनी है डरी-डरी-सी और कुछ मानूस
ये नर्म झिझक, सिपुर्दगी ये अदा

जब रात गये सुहाग करती है निगाह
दिल में शबे-माह के उतरती है निगाह
रत्नार नयन से फूटती हैं किरनें
या कहकशाँ की माँग भरती है निगाह

है ब्याहता, पर रूप अभी कुँवारा है
माँ है, पर अदा जो भी है दोशीज़ा है
वो मोद भरी, माँग भरी, गोद भरी
कन्या है, सुहागिन है, जगत माता है

ये हलके, सलोने, साँवलेपन का समाँ
जमना जल में और आसमानों में कहाँ
सीता प स्वयंवर में पड़ा राम का अक्स
या चाँद से मुखड़े प है ज़ुल्फ़ों का धुआँ

---

1. आँसू, 2. भेद-भाव।

मधुवन के वसंत-सा सजीला है वो रूप
बर्खा रूत की तरह रसीला है वो रूप
राधा की झलक कृश्न की बरजोरी है
गोकुल नगरी की रास-लीला है वो रूप

तू हाथ को जब हाथ में ले लेती है
दुख-दर्द ज़माने के मिटा देती है
संसार के तपते हुए वीराने में
सुख शान्ति की, गोया, तू हरी खेती है

लचका-लचका बदन मुजस्सम है नसीम
लहका-महका वो चेहरा साँसों की शमीम
दोशीज़गी - ए - जमाल सुब्हे - जन्नत
गाते हुए नर्म - गाम मौजे - तस्नीम

लचकीला गात और अवस्था है किशोर
वो चाल कि जैसे मिल के नाचें सौ मोर
कूक उठती हैं कोयलें वो काली ज़ुल्फ़ें
मुँह तकता है चन्द्रमा के धोके में चकोर

छिड़काव हुए चबूतरे पर कुछ नम
बैठी है सुहागनी, बदन में कुछ ख़म
चुटकी से शुआ-ए-नूर बरसाती हुई
है दीदनी चौक पूरने का आलम

है माँद फ़लक पर कहकशाँ का भी निखार
यूँ पूर रही है चौक वो करके सिंगार
बल खायी लकीरें हैं कि चलता जादू
बढ़ती हुई चुटकियों की जुंबिश के निसार

चौके की सुहानी आँच मुखड़ा रौशन
है घर की लक्ष्मी, पकाती भोजन
देते हैं करछुली के चलने का पता
सीता की रसोई के खनकते बर्तन

किस दरजा सुकूँनुमा हैं अबरू के हिलाल
ख़ैरो-बरकत के धन लुटाती हुई चाल
जीवन-साथी के आगे देवी बन कर
आती है सुहागनी सजाये हुए थाल

प्रेमी के साथ खाने का वो आलम
फुलके प वो हाथ जिस्मे-नाज़ुक में वो ख़म
लुक़मे के उठाने में कलाई की लचक
दिलकश कितना है मुँह का चलना कमकम

जब झूला झूलने में सावना वो गाये
करवट क़ौसे-क़ुज़ह को रह-रह के दिलाये
वो पेंग बढ़ाने में लचकता हुआ जिस्म
आईना-ए-नीलगूँ में बिजली लहराये

ऊदी-ऊदी गगन प छायी है घटा
साजन के वियोग में सुता-सा मुखड़ा
अब सोच सिंगार की कि आते हैं पिया
पड़ने लगी रस की बूँद, कागा बोला

हौदी प खड़ी खिला रही है चारा
जोबन रस अँखड़ियों में छलका-छलका
कोमल हाथों से है थपकती गर्दन
किस प्यार से गाय देखती है मुखड़ा

वो गाय को दूहना सुहानी सुब्हें
गिरती हैं भरे थन से चमकती धारें
घुटनों प वो कलस का खनकना कम-कम
या चुटकियों से फूट रही हैं किरनें

मथती है जमे दही को रस की पुतली
अलकों की लटें कुचों प लटकी-लटकी
वह चलती हुई सुडौल बाँहों की लचक
कोमल मुखड़े पर एक सुहानी सुर्ख़ी

आँखें हैं कि पैग़ामे-मुहब्बत वाले
बिखरी हैं लटें कि नींद में हैं काले
पहलू से लगा हुआ कि हिरन का बच्चा
किस प्यार से है बग़ल में गर्दन डाले

करवट से सो रही है खोले गेसू
पव फटती है या झलक रहा है पहलू
पल कर मानूस हो गया है कितना
तलुवों से मल रहा है आँखें आहू[1]

हम्माम में उरयानी-ए-तन का आलम
पयकर का धुँधलके में झलकना कम-कम
एक हलकी थरथरी-सी सर से पा तक
शबनम से धुली शफ़क़ भी खाती है क़सम

निखरी-निखरी नयी जवानी दमे-सुब्ह
आँखें हैं सुकून की कहानी दमे-सुब्ह
आँगन में सुहागनी उठाये हुए हाथ
तुलसी प चढ़ा रही है पानी दमे-सुब्ह

निर्मल जल से नहा के रस की पुतली
बालों से अर्गजे की ख़ुशबू लिपटी
सतरंग धनुष की तरह बाँहों को उठाये
फैलाती है अलगनी प गीली साड़ी

आँगन में सुहागनी नहा के बैठी
रामायण ज़ानुओं प रखी है खुली
जाड़े की सुहानी धूप खुले गेसू की
परछाईं चमकते सफ़हे पर पड़ती हुई

1. हिरन।

मासूम जबीं में ख़ैरो-बरकत की सहर
वो सुब्ह के तारे की तरह नर्म नज़र
वो चेहरा कि जैसे साँस लेता हो गुलाब
वो लव कि तमानियत[1] की आभा जिन पर

अमृत वो हलाहल को बना देती है
ग़ुस्से की नज़र फूल खिला देती है
माँ लाडली औलाद को जैसे ताड़े
किस प्यार से प्रेमी को सज़ा देती है

प्यारी तेरी छब दिल को लुभा देती है
इस रूप से दुनिया की हरी खेती है
ठंडी है चाँद की किरन-सी लेकिन
ये नर्म नज़र आग लगा देती है

ज़ुल्फ़े-पुरख़म इनाने-शब[2] मोड़ती है
आवाज़ तिलिस्मे-तीरगी तोड़ती है
यूँ जल्वों से तेरे जगमगाती है ज़मीं
नागिन जिस तरह केंचुली छोड़ती है

वो काली रात की कमन्दें टूटीं
रंगीन शुआएँ तीर बनकर छूटीं
वो जूड़े गेसू-ए-परीशाँ के बँधे
वो नर्गिसे-सुरमगीं से किरनें फूटीं

उड़कर वो कबूतरों की टुकड़ी उतरी
वो रूप की लक्ष्मी है स्वागत को खड़ी
दहके चेहरे प फड़फड़ाते हुए पर
काँधों पर सीने और सर पर बैठी

आँसू से भरे-भरे वो नयन। रस के
साजन कब थे ऐ सखी अपने बस के
ये चाँदनी रात, ये बिरह की पीड़ा
जिस तरह उलट गयी हो नागिन डस के

---

1. चमक, प्रसन्नता की लाली, 2. रात की लगाम।

प्रेमी को बुख़ार, खुल नहीं सकती पलक़
बैठी है सिरहाने, माँद मुखड़े की दमक
जलती हुई पेशानी प रख देती है हाथ
पड़ जाती है बीमार के दिल में ठंडक

चेहरे प हवाइयाँ निगाहों में हिरास
साजन के बिरह से रूप कितना है उदास
मुखड़े प धुआँ-धुआँ लताओं की तरह
बिखरे हुए बाल हैं कि सीता बनवास

पनघट प गगरिया छलकने का ये रंग
पानी हिचकोले लेके भरता है तरंग
काँधों प सरों प दोनों बाँहों में कलस
मद अँखड़ियों में, सीनों में भरपूर उमंग

ये ईख के खेतों की चमकती सतहें
मासूम कुँवारियों की दिलकश दौड़ें
खेतों के बीच में लगाती हैं छलाँग
ईख उतनी उगेगीं जितना ऊँचा कूदें

ये रूप मदन के भी ख़ता हों औसान
ये सज जो तोड़ दे रती का अभिमान
फीकी पड़ती है धूप ये जोबन ज्योति
ये रंग कि आँख खोल दे जीवन गान

लहरों में खिला कंवल नहाये जैसे
दोशीज़ा-ए-सुब्ह गुनगुनाये जैसे
ये सज, ये धज, ये नर्म उजाला, ये निखार
बच्चा सोते में मुस्कुराये जैसे

ऊषा पिछले को कुनमुनाये जैसे
रस कलियों की रंगों में थरथराये जैसे
ये पैकरे नाज़नीं का अलम दमे-सुब्ह
अँगड़ाई-सी शफ़क़ को आये जैसे

जब तारों ने जगमगाते नेज़े तोले
जब शबनम ने फ़लक से मोती रोले
कुछ सोच के ख़लवत में बसद नाज़ उसने
नर्म उँगलियों से बन्द क़बा के खोले

इलहाम-नुमा

(रुबाइयों में फ़िक्रे-आलिया का इज़हार)

ऐ मानी-ए-कायनात मुझमें आ जा
ऐ राज़े सिफ़ातो-ज़ात मुझमें आ जा
सोता संसार झिलमिलाते तारे
अब भीग चली है रात मुझमें आ जा

दिन-रात शजर-हजर की नब्ज़ें हैं तपाँ
हर साँस ज़मीं की है सोज़ाँ-सोज़ाँ
मदफ़ून वहाँ कौन-सी चिनगारी है
अब तक उठता है बत्ने-गेती से धुआँ

हर ऐब से माना कि जुदा हो जाये
क्या है अगर इनसान ख़ुदा हो जाये
शायर का तो बस काम ये है, हर दिल में
कुछ दर्दे-हयात और सिवा हो जाये

कुछ नज़रिये हैं हर तमद्दुन की बिना
तारीख़ तसादुम उन्हीं आदर्शों का
तहज़ीबों को अपने से है ख़तरा यानी
है नक़्से - फ़िक्रियात[1] पैग़ामे - क़ज़ा

तारीकी का रहे ज़माने में न दाग़
उस नूरे हयात का लगाते हैं सुराग़
मौजे-नफ़से-सर्द दिये जाती हैं लव
धारे प फ़ना के हम जलाते हैं चराग़

---

1. चिन्तन में त्रुटि।

कल लंदनो-न्यूयार्क में गूँजी ये सदा
मालूम भी है रोज़े-हिसाब आ पहुँचा
कब तक ये मुलूकियत के ख़्वाबे-नोशीं
भागो-भागो कि एशिया जाग उठा

लहराया पसे - उफ़ुक़ निशाने - फ़र्दा[1]
तारीख़ ने छेड़ी बास्ताने - फ़र्दा
छुपता जाता है कारवाने इमरोज़
बढ़ता आता है कारवाने - फ़र्दा

दिन डूब गया तो बात कुछ और भी है
आँख ओझल वारदात कुछ और भी है
ख़मोशी-ओ-तीरगी ओ खुँची के सिवा
ऐ अंजुमो-माह रात कुछ और भी है

हर जिस्म को हम करते रहे जान-नुमा
फ़ितरत को बनाते गये इनसान-नुमा
ग़द्दार अनासिर[2] को किया हमने मुतीअ[3]
होता गया क़रूमान[4] रहमान-नुमा

कह दो बामे-फ़लक से हो और बलन्द
सय्यारों की रफ़्तार भी हो जाये दो-चन्द
बे लाग महो-मेह्र खिंचे आते हैं
पड़ती हैं कहाँ निगाहे-शायर की कमन्द

इनसान को महज़ खाते-पीते गुज़रे
इस मंज़िल से वो पाँव आगे न धरे
वहशी के अमल की इन्तिहा सैदो-शिकार
गर इश्क़ न हो अमल तरक़्क़ी न करे

विज्दाने-जमाल[5] एक जौहर है लतीफ़
बेउसके तो नेकियाँ भी रहती हैं कसीफ़[6]
बे फ़ायदा शायरी की ज़हमत न करें
हर-एक के बस का नहीं ये फ़न्ने-शरीफ़

---

1. आनेवाला कल, 2. तत्त्व, 3. अनुशासित, 4. गकोग, 5. सौन्दर्य की अनुभूति, 6. दूषित

वो फूट ऐ मज़ाहिबे-जहाँ ने डाली
एख़लाक़ में भी पड़ गयी नफ़सी-नफ़सी
एख़लाक़ हयाते-इज्तिमायी की है देन
माहौल की भी रास नहीं बट सकती

इस नज़्म के बचने का नहीं कोई उपाय
बैठे हैं मगर चारागर एक आस लगाये
जैसे मरते मरीज़ के सम्बन्धी
सोचें कि अजब क्या ये कहीं बच ही जाय

इन नग़मों में तासीरे-शिफ़ा है जो बहम
राज़ उसका तुम्हें आज बताते हैं हम
निल के सोज़े-निहाँ में होकर तहलील
कुछ नशतरे तेज़ बन गये हैं मर्हम

शाख़ों प कंवल गुल के जला देती हैं
सोये हुए फ़ित्नों को जगा देती है
ये आलमे सोज़ो-साज़े गुलज़ारे जहाँ
शबनम की लवें आग लगा देती हैं

खोयी हुई हस्ती का बहम हो जाना
आज़ादे-फ़रेबे क़ैफ़ो कम हो जाना
तू राज़े हयात पूछता है मुझसे
वो राज़ है शाइस्त-ए-ग़म हो जाना

सहारा में ज़माँ मकाँ के खो जाती हैं
सदियों बेदार रह के सो जाती हैं
अक्सर सोचा किया हूँ खिलवत में 'फ़िराक़'
तहज़ीबें क्यों ग़ुरूब हो जाती हैं

खुलता नहीं ये भेद है क्या ? बात है क्या
इल्हाम कहें इसको कि समझें इल्क़ा
हाँ, फ़िक्रे-सुखन के वक़्त कानों में 'फ़िराक़'
अक्सर परे जिब्रील की आयी है सदा

एक दिन शायर-हरीमे-क़ुदरत में गया
सरबस्ता मशीय्यतों को जाँचा परखा
और उनमें आख़िरी मशीय्यत ये थी
आदम का मशीय्यतों प क़ाबू पाना

क़ब्ल इसके कि हो फ़ैसल-ए-ख़ैरो-शर
जीने का सुबूत दे, ज़माने को बशर
बेहिस किरदारे-नेक से मौत भली
नामर्द एख़लाक़ से जरायम बेहतर

गो बज़्मे-सुख़न में आप लाये तशरीफ़
ख़ुश होंगे सुन के क़ाफ़िया और रदीफ़
इसका क्या कीजियेगा ऐ हाकिमे-वक़्त
एहसासे-लतीफ़ से जो होगी तकलीफ़

अल्फ़ाज़ के पर्दों में करो इसका यक़ीं
लेती है साँस नज़्मे-शायर की ज़मीं
आहिस्ता ही गुनगुनाओ मेरे अशआर
डर है न मेरे ख़्वाब कुचल जायें कहीं

औरत, रूह-ओ-रवाने - तहज़ीबे - बशर
है परतवे रुख़-जलवादहे क़ल्बो - जिगर
औरत वो अरूसे-अज़ली है कि 'फ़िराक़'
हमको लिये जाती है जो 'आगे' 'ऊपर'

इक राज़ से कर रहा हूँ तुझको आगाह
मम्नूअ-ओ-हराम कुछ नहीं है वल्लाह!
जिस काम में महविय्यतें-कामिल न रहे
ऐ दोस्त, समझ ले कि है वो काम गुनाह

पाते जाना है और न खोते जाना
हँसते जाना है और न रोते जाना
अव्वल और आख़िरी पयामे-तहज़ीब
इनसान को इनसान है होते जाना

वाइज़ तेरी जन्नत है फ़क़त वहमो-गुमाँ
है रूकशे - फ़िरदौसे - बरीं बाग़े - जहाँ
तू इसको फ़रेबे - रंगो - बू कहता है
तिनका भी है इस बाग़ का रश्के-रगे-जाँ

ऐ शैख़ मआले ज़ुहदो-तक़वा मालूम
दुनिया ही न हाथ आयी, तो उक़्वा मालूम
इनकार है मासिवा-ए-अल्लाह से तुझे
ख़ामोश कि मासिवाए-दुनिया मालूम

इक हलक़-ए-नूर था अबद का मंज़र
आवेज़ाँ थे बेशुमार ख़ुर्शीदो-क़मर
ता-हद्दे-नज़र सिलसिला-ए-मौजूदात
हर शय से उभर रही थी तक़दीरे-बशर

तू बज़्मे-सुख़न में नग़माख़ाँ होता है
मुतरिब मुझे कुछ और गुमाँ होता है
नग़माते-ख़ुशआहंग के हर पर्दे में
इक साज़े-सुकूत बेकरा होता है

शायर के तसव्वुरात हैं कितने हसीं
इक आलमे रंगो नूर रक्साँ है कहीं
जैसे दमे सुब्ह लहलहाती किरनें
जब चूम रही हों वो हिमाला की जबीं

हंगाम-ए-रोज़गार दम लेते हैं
संसार का हम, भेद-भरम लेते हैं
ये लम्हे वो हैं जब दिले-शाएर में 'फ़िराक़'
कुछ रम्ज़-ओ-किनायात जनम लेते हैं

बेवज्ह नहीं है मेरी अफ़सुर्दा-दमी
दुनिया में नहीं चाश्नी-ए-ग़म की कमी
संसार की जिस चीज़ को छू देता हूँ
मिलती है 'फ़िराक़' उसमें अश्कों की नमी

हर साज़ से होती नहीं ये धुन पैदा
होता है बड़े जतन से ये गुन पैदा
मीज़ाने-निशातो-ग़म में सदियों तुलकर
होता है हयात में तवाज़ुन पैदा

ग़ैरत को सुस्त असास कर देता है
एहसान भी बदहवास कर देता है
इनसान का जज़्ब-ए-तशक्कुर, हमदम!
अक्सर मुझको उदास कर देता है

तनहाई में हम किसे बुलायें, ऐ दोस्त
तुम दूर हो किसके पास जायें, ऐ दोस्त
इस दौलते-वक़्त से तो दम घुटता है
ये नक़्दे-शब कहाँ भुनायें ऐ दोस्त

कल रात गये फ़िक्रे-सुख़न के हंगाम
विज्दाने-जमाल के छलकते हुए जाम
वो कश्फ़ो-करामात का आलम कि 'फ़िराक़'
हर पल पर पड़े रहे थे सद अक्से-दवाम

हर चीज़ यहाँ अपनी हदें तोड़ती है
हर लम्हे प सद अक्से-बक़ा छोड़ती है
इक सब्ज़-ए-पायमाल की पत्ती भी
हमदम क़ल्बे-अबद में जड़ फोड़ती है

आये दमे-सुब्ह रसमसाओ, ऐ दोस्त
जब दिन डूबे तो घर न जाओ, ऐ दोस्त
दिन भर तो रहे हो फूल बनकर मेरे पास
अब बन के चराग़ जगमगाओ, ऐ दोस्त

जग उट्ठेगी रूह, तुम तो सो जाओगे
सरचश्म-ए-ज़िन्दगी में धो जाओगे
खो जाओगे जब मनाज़िरे-फ़ितरत में
अपने से बहुत क़रीब हो जाओगे

ये बज़्मे-ख़याल चूड़ियाँ बजती हैं
भीगती रातें उदासियाँ तजती हैं
दरया मुखड़ों के उमड़े आते हैं 'फ़िराक़'
आईन-ए-दिल में सूरतें सजती हैं

मन मोह ले सौ रंग से रहती दुनिया
ये वहमे हसीं ये ख़ूबसूरत धोका
इस दुख भरी दुनिया का मगर असली रूप
जब आँख खुली 'फ़िराक़' देखा न गया

इक हलक़ा-ए-ज़ंजीर तो ज़ंजीर नहीं
इक हलक़ा-ए-तसवीर तो तसवीर नहीं
तक़दीर तो क़ौमों की हुआ करती है
इक शख़्स की क़िसमत कोई तक़दीर नहीं

मैं एक बेवगनी, बिरह से बेकल
हरियाली प चल रही हूँ, आँखें हैं सजल
ये तारों भरी रात खनक जाती है
शबनम, पाँवों की बन गयी है छागल

हर शय पर तीरगी की वो छाँव घनी
मयख़ान-ए-शब में नोशो-पयमाना-ज़नी
छलकी-छलकी सुबूही-ए-मौजे-नसीम
फ़ितरत की वो पिछली रात आज़ा-शिकनी

•••